일본인의 여행과 관광문화

일본인의 여행과 관광문화

문옥표 · 황달기 · 권숙인 지음

Understanding Japanese Culture Through Travel and Tourism

小花

일본인의 여행과 관광문화

지은이 문옥표 · 황달기 · 권숙인
펴낸이 고화숙
펴낸곳 도서출판 소화

초판인쇄 2006년 6월 23일
초판발행 2006년 6월 30일

출판등록 제13-412호
150-037 서울시 영등포구 영등포동 94-97
Tel. 2677-5890 Fax. 2636-6393
www.sowha.com

ISBN 89-8410-304-7 03300

값 13,000 원

차례

제2부 현대 관광의 여러 형태

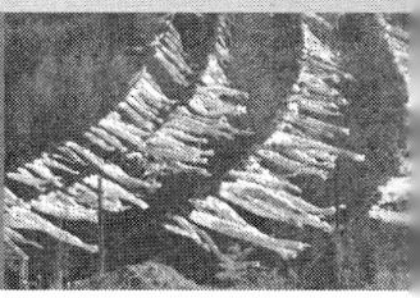

| 서문 |

여행과 관광을 통한 일본문화의 이해

이 책 『일본인의 여행과 관광문화』에서 우리가 시도하고 있는 것은 여행과 관광에 대한 고찰을 통해 현대 일본의 사회와 문화를 이해하려는 것이다. 오늘날 여행과 관광은 단순히 한 개인이나 집단의 사사로운 여가활동 내지 놀이의 차원에서만이 아니라 사회적 · 문화적으로 매우 중요한 함의를 갖는 현상의 하나이다. 과거에 전쟁이나 제국주의적 확장, 노동력의 이동, 이민 등이 주요한 인구이동 및 문화접촉의 계기였다면, 오늘날 관광은 가장 큰 규모로, 가장 먼 거리로 사람들을 이동시키고 이문화간 접촉의 기회를 제공하고 있다. 한 해 동안 순수하게 관광을 목적으로 국경을 넘는 사람들의 수가 수억 명에 이르고 있으며, 국내관광의 규모가 계속 증가하고 있어 이에 따른 경제적 파급 효과 역시 엄청나다.

관광은 또한 관광여행을 나서는 사람들, 즉 관광객의 세계관과 삶의 양식에 변화를 주고, 관광객(guest)과 주민(host)간의 관계에 영향을 미치며, 나아가 관광객을 받아들이는 호스트 사회의 하부구조를 변형시킨다. 관광객을 위하여 도로 교통망이 정비되고 관광안내업, 호텔, 음식점, 토산품점 등 다양한 시설과 제도들이 발달할 뿐 아니라 절이나 궁궐, 고가옥 등이 보수 · 복원되고, 지방 공예 산업이나 민속 예능이 활성화되며, 각종 의례와 축제 등이 새로이 만들어지거나 부활되는 사례들이 발견되기 때문이다.

관광산업의 발달은 또한 지역사회의 경제 활성화에도 중요한 일익을 담당하며, 문화의 재발견과 재인식을 통하여 지역민의 정체성 형성에 일정한 영향을 미친다. 관광의 영향은 사회 · 문화 · 경제에서 그치지 않는다. 동독의 여행 자유화 조치가 베를린 장벽의 붕괴에 결정적 영향을 미쳤다거나 국내에서 금강산관광이 남과 북의 민간 차원의 접촉을 촉진하고 지속시키는 공간을 제공한다든지 하는 예에서 보듯이, 관광은 국가간의 관계에 영향을 미치며 체제의 유지나 붕괴에까지 일정 역할을 하는 것으로 나타난다.

현대사회에서 관광이 가지는 이와 같은 정치적 · 경제적 · 역사적 · 사회적 · 문화적 중요성으로 인해 관광에 대한 연구는 한 사회를 이해하는데 중요한 분석 수단의 하나로 등장하였다. 그러나 그에 대한 연구는 주로 관광의 산업적 · 경제적 효과에 치중하는 경제학과 경영학 분야를 중심으로 진행되어 왔으며, 관광을 종합적인 사회문화 현상으로 접근하여 그에 개입되는 여러 측면에 대한 이해를 시도하는 사회과학적인 연구가 시작된 것은 서구에서도 그리 역사가 길지 않다. 특히 정통성이나 변질되지 않은 것, 고유문화에 관심을 가졌던 인류학자들은 관광을 본격적인 연구의 대상으로 여기지 않았으며, 대부분의 인류학자들은 조사지에서 만나게 되는 관광 현상을 주변적으로 다루거나 혹은 부정적인 측면을 강조하는 경우가 많았다. 그러나 1970년대 후반부터 인류학 내부에서 관광을 중심적인 연구 주제의 하나로 확립하려는 시도가 나타나기 시작하여 지난 20~30년간 세계 각지에서 발견되는 관광의 영향에 대한 많은 연구 결과들이 축적되었다.

관광에 대하여 인류학자들이 가져 왔던 관심은 크게 두 가지 주제로 나뉜다. 하나는 관광현상 자체와 관광객 집단에 관한 연구이며, 다른 하나는 관광현상 및 관광객의 존재가 관광지의 주민과 그들의 사회에 미친 사회적 · 경제적 · 문화적 영향에 관한 연구이다(Graburn 1983: 10). 그 중 전자는 관광객의 성격, 관광객의 행동유형이나 동기, 관광의 종류, 나아가 관광을 유발하는 다양한 조건들에 관심을 가지는 것으로 비교문화적인 고찰을 통하여 중요한 인류학의 주제로 등장하고 있다. 후자의 관심은 관광객 자체보다는 관광의 영향 및 관광객과 주민들의 관계에 초점을 맞추는 것이다.

여기에 한 가지를 덧붙인다면 그것은 관광의 생산이라는 면에 관한 고찰이 될 것이다. 즉 종래 관광의 영향에 관한 연구들은 주로 관광객을 일종의 침입자로, 그리고 그들을 받아들이는 주민사회는 경제적 이유로 관광객을 받아들일 수밖에 없으나 그들로 인해 피해를 보는 수동적인 입장으로 강조하는 경향이 강했다. 그러나 최근의 흐름은 관광지 주민과 관광객의 관계(host-guest relations)를 반드시 "침입자와 피해자"라는 맥락에서만 보기 어렵게 한다. 그것은 오늘날 관광은 하나의 상품으로 적극적으로 개발되어 선전되고 판매되며, 이에 주민 사회가 능동적인 공급자로서 개입하는 경우가 많기 때문이다. 또한 그러한 관광 상품의 개발이 잠재적인 수요를 염두에 두고 진행되는 만큼 우리는 어떠한 종류의 상품이 개발되고 있는가에 대한 고찰을 통하여 소비자 기호의 변화를 파악할 수 있으며, 사회 전반의 변화를 이해하는 것도 가능하다.

이 책에 실려 있는 아홉 편의 글은 이와 같은 복합적인 현상인 여행과 관광에 주목하여 일본문화의 특징을 살펴보고, 나아가 현대 일본사회에서 진행되고 있는 변화의 측면을 분석하고 있다. 우리가 일본인의 여행과 관광에 주목하는 이유는 무엇보다 그들이 세계의 어느 민족보다 여행을 많이 하는 민족이라는 데에 있다. 그 이유는 제2차 세계대전 이후 급속한 경제 성장을 바탕으로 국제 경쟁력이 강화되어 해외여행자가 늘었기 때문만은 아니다. 교통수단이 발달하지 않았던 근대 이전에도 일본인은 많은 여행을 했으며, 특히 유명 신사(神社)나 불사(佛寺) 참배를 목적으로 하는 종교적 순례여행은 산업화 이후 서구에서 여행의 대중화가 나타나기 이전에 이미 일반 민중들에게 널리 퍼졌던 것으로 알려져 있다.

이처럼 일본문화와 역사에서 여행과 관광이 발달해 온 과정은 매우 독특하여 문화비교의 측면에서도 흥미로운 예를 제공한다. 특히 일본어의 '다비'(旅)는 매우 특별한 의미를 지니는 말로, 고대 이래 많은 문학작품의 소재가 되었다(島内景二 1989). 그러나 여기서 다비는 오늘날의 일반적인 여행을 의미하는 료코(旅行)와는 조금 다른 뉘앙스를 가지는 용어로 보인다. 즉 다비는 '길을 떠난다' 는 의미에 가까운 것으로 예능활동, 장사 등의 생업이나 군사 또는 종교적 목적 등 다양한 이유에서 길을 떠나는 것을 의미하며 흔히 위험하고 힘든 것으로 생각되었다. 이에 반해 료코는 그 자체가 목적인 이동을 의미하며 즐겁고 재미있는 것으로 인식된다. 또한 어학자들에 따르면, 다비가 고대부터 사용되어 온 말인 데 비해 료코는 메이지시대(明治時代, 1868～1912) 이후 일반화되기 시작한 근대적 용어로 역사적 깊이가 결여되어 있다고 한다(阪下圭人 1982). 우리말로 하면 다비는 방랑에 가깝다고 할 수 있겠으나, 방랑이란 일정한 목적 없이 떠돌아다니는 것을 의미하므로 반드시 일치하는 것은 아니다.

다비에 대해 많은 연구를 해 온 오카다 기슈는 오늘날의 여행에는 다비라는 개념에 포함되어 있던 사상이나 서정이 사라져 "다비비토(旅人)가 료코샤(旅行者)가 되어 버렸다"고 주장한다(岡田喜秋 1975: 7). 이러한 주장에서 료코샤란 일반적 의미의 여행자라기보다는 관광객을 의미하는 것으로, "다비비토가 료코샤가 되어 버렸다" 는 것은 관광을 위한 여행이 일반화됨에 따라 여행의 의미가 천박해지고 타락하였음을 개탄하는 것이라고 볼 수 있다. 이러한 구분이나 한탄은 주체적이고 엘리트적인 여행자인 traveler와 근대 이후 일반화된 대중적이고 의식이 없다고 생각되는 관광여행객인 tourist를 구분하는 것과 유사한 맥락이다. 반면 이시모리나 시라하타 같은 학자들은 민족학자인 야나기타의 구분을 인용하면서 일본인의 여행이 근대, 특히 쇼와기(昭和期, 1912~1989)에 들어서면서 어둡고 힘든 이미지를 가지는 다비에서 밝고 즐거운 느낌이 드는 신문화(新文化)인 료코로 변화되어 왔다고 주장한다(柳田國男 1990 [1925]; 石森秀三 1989; 白幡洋三郎 1996).

그러나 뒤에서 다시 살펴보겠지만 에도시대(江戶時代, 1603~1867)의 종교적 참배를 목적으로 하는 여행에서도 항상 쾌락을 좇는 요소들이 포함되어 있었다. 그리고 그런 의미에서 민속학자인 간자키는 근대 이전 신사나 사찰을 참배하기 위해 먼 길을 여행하였던 일본인에게 참배라는 것은 실은 "다테마에"(建前), 즉 겉으로 드러난 명분 혹은 여행을 하기 위한 구실에 불과하며 실제로는 과거에나 오늘날에나 일본인의 모든 여행에는 물견유산(物見遊山)의 관광여행적 요소가 포함되어 있는 이중구조를 가지고 있다고 주장한다(神崎宣武 1990: 25).

마찬가지로 근대 이후의 여행이라고 해서 모두가 기대감이나 서정이 결여되고 아무 사상도 없는 관광여행만 있는 것은 아니다. 따라서 일본어에서도 다비와 료코가 항상 "목적이 있는 여행"과 "목적이 없는 여행" 혹은 "기대감과 서정이 있는 여행"과 "그것이 결여된 여행"으로 명백히 나뉜다고 보기는 어렵다. 또한 다비와 료코를 "어둡고 힘든 여행"과 "밝고 즐거운 여행"으로 구분하고 일본인들의 여행이 "다비에서 료코로" 변해 왔다고 주장하는 것 또한 그리 간단한 것이 아니다. 다만 서구에서와 마찬가지로 일본의 경우에도 근대로 오면서 점차 순수하게 오락이나 여흥 내지 레크리에이션을 목적으로 하는 여행이 보편화 · 대중화되어 왔다는 의미에서 일반적인 여행과 현대의 대중적인 관광여행을 구분하는 것은 가능할 것이다.

그것을 다비로 보든 료코로 보든 역사적으로 일본에서 여행이 대중에게 퍼진 것은 에도시대의 일이며, 특히 종교적 순례와 결부되어 발전하였다. 일반인의 이동을 엄격하게 제한할 뿐 아니라 여가나 놀이를 목적으로 하는 이동을 금하던 도쿠가와막부 체제 하에서 질병 치료를 목적으로 하는 온천탕치(溫泉湯治) 여행과 더불어 유명 신사와 불사의 참배를 목적으로 하는 소위 사사참예(社寺參詣) 여행은 많은 사람에게 합법적으로 이동할 수 있는 구실을 제공했기 때문이다. 전국 규모의 참배 대상으로는 이세(伊勢), 젠코지(先光寺), 곤피라(金毘羅) 등이 유명하였으며, 그 밖에 시코쿠헨로(四國遍路: 시코쿠에 있는 88개의 절을 돌며 공양하는 여행)와 사이고쿠준레이(西國巡禮: 사이고쿠의 33개 관음영당을 두루 돌며 공양하는 여행) 등이 크게 유행하였다.

그중에서도 일본 건국신화의 본거지인 이세신궁(伊勢神宮)의 참배는 일반 민중 사이에 널리 퍼져 그를 위한 다양한 사회조직적 기반이 발달하였다. 역사학자인 배포리스는 그와 같은 참배여행들이 대부분 궁극적인 목적지인 신사나 절을 곧바로 찾아가 참배하고 돌아오는 형태가 아니라 오가는 길에 여러 곳을 둘러보는 다목적지(multi-destinational) 여행이었으며(대부분 가는 길과 오는 길이 달랐다), 그런 점에서 앞서의 간자키의 주장과 같이 오락이나 레크리에이션을 목적으로 하는 현대적 관광여행의 요소를 강하게 포함하고 있었다고 지적한다(Vaporis 1995:26). 따라서 인기 있는 신사나 절의 순례 길을 따라 관광 명소들이 발달했으며 오늘날 유명한 하코네(箱根), 아리마(有馬), 아타미(熱海) 등의 온천지는 참배객들이 흔히 찾는 곳이었다고 한다. 중세 이래 발달한 일본인의 종교적 참배여행을 현대적 의미의 관광여행의 시작으로 이해하는 것은 바로 그런 이유에서이다.

참배 여행 이외에도 일본인들은 예로부터 견물(見物), 꽃구경(花見, 하나미), 온천탕치 등을 목적으로 여행했으며, 먼 길을 가야 하는 참배여행의 경우 여행에 따르는 위험에 대처하기 위한 하나의 방법으로 여럿이 무리를 지어 여행했다. 그와 같은 집단여행의 전통은 오늘날에까지 이어져 현대에도 일본 국민의 90% 이상이 경험한다는 수학여행, 사원(社員) 여행, 농협이나 부인회 등 농촌지역사회의 여러 단체들의 여행, 그리고 해외로 나가는 패키지 투어 등 수많은 종류의 집단여행 혹은 단체여행이 발견된다.

그리고 그와 관련하여 중세 이래 종교적인 순례여행을 가능하게 한 오시(御師)나 센다쓰(先達)와 같은 제도들에서 오늘날 일본 사회에 대단히 발달되어 있는 현대적 여행업의 기원을 찾을 수 있다고 한다. 오시란 본래 신도(神道) 신앙과 관련된 일종의 종교적 사제로, 이들은 지방을 돌며 유명 신사나 사찰의 참배객들을 모집하여 목적지까지 안내하고 숙박 장소를 제공하는 등 포괄적 여행안내 서비스를 제공하였기 때문이다. 또한 이들의 영향으로 각 지역에 조직되었던 종교적 결사체의 일종인 고(講)조직은 특히 도쿠가와시대(에도시대)에 들어 이세신궁을 포함한 유명 신사나 사찰에의 참배여행을 일반민들에게까지 대중화하는 데 큰 역할을 하였다.

근대에 들어 서구에서와 마찬가지로 일본의 관광도 제국주의적 팽창과 함께 국제화가 급속하게 진행되었다. 즉 20세기 초 일본이 아시아의 식민 지배를 확대해 감에 따라 일반인들의 아시아 지역으로의 여행을 장려하였으며, 제2차 세계대전 이후에는 경제의 고도 성장과 더불어 국제관광의 대상 지역이 급격히 확대된다(문옥표 2006). 현재 일본사회의 경우, 1990년 해외여행자 수가 1,000만 명을 돌파한 이래 증가일로에 있으며 2000년에는 해외관광객의 수가 1,700만 명을 넘어선 것으로 나타났다. 이는 1964년 관광 목적의 해외여행이 자유화되었을 때 12만 명이던 것에 비교하면 지난 40여 년간 150배 가까이 증가한 셈이 된다. 동시에 국제관광의 성격이 다양화되면서 세분화된 다양한 욕구에 맞춘 관광상품이 등장하는 양상을 보이고 있다.

국내관광은 증가하는 여가 시간과 비례하여 급속히 팽창해 왔으며, 관광이 일상적인 소비상품으로 등장하면서 더욱더 다양화 · 세분화되고 있다. 관광을 제공하는 입장도 국가나 기업체, 각종 문화산업, 지방자치체 등이 관광개발에 박차를 가하고 있다. 특히 각 지방자치체들은 각종 자연 · 문화 자원의 개발, 이벤트 기획 등을 통해 관광객 유치에 심혈을 기울이고 있다. 실제로 1990년대 초의 한 조사에 의하면, 기초 지방자치단위인 전국의 시 · 정 · 촌(市町村) 중 80% 이상이 향후 지역 개발의 주요 수단으로서 관광 개발을 추진 중이거나 계획 중인 것으로 나타나고 있다. 추진되고 있는 관광개발의 유형 또한 자연관광, 역사관광, 문화관광, 도시관광, 농촌관광, 테마파크 관광 등으로 매우 다양하게 나타나고 있으며, 이러한 현상은 앞서 언급한 "관광의 생산" 이라는 주제와 관련하여 매우 유용한 연구 사례를 제공해 주고 있다.

우리가 여행과 관광이라는 측면에서 일본 사회를 접근해 보려 했던 것은 이상에서 살펴본 바와 같은 비교문화적 · 역사적 특성에 대한 관심 때문이었다. 여행, 특히 대중 관광여행이라는 주제를 통하여 우리는 전통 시대에서부터 현대로 이어지는 일본인의 일상적 삶의 한 면을 구체적으로 들여다볼 수 있으며, 나아가 도시 및 농촌에 대한 인식, 자연 · 환경 · 역사 · 전통 · 지역문화 등과 관련된 이념이나 사상 등 현대 일본 사회에 나타나고 있는 변화의 의미를 이해하는 것이 가능하다.

따라서 이 책에서는 일본인의 여행 및 관광문화의 역사적 배경과 현대적 변화를 함께 다루어 보고자 하였다. 먼저 '제1부 여행의 역사와 문화'에서는 주로 문헌 자료를 중심으로 하여 일본인의 여행과 관련된 다양한 물적 · 제도적 장치와 그것이 발달되어 온 역사를 살펴보았으며, '제2부 현대관광의 여러 형태'에서는 직접적인 현지조사 자료를 기초로 하여 현재 일본사회에서 진행되고 있는 관광의 생산과 소비의 과정을 분석하였다.

제1부에는 현대적 대중관광의 출발이라고 간주되고 있는 에도시대의

종교적 순례 여행의 성격을 분석한 「참배여행과 대중관광의 출발」(권숙인), 이어서 비교문화 차원에서 오늘날에 이르기까지 일본인들의 여행행태를 가장 뚜렷하게 특징짓는다고 생각되고 있는 단체여행, 집단여행의 유래와 변천 과정을 고찰한 「단체여행의 기원과 사회조직」(문옥표), 그리고 역시 근대 이전 일본인의 관광여행에서 중요한 위치를 차지하고 있던 에도를 중심으로 한 도시관광, 미야코(都) 관광의 의미를 살펴본 「에도와 도시관광」(황달기)의 세 편의 글이 포함되어 있다.

인류학적 현지 조사를 중심으로 한 제2부에 포함되어 있는 여섯 편의 글은 관광의 생산과 소비의 과정을 현대 일본 사회의 변화라는 맥락에서 살펴보고 있다. 즉 현대 일본 사회에서 주로 어떠한 사람들이 어떤 맥락에서 여행에 나서며 그들이 추구하고 경험하는 바는 무엇인가, 관광개발의 주체는 누구이며 개발의 과정에서 역사 · 문화 · 자연 · 지역성 · 전통 등이 어떠한 방식으로 상품화되며 그 함의는 무엇인가, 관광의 개발 및 전개 과정은 지역사회와 주민생활에 구체적으로 어떤 영향을 미치고 있으며 이에 대한 주민들의 반응은 어떻게 이해해야 하는가 등의 문제들에 주목하고 있다. 그중에서도 특히 일본의 지방자치 단위에서 관광의 생산이 어떻게 이루어지고 있는가 하는 문제에 초점을 맞추어 자연환경, 역사, 문화 등 각기 다른 주제를 가지고 관광개발을 시도해 온 몇 개 지역의 사례들을 분석하였다.

관광 현상을 연구하는 인류학자들은 관광의 유형을 목적이나 지향하는 바에 따라 자연관광, 생태관광, 문화관광, 민족관광, 역사관광, 종교관광, 오락관광 등으로 분류하는 시도를 하기도 한다(Smith 1989). 그러나 이러한 각 범주는 서로 중복되는 경우가 많으며 항상 뚜렷하게 나누어지는 것은 아니다. 뿐만 아니라 최근에는 테마파크관광, 컨벤션관광, 스포츠관광, 쇼핑관광 등 계속하여 새로운 범주들이 개발되어 추가되고 있다. 이와 마찬가지로 우리가 여기서 살펴보고 있는 지방자치체 수준의 관광 개발 과정 역시 매우 복합적인 성격을 띠며 한 가지 주제에서 출발한 경우라도 다른 요소들을 결합하는 경우가 많으므로 지역관광의 성격을 어느 한 요소로 특징짓는 것은 용이한 작업이 아니다.

예를 들어 IV장에서 다루고 있는 군마현 오제(群馬縣 尾瀨) 지역의 경우는 본래 전통적 의미의 자연명승지로 출발했으나, 1970년대 이후 무분별한 개발과 관광객의 대량 유입에 따른 파괴로부터 이 지역을 보존하고자 하는 시민 차원의 자연보호운동이 전국적으로 일어나게 됨으로써 오늘날은 단순히 자연경치를 즐기는 데 그치는 자연관광(nature tourism)에서 한 걸음 나아가 생태관광(eco-tourism) 혹은 환경관광(environmental tourism)의 요소를 결합하게 된 사례이다. 반면 VIII장의 가타시나의 사례는 스키장을 중심으로 하는 전통적인 레크리에이션, 스포츠 관광지에서 최근 '도농(都農) 교류'를 주제로 하는 새로운 그린투어리즘을 개발하고 있는 지역이다.

이에 반해 V장에서 분석한 규슈 난고손(九州 南鄕村)의 사례는 백제와의 관련성을 강조하는 신화 · 전설 등을 중심 주제로 하는 일종의 민속문화관광에서 출발하여 서정창원(西正倉院)의 설립 등 역사관광(historic tourism)의 형태로 발전해 간 경우이다. VI장과 IX장에서 다루고 있는 후쿠시마현 아이즈와카마쓰(福島縣 會津若松)의 사례도 에도시대 상인들의 문화를 복원하는 일종의 지역문화관광에서 출발하여 전통 경관의 복원 및 보존을 포함하는 노스탤지어관광의 형태로 발전해 간 예에 해당한다. VII장의 하우스텐보스(HUIS TEN BOSCH)는 소위 이국성(異國性)을 주제로 하여 1990년대 들어 일본 각지에서 크게 유행한 테마파크의 한 형태인 소위 '가이코쿠무라'(外國村) 관광의 초기 사례에 해당한다 (Hendry 2000). 그러나 이 경우 역시 단순히 네덜란드 내지 유럽 문화를 소재로 음식, 음악, 의상이나, 상점, 궁전, 교회 등의 건물들을 재생하여 소개하는 이국 풍물의 전시와 상품화에 그치는 것이 아니라 미래 지향의 과학적 · 환경주의적 도시 계획의 모델로서 선전된다(Robertson 1997).

다시 말해 여기서 소개되고 있는 모든 사례는 지역관광 개발이 지향하고 있는 종합적 성격을 보여 준다. 그러나 각 사례는 출발점이나 시기, 개발 과정 등에 차이가 있으며 그런 점에서 일본 사회에서 관찰될 수 있는 지역관광 개발의 다양한 특색을 골고루 드러내고 있다. 그러나 이러한 논의들에 구체적으로 드러나고 있는 바와 같이 개별적인 지역관광 개발의 시도가 항상 성공하는 것은 아니다. 1990년대 초 막대한 자본을 들여 크게 성공한 것으로 알려졌던 하우스텐보스는 거품경제의 붕괴와 함께 2000년도에 들어 심각한 경영위기를 겪고 있으며, 오제나 아이즈와카마쓰 같은 경우도 몇 차례 전기를 맞으며 방향을 전환했다.

제2부에 실린 여섯 편의 글들은 그러한 지역관광 개발의 역학을 상세

하게 분석함으로써 앞으로 한국사회와 비교하는 데에 유용한 정보를 제공할 것이다. 1990년대 중반 지방자치제도가 도입된 이래 국내의 많은 지자체에서 지역 경제 활성화를 위한 핵심적인 전략의 하나로 관광 개발을 앞 다투어 시도하고 있다. 그러한 노력들과 관련하여 우리와 사회문화적 맥락을 적잖은 부분 공유하고 있는 일본 지방자치체들의 경험을 심층적으로 분석한 자료들은 차후 한국 사회의 정책 입안에 유용한 참고가 될 수 있을 것으로 믿는다.

공동 연구의 결과를 한 권의 책으로 엮어 내면서 관광의 생산에 초점을 맞추어 연구자들이 각자 개별적인 지역을 선정하여 현지 조사를 행하는 방식으로 연구를 진행하다 보니 관광객으로서 일본인의 특징을 좀 더 깊이 있게 분석해 내지 못했으며, 또한 국제관광을 다루지 못한 점이 못내 아쉬움으로 남는다. 기회가 닿으면 이 점들을 보완할 수 있기를 바라며, 마지막으로 잡다한 일들로 해서 끊임없이 지연되는 출판 과정을 재촉하지 않고 묵묵히 기다려 준 공동 필자 여러분께 미안함과 고마움을 전한다. 또한 항상 출판 과정을 빈틈없이 도와준 한국학중앙연구원 박사 과정의 박준규 씨를 비롯하여 소화출판사 여러분께 감사드린다.

2006년 4월 문형관 연구실에서

제1부

여행의 역사와 문화

I. 참배여행과 대중관광의 출발

권숙인

1. 참배여행과 관광

관광이 특수 계층의 특권이 아니라 보통사람들에게도 가능하게 된 것은 언제부터일까? 그것을 가능하게 한 배경은 무엇일까? 이 장에서는 일본에서 관광이 대중화된 역사와 배경을 살펴본다. 일본에서 일반 서민들도 어느 정도 관광과 여행을 할 수 있게 된 것은 에도시대(江戶時代, 1603~1868)부터의 일이다. 특히 당시 관광의 대중화는 종교적 순례와 깊은 관계가 있었다. 유명한 신사나 불교 사찰은 전국 각지로부터 순례자들을 끌어 모으고 있었다. 그중에서도 건국신화의 본거지인 이세신궁

(伊勢神宮)은 참배자들로부터 폭발적인 인기를 누렸다. 많은 서민들이 "평생에 한 번은 꼭 이세신궁참배(伊勢參宮)를"이라는 소원으로 각종 계(講. 자세한 내용은 II장 참조)를 들거나 단체로 기금을 마련하여 참배 대열에 참가하였다.

신사와 사찰을 참배하는 것은 종교적 목적 때문이었지만, 많은 경우 '참배'는 공식적인 명분이었고 실제로는 '관광'이라는 요소를 다분히 포함하고 있었다. 따라서 참배 루트에는 종종 인근의, 혹은 상당히 멀리 떨어진 명소가 포함되어 있었다.

예를 들어 대부분의 신사참배와 사찰순례 여정에는 하코네(箱根)나 아리마(有馬), 아타미(熱海) 등 유명한 온천지를 유람하고 에도, 교토(京都), 오사카(大阪) 등 대도시를 관광하는 순서가 포함되어 있었다. 또한 그 일정을 보면 순례의 목적지인 신사나 사찰에는 잠시 머물 뿐이고, 다른 관광명소에서 보내는 시간이 훨씬 긴 경우가 대부분이었다. 여러 면에서 에도시대의 종교적 참배는 오늘날에까지 이어지는 단체관광의 기원이라고 할 수 있는 측면들을 강하게 포함하고 있으며, 실제로 많은 학자들은 일본에서 대중관광이 발흥하게 된 계기를 에도시대의 종교적 참배에서 찾고 있다(Graburn 1983b; Tokuhisa 1980; Vaporis 1994; 石森秀三 1989; 神崎宣武 1990, 1991b).

이러한 '관광을 겸한 참배'는 일반 민중들에게 일상의 속박으로부터 잠시나마 합법적으로 벗어날 수 있는 대단히 소중한 기회를 제공하는 것이기도 했다. 당시 봉건적 권력은 일반 민중의 이동을 철저하게 통제하고 있었기 때문에 서민들이 장거리 이동을 하는 데에는 커다란 제약이 있었다.

근세 일본에 보이는 관광의 대중화는 비교문화적 관점에서도 중요한 의미를 갖는다. 관광은 인간과 여러 물적 · 제도적 장치들이 특정의 문화

안에서 결합하여 이루어진다. 여러 가지 물리적 장치가 마련되고 사회문화적으로 의미가 부여될 때에야 비로소 관광과 여행이 가능해진다. 그런 점에서 관광은 비교문화적 탐구를 위한 중요하고도 흥미로운 주제가 된다. 각 문화권에서 관광이 체계화되는 시기와 양상, 그리고 그 원인과 배경은 매우 다양하게 나타나며, 이러한 차이들은 사회과학적으로 설명될 필요가 있다.

일반적으로 서구의 경우, 서민들에게까지 관광이 보편화된 것은 19세기 이후, 즉 산업혁명 이후의 일로 여겨지고 있다. 이때가 되어 철도 이용이 일반화되면서 서민들도 비로소 거주지를 떠나 여행과 관광을 할 수 있게 되었다. 철도가 보편화되어 대중들의 이동수단이 되기 전에는 마차를 타고 여행을 해야 했고, 서민들에게 여행이란 우선 경비조달 면에서도 불가능한 것이었다. 반면 근세 일본에서는 도보여행이 보편적이었으며, 이 점이 오히려 서민들에게는 보다 적은 부담으로 관광과 여행에 나설 수 있게 했던 것으로 여겨진다.

이 장에서는 대중관광의 발달과 관련해 일본에서 나타나는 독특한 특징을 살펴보고, 이를 통해 보다 전반적인 일본 문화에 대한 이해를 시도한다. 특히 근세 일본에서 관광의 대중화가 종교적 참배와 긴밀한 관련하에 이루어졌다는 점에 주목한다. 보다 구체적으로는 일본의 종교적 참배여행에서 이세신궁이 갖는 의미와 위치를 살펴보고, 근세 일본 사회에서 서민들의 대량 이동과 여행을 가능하게 했던 주요 조건들을 고찰한다. 이어서 여행일지에 나타난 여행일정과 이세신궁 앞에 참배객들을 대상으로 발달했던 몬젠마치(門前町)의 구성과 역할을 살펴봄으로써 이세신궁참배가 당시 서민들에게 실질적으로 어떤 의미를 가졌는지 가늠해 본다.

마지막으로 대중관광의 발달에서 나타나는 일본적 특징을 관광현상 일반에 대한 이론적인 논의와 연결시켜 보고 그 비교문화적 함의를 논의한다.

2. 근세 일본에서 여행의 전개

1) 에도시대 여행의 대중화

일본에서도 관광여행이 본격적으로 대중화된 것은 철도가 상당히 발달한 다이쇼시대(大正時代, 1912~1926)부터의 일이지만 에도시대에 이미 서민의 상당수를 포함해 많은 수의 일본인이 여행을 하고 있었다(Graburn 1983b; Tokuhisa 1980; 石森秀三 1989; 神崎宣武 1990, 1991b). 이러한 사실은 일종의 여행안내서와 여행기에 해당하는 각종 '메이쇼키'(名所記)와 '도추키'(道中記, 여행일기, 여행안내기)에 잘 나타나 있다.

특히 당시 주요 가도(街道)가 여행하는 사람들로 얼마나 붐비고 있었는지를 잘 보여 주는 자료로 캠페르(Englebert Kaempfer)의 관찰기가 있다. 캠페르는 에도시대에 나가사키(長崎)의 네덜란드 상관(商館)에 의사로 와 있었던 인물이다. 그는 에도시대 중기에 해당하는 1691년과 그 다음해에 상사의 에도여행에 동행하는데, 이때 보고 들은 것을 기록한 여행견문기 『에도산푸료코닛키』(江戸參府旅行日記)를 남겼다. 이 책은 그가 여행 도중에 관찰하고 경험한 것을 매우 상세히 기술하고 있어 당시의 실상을 보여 주는 귀중한 자료로 간주되고 있다. 특히 서민들이 어느 정도 여행을 하고 있었던가와 관련해 다음과 같은 구절이 있다.

이 나라의 가도에는 매일 믿을 수 없을 만큼 사람들이 붐빈다. 1년의 두세 계절 동안은 주민들이 많이 사는 유럽 도시의 길거리와 비슷할 정도로 사람들이 길에 넘쳐나고 있다. 나는 일곱 개의 주요 가도 중 가장 중요한 도카이도(東海道)를 네 번이나 왕래했으므로 그 체험에 근거해 이것을 입증할 수 있다. (사람들이 길에 이렇게 많은) 이유의 하나는 이 나라의 인구가 많다는 것과 또 다른 하나는 다른 나라 국민들과 달리 이들은 상당히 자주 여행을 하고 있다는 점이다(ケンペル 1977: 49).

캠페르가 이 기록을 남겼던 즈음에 도카이도를 통행한 사람들이 구체적으로 어느 정도 되나 추정해 보면 연간 약 100만 명을 넘는 수치가 나온다. 이는 당시 도카이도의 주요 길목 중의 하나였던 하마나호수(浜名湖)를 건너는 배의 왕래 빈도에 근거해 추산한 것으로, 당시 이 호수에는 다리가 없었기 때문에 거의 모든 사람들이 배를 타고 호수를 건너야 했다고 한다.

예를 들어 1702년의 경우 이 배는 그 호수를 4만 4,764번 왕래했다고 하며 한 번에 대략 20여 명을 태웠다고 가정할 경우, 연간 100만 명에 가까운 사람이 하마나호수를 건넌 셈이 된다(石森秀三 1989: 96). 여기에는 산킨코타이(參勤交代) 행렬이 포함되지 않았고 또 도보로 호수의 북단을 돌아가는 사람들의 수가 포함되지 않았기 때문에 적어도 1년에 100만 명 이상이 도카이도를 여행하고 있었던 셈이 된다. 당시 인구를 약 3,000만으로 본다면 대략 30명 중 1명이 이 길을 따라 여행했던 것이다(石森秀三 1989: 96).

이것은 그 당시 유럽 상황과 비교해 보아도 흥미로운 일이다. 유럽에서는 옛날부터 귀족계급과 상층계급은 여행을 활발히 하고 있었지만 서민에게 여행이란 거의 불가능한 것이었다. 예를 들어 영국의 한 역사가는 "18세기 초두에 유람을 위해 스코틀랜드를 방문한 사람은 1년에 12명을 넘지 않았을 것이다" 라고 쓰고 있다(石森秀三 1989에서 재인용). 이에 비해 같은 시기 일본에서는 서민에게도 여행이 가능했을 뿐만 아니라 '놀이로서의 여행'이 활발히 이루어지고 있었던 점이 매우 독특하다고 할 수 있겠다.

2) 여행의 대중화를 가능하게 한 조건들

일본에서도 에도시대 이전까지는 일반 서민들의 여행은 매우 힘들고 위험한 것이었다. 대부분의 여행은 군사적 목적으로 이루어졌고, 실제 '여행'(旅, たび)이라는 말은 군사적 여행을 의미했거나 종교적 기원이 있는 말이었다. 즉 '여행하는 사람'이라는 뜻의 '다비비토'(旅人, たびびと)는 '다베비토'(たべびと)에서 온 말인데, 이는 떠돌아다니는 수도승을 의미했다고 한다(Graburn 1983b: 50).

중세의 전국시대가 끝나고 일본 전역이 통일되어 봉건체제가 확립되면서 장거리여행이 보다 보편화된다. 특히 에도시대에 장거리여행을 가능하게 했던 조건으로는 도로의 정비, 장기간의 평화와 안정, 경제적 성장, 여행관련 서비스업의 발달 등 여러 가지를 꼽을 수 있다. 그중에서 여행을 직접적으로 가능케 한 중요한 조건으로는 산킨코타이 제도의 확립으로 인한 도로망과 숙박시설의 정비를 들 수 있다.

산킨코타이 제도는 에도막부가 전국 각지에 흩어져 있는 다이묘(大名)들을 통제하고 감시하기 위해 제도화시킨 것으로, 원칙적으로 지방의 각 다이묘들이 격년으로 에도에 거주하는 것을 의무화한 것이다. 이 제도로 인해 약 300여 개에 달하는 번(藩)의 다이묘 행렬이 거의 매년 에도를 왕래하게 되었다. 규모가 큰 번의 경우 이동 행렬이 400~500명에 달했고 1만 석 이하의 작은 번의 경우는 50~60명이었다고 하니(神崎宣武 1990: 84), 평균 250여 명이라 계산하여도 도카이도를 위시해 주요 도로를 따라 이동하는 사람의 숫자는 엄청난 것이 된다.

에도막부의 교통정책은 그 이전과 비교할 때 적극적인 것이었다. 막부는 전국에 흩어져 있는 각 다이묘들이 구축한 분산적인 교통체계를 에도를 중심으로 하는 교통체계로 개편하고 도로망을 확충하는 데 힘썼다. 특히 에도시대 초기 산킨코타이 제도의 확립 이후에는 주요 간선도로인 고카이도(五街道)[1]를 비롯하여 다른 가도가 정비되고, 빈번히 에도와 자신의 번 사이를 왕복해야 했던 전국 각지의 다이묘 일행을 수용할 수 있는 숙박시설도 충실해졌다(石森秀三 1989; 神崎宣武 1990; 豊田 武, 兒玉幸多 1970; Vaporis 1994). 결과적으로 상당히 편리하고 안전하게 전국 각지를 여행하는 것이 가능해졌다.

특히 교토에서 에도에 이르는 도카이도는 그야말로 당시 최대 간선도로였다. 도카이도를 따라 53개의 세키쇼(關所, 검문소)가 설치되었으며 이곳에는 숙박시설도 정비되었다. 또한 에도시대 중기가 되면 식사를 제공하는 숙박시설이 처음으로 등장하는데, 이는 여행하는 사람들에게는 커다란 변화를 의미하는 것이었다.

에도시대의 숙박시설은 일반적으로 '기센'(木錢, 혹은 기친木賃이라고도 함) 형식에서 '기센 · 고메다이'(木錢 · 米代) 형식으로, 그 다음에는 '하타고'(旅籠) 형식으로 바뀌어 갔다고 한다(櫻井邦夫 1985: 180). 기센 형식의 숙박시설이란 식량은 여행하는 자가 지참하고 땔나무 값을 숙소에 지불

1. 고카이도는 말 그대로 '다섯 개의 가도'이다. 당시 가장 중요한 도로로 에도와 교토 사이를 연결하던 도카이도를 위시하여 나카센도(中山道), 닛코도추(日光道中), 오슈도추(奧州道中), 고슈도추(甲州道中)를 지칭한다.

하고 자취하는 형태의 숙소를 말한다. 기센 · 고메다이 형식은 숙소에서 마련해 놓는 땔나무와 쌀을 사서 자취를 하는 형태의 숙박시설이며, 하타고 형식은 식사가 딸려 나오는 숙박시설을 말한다. 에도 중기에 이르면 숙박시설의 대종이 기센 형식으로부터 하타고 형식으로 전환되었다.[2] 이로 인해 더 이상 여행 도중에 먹을 음식을 손수 가지고 다니지 않아도 되었고, 이는 놀이를 위한 여행과 관광이 발달하는 데 크게 기여하였다(Ishimori 1989).

유명사찰이나 신사가 제공하는 '오시'(御師; 온시라고도 한다) 또는 '슈쿠보'(宿坊)도 이 시기에 여행이 발달하는 데 중요한 역할을 했는데, 이는 큰 신사나 사찰에 소속된 하급 신직(神職)으로 숙박소를 제공하는 기능을 담당하고 있었다(자세한 것은 이 책의 II장 참조). 특히 '오시'라고 불리는 이세신궁의 방문객용 숙소는 잘 조직되고 안락한 숙소를 제공하면서 많은 방문객을 끌어 모으고 있었다. 이 오시는 이세신궁의 외궁(外宮) 근처에 위치하고 있었는데 에도시대에 그 수가 급증하여 18세기 전반기에는 피크에 달했다.

1724년의 경우 615개소의 오시가 있었다고 한다(Ishimori 1989: 185). 오시의 활동은 현재의 여행회사, 여관, 기념품 가게의 기능을 모두 포함하고 있었고 그런 의미에서 오시야말로 오늘날의 여행관련업의 원조라고 할 수 있을 것이다. 그리고 이들이 유치했던 민중들의 이세신궁 참배여행은 숙박부터 시작해 참배, 여흥까지 모든 것이 미리 짜여 있었다는 면에서 실로 "이세신궁참배 단체 패키지여행"이라고 부를 만한 것이었다

2. 그러나 기센 형식의 숙박시설이 하타고 형식으로 완전히 대체되지는 않았는데, 이는 주로 기센 형식 숙소의 경제적인 숙박 요금 때문으로 여겨진다. 기센 형식의 숙박업소는 도카이도에서도 에도시대 말기까지 남아 있었다고 한다(Vaporis 1994: 229).

(神崎宣武 1990: 190).

여기에 덧붙여 에도시대 중기에는 교통수단, 위차(爲借) 제도, 하물탁송 제도를 비롯하여 여행안내업, 토산품 판매업 등 여행관련 서비스업이 현격히 향상되었고, 결과적으로 여행하는 것이 한결 용이해졌다. 18세기 초가 되면 지역단위의 숙박업소 조직도 등장한다. 이들은 일종의 동업조합조직으로서 같은 조직에 속한 회원 숙박업소들은 여행객의 안전을 보장하고 회원 숙박업소에 숙박을 보장하며, 상호간 정보제공, 교통편의 제공 등 보다 향상된 서비스를 제공하였다. 숙박업소의 숫자도 증가하면서 업소간의 경쟁도 치열해졌다고 한다. 하타고 형식의 숙박시설만 보아도 도카이도의 경우 세키쇼마다 평균 55개소, 닛코도추(白光島中, 수도인 에도와 도호쿠東北 지방을 연결)에는 39개소, 나카센(中山島)도와 오슈도추(實州島, 오슈는 지금의 도호쿠 지방)의 경우는 27개소씩 있었다고 하는데(Vaporis 1994: 228), 이러한 사정은 여행자 입장에서 보면 상당히 많은 선택권이 있었음을 의미한다. 나아가 각종 여행안내서, 여행정보지, 여행소설, 지도 등의 보급은 여행에 대한 욕구를 불러일으키고 동시에 여행을 보다 용이하게 만들고 있었다(石森秀三 1989: 103). 특히 잘 알려진 일본 기행문학의 고전으로 짓펜샤 잇쿠(十返舍一九)가 쓴 일종의 여행소설인 『도카이도추 히자쿠리게』(東海道中膝栗毛)는 많은 인기를 끌면서 여행에 대한 대중의 관심을 끄는 데 커다란 기여를 했다고 한다.

에도시대에 여행이 가장 발달한 것은 중기 무렵이다. 특히 겐로쿠기(元祿期, 1688～1703), 분카기(文化期, 1804～1816), 분세기(文政期, 1817～1829)는 세상이 안정되고 연극이나 우키요에(浮世繪, 유녀나 연극 등을 주요 소재로 에도시대에 성행했던 풍속화) 같은 민중 문화가 발흥했던 시기로 잘 알려져 있다. 일반 민중들의 여행도 위에서 살펴본 제반 조건 정비와 더불어 이런 시대적 분위기에서 번창했으리라 생각된다. 그러나 동시에 에도시대에 서민들의 여행과 관광이 보편화된 데에는 신사 · 사찰참배(社寺參詣), 특히 이세신궁참배라는 관행과 제도가 커다란 역할을 하였다.[3]

3. 근세 일본의 서민들과 이세신궁참배

1) 종교적 순례와 이세신궁참배

일본에서 종교적 순례의 전통은 고대로 거슬러 올라간다. 원격지 참배로서 순례가 시작된 것은 나라시대(奈良時代, 710~794)였다고 여겨지며, 헤이안시대(平安時代, 794~1185)가 되면 이 관행이 훨씬 현저해진다(星野英紀 1986: 234). 그러나 이 시기 순례자의 중심은 귀족이나 상황(上皇) 혹은 황족들이었으며, 순례의 목적지는 주로 긴키(近畿, 오사카 · 교토 · 나라 등을 중심으로 한 오늘날 관서 지방 일대) 지방의 사찰들이었다. 순례가 사회의 특정 계층에 한정되었던 점은 가마쿠라(鎌倉時代, 1185~1333),

---

3. 영어의 pilgrimage에 해당하는 일본어로는 참궁(參宮), 예(詣)를 비롯하여 참예(參詣), 순배(順拜), 순례(順禮) 등이 있다. 그러나 이들 용어가 구별되어 쓰이기도 하는데 예를 들어 '참궁'이 그 하나이다. 통상 '참궁'이란 말은 이세신궁에 참배하는 경우에만 사용된다. 이세신궁 외에 다른 신사에 참배하는 경우에는 참궁이 아니라 '예', 혹은 '참예'라고 하는 것이 보통이다. 이세신궁참배를 의미하는 일본어로는 통상 '이세마이리'(伊勢まいり) 혹은 '이세참궁'(伊勢參宮)이란 말들이 쓰이고 있으나 '참궁'이란 표현이 우리 귀에 낯설기 때문에 이 글에서는 '이세신궁참배'라고 쓰기로 한다. 또한 신사와 불교사찰 참배도 일본어로는 통상 '사사참예'(社寺參詣)로 쓰지만 이것도 같은 이유로 '신사 · 사찰참배 혹은 사사참배'로 표기한다.

무로마치시대(室町時代, 1336～1573)에도 마찬가지였다. 예를 들어 가마쿠라시대에는 도고쿠(東國, 현재의 관동 지역) 지방 무사들에 의한 구마노(熊野) 참배가 왕성하게 이루어졌고, 무로마치시대에는 기나이(畿內)의 부유 농민들의 이세신궁참배가 활발히 이루어졌다(石森秀三 1989: 101). 그러나 에도시대에 접어든 이후 여행을 가능하게 하는 여러 조건들이 정비되었고 서민들에 의한 종교적 순례 붐이 전국적으로 일었다. 즉 이 시기에 들어서 과거와는 달리 민중층이 순례자의 중핵으로 등장하게 된 것이다.

봉건체제 하의 에도시대에는 기본적으로 서민의 여행이 인정되지 않았다. 더욱이 농민과 여성의 여행은 엄격히 금지되고 있었다(神崎宣武 1991: 127). 일단 이동이 허락된 경우라도 이동경로에 대한 통제가 가해졌다. 일반적으로 여행하는 자들은 감시가 보다 용이한 주요 간선도로를 따라 여행해야 했으며, 강을 건널 때에도 정해진 곳에서만 가능했다. 특히 여성들의 이동경로는 더욱 많은 통제를 받았는데, 예를 들어 도카이도의 53개 세키쇼 중 20곳은 그 지역에 사는 여성들만 통과할 수 있었다고 한다(Vaporis 1991: 6).

그러나 신사 · 사찰참배와 온천치유(湯治)를 목적으로 하는 여행의 경우는 예외적으로 허가되었고 많은 서민들이 이 두 목적으로 여행을 하였던 것으로 기록되고 있다. 또한 에도시대 들어 농민층의 경제적 향상, 대도시 상인층의 출현, 치안 안정, 교통망과 교통수단의 충실화 등도 순례가 대중화되는 데 기여한 요인들이었다(星野英紀 1986: 238). 그렇다면 연간 어느 정도의 사람들이 신사와 사찰을 참배하고 있었을까? 이세신궁은 매년 20만～60만 명 사이, 젠코지(善光寺)는 20만 명, 데와산잔(出羽三山)은 15만 명 정도의 참배자가 있었던 것으로 추정되고 있다. 그 밖에 고야산(高野山), 나리타산(成田山), 닛코, 곤피라(金毘羅) 등 수많은 신사와 사찰이 참배객을 끌어들였다. 각지의 신사와 사찰 참배객을 전부 합치면 연간 약 300만 명 정도였을 것으로 추정된다(石森秀三 1989: 98).

그중에서도 이세신궁은 일본에서 가장 성스러운 곳으로 여겨지는 곳이다. 특히 내궁(內宮)은 천황가의 시조라고 일컬어지는 태양의 여신 아마테라스오미카미(天照大神)를 주신(主神)으로 하는 곳으로, 에도시대 일본인들은 "평생 한 번은 꼭 이세신궁참배를"이라는 소망을 공유했다고 한다. 그러나 당시 이세신궁참배를 위한 장거리여행은 서민들에게는 만만치 않은 경제적 부담이 되었다. 그리하여 서민들은 '고'(講)라는 일종의 계를 조직하여 필요한 돈을 적립하는 방식으로 이세신궁참배를 하였다(이 점에 관해서는 II장 참조). 이렇게 적립한 돈으로 윤번제 혹은 추첨으로 대표자를 대신 참배시켰으며(代參), 이때 참배하게 된 사람은 참배를 마친 후 다른 회원들을 위해 신사에서 나누어 주는 부적인 '오하라이'(御祓)를 받아 왔다.

하지만 '고' 제도의 혜택을 받을 수 있는 사람은 한 집의 가장인 남자뿐이고 여자나 어린이, 차남, 삼남 등은 제외되었다고 한다. 따라서 허락을 받지 않은 채 이세신궁 참배여행을 떠나는 '도망참배'(拔參り, 누케마이리)로 일생의 소원인 이세신궁참배를 하려는 시도가 일어났으며, 농촌지역에서는 이것이 하나의 통과의례가 되기도 하였다(神崎宣武 1991b: 131). 도망참배는 기본적으로 비합법적인 행위인 셈이지만, 여행 도중에 다른 여행자들이나 각종 업소에서 여러 가지 접대와 도움을 받는 것이 가능해 '세상의 은혜 덕분에 이세신궁참배가 가능했다'라는 의미에서 '은덕참배'(お蔭參り, 오카게마이리)라는 이름으로도 불렸다.

1718년 이세 측에서 막부에 올린 보고에 의하면 그해 정월에서 4월 15일까지 42만 7,000명이 이세신궁을 참배한 것으로 나타났다. 이세신궁참배자는 대개 농민으로 주로 농한기에 참배여행을 떠났으며, 따라서 연중 참배자의 수는 이 숫자보다 좀 더 많았을 것으로 추정된다. 즉 에도 중기에는 약 50만~60만 명이 매년 이세를 찾은 것으로 볼 수 있고, 여기에 도망참배 등의 관행을 고려하면 그 숫자는 더 커진다(神崎宣武 1991: 132). 이러한 사실들은 에도 중기에 이세신궁참배가 얼마나 성황이었는지를 예시해 준다.

일부 학자들(石森秀三 1989; 神崎宣武 1990, 1991b)은 그것이 현재의 해외여행 붐에 결코 뒤지지 않았을 것이라고 주장한다. 이들 참배객들은 이세신궁을 참배하거나 부적을 구입하고 명상을 하는 등 다양한 종교적 행위를 목적으로 이세신궁으로 향했지만 이런 종교적 목적만이 이들을 이세로 끌어낸 것은 아니었다. 20여 년 전 미국의 인류학자 넬슨 그레이번(Nelson Graburn)이 재치 있게 표현한 것처럼 "기도뿐만 아니라 돈도 쓰고 놀기도 하기 위한"(to pray, pay and play: Graburn 1983b) 세속적인 욕구 역시 이세신궁참배의 주요 동기였던 것이다.

2) 서민들의 이동 및 여행 수단으로서 이세신궁참배

기본적으로 에도시대의 봉건체제 하에서 일반인들에게는 자신의 거주지를 떠나는 것은 허락되지 않았다. 당시 여행을 하는 데는 관의 허가증을 받는 것이 필수여서 왕래허가증(往來切手, 오라이깃테)과 세키쇼허가서(關所手形, 세키쇼테가타)를 받아야만 하였다. 왕래허가증은 일종의 신원증명서로서 개인이 속한 절의 주지나 촌장이 직인을 찍어 발급하였으며, 세키쇼허가서는 개인이 소속되어 있는 번의 다이묘가 발행하는 것으로 관문을 통과할 때 제시하는 통행증에 해당하는 것이었다.

서민들이 여행을 하는 데 꼭 필요했던 이런 허가증을 발급받는 데 가

에도시대 이세신궁참배 행렬을 묘사한 그림. 깃발에는 '오카게마이리'라고 쓰여 있다(출처: 이세시립향토자료관 관광 팸플릿).

장 손쉽고 정당한 이유는 다름 아닌 사사참배(社寺參詣)였으며, 그중에서도 이세신궁참배는 매우 유효한 명분이 되었다. 이렇게 볼 때 자유로운 이동이 극도로 제한받던 상황 속에서 이세신궁참배를 비롯한 각종 신사 · 사찰참배는 그야말로 '공식적인 명분'(健前, 다테마에)은 종교적이지만 '실질적인 목적'(本音, 혼네)은 여행으로서 서민들에게 활용되었다고 추측하는 것도 무리가 아닐 듯하다.

앞에서 인용했던 네덜란드 의사 캠페르는 그의 여행기에서 산킨코타이 행렬에 대해 언급한 후에 이세신궁참배의 행렬에 대해서도 다음과 같이 묘사하고 있다.

> 이세신궁 참배여행에 나선 사람들은 그들이 어느 곳에서 왔든지 상관없이 이 커다란 가도의 일정구간을 통과하지 않으면 안 된다. 이 참배여행은 1년 내내 이루어지고 있으나 특히 봄에 많이 집중되고 있으며, 그런 까닭에 이때쯤이면 가도는 오로지 참배여행을 하는 사람들로 가득 차게 된다. 노인이나 젊은이, 신분이 귀한 자나 천한 자, 남자와 여자 구별 없이 이 여행을 통해 신앙과 또 다른 어떤 이익을 얻기를 희구하며, 무슨 수를 써서라도 여행에 나서고자 한다(ケンペル 1977: 53).

캠페르는 이어서 당시 이세로 참배여행을 떠나는 사람들이 특정 계층에 국한된 것이 아니라 오히려 많은 경우 일반의 '가난한' 서민들이었음을 추측케 하는 관찰을 하고 있다.

> 여행을 하면서 구걸해 먹을 것이나 노잣돈을 해결하지 않으면 안 되는 많은 수의 이세신궁참배 여행객들은 산킨코타이로 여행하는 사람들에겐 유쾌하지 못한 상대들이다. 왜냐하면 이들은 연달아 산킨코타이

행렬에 속한 사람들에게 접근해서는 삿갓을 벗고 주춤거리는 목소리로, "나으리, 이세신궁참배 가는 놈에게 노자 한 푼 보태 주십쇼" 하며 말을 걸기 때문이다(ケンペル 1977: 53～54).

또한 이세신궁참배는 당시 억압적인 봉건체제 하에서 서민들이 이동을 통해 잠시나마 해방감을 맛볼 수 있는 흔치 않은 합법적인 수단이었다. 경우에 따라서 사람들은 관의 공식적인 허가를 받지 않거나 혹은 죄를 짓고 이세로 도망가 버리는 식의 '비정상적인' 이세신궁참배, 즉 위에 언급한 '도망참배' 길에 나서기도 하였다. 캠페르의 관찰을 다시 한 번 인용해 보자.

다른 지방의 사람들보다 에도나 오슈의 주민들 중에는 허가를 받지 않고 이세신궁참배에 나서는 풍습이 있다. 그뿐만이 아니다. 비행을 저질러 곧 벌을 받게 될 소년조차 혼자만의 생각으로 양친으로부터 도주하여 이세로 떠나서는 자신의 사면에 틀림없이 효과가 있을 면죄부를 받아 오는 경우가 종종 있다. 이들 모두가 숙박시설에 머문다는 것은 불가능하고, 또 돈이 없는 사람들도 있기 때문에 많은 사람들이 노숙을 한다. 경우에 따라서는 길가에서 병과 피로에 죽어 있는 사람을 발견할 수도 있다(ケンペル 1977: 54).

이처럼 에도시대에 들어 사회가 안정되어 갈수록 점점 폭넓은 계층의 사람들이 이세신궁참배에 참가하게 되었고, 여기에는 (원칙상 이동이 강하게 규제되었던) 여자와 어린아이, 그리고 가난한 사람들이 포함되어 있었다. 그 배경에는 종교적 참배, 특히 이세신궁참배는 좋은 일이라는 사회적 관념이 있어서 비록 정상적인 허락을 받지 않고 떠난 경우에도 벌칙이 그리 심하지 않았던 점과 종교적 믿음과 결부된 보시(布施)관행이

현대의 이세신궁참배 행렬.

있었다. 참배자 · 순례자들에게 보시를 행하는 것은 곧 은덕을 쌓는 일이라고 여겨졌다. 순례자들은 신들이 위장하고 나타난 것이거나 부처의 환생일 수도 있다는 믿음이 있어서 특히 이세신궁참배를 가는 사람들은 음식이나 숙소, 교통편의, 돈 등을 여행 도중에 보시 받는 경우가 많았고 심지어는 돈을 남겨서 집으로 돌아오는 경우도 있었다고 한다(Vaporis 1994: 253).

앞에 언급한 '은덕참배'라는 말은 이런 상황을 잘 보여 주는 말이다. 은덕참배, 즉 허락을 받지 않고 이세로 떠나는 '도망참배'는 몇십 년을 주기로 그 수가 급증했던 것으로 나타난다. 특히 1650년, 1705년, 1771년, 1830년, 1867년에는 전성기를 맞아 많은 때에는 반년 동안 약 458만 명의 참배자가 있었다는 기록이 있다(足羽洋保 1994: 28).

결론적으로 에도시대에는 이전과 달리 여행이 특정 계층에만 국한되지 않았고 일반 서민들에게 상당히 확대되었다고 볼 수 있다. 그 배경에는 경제성장, 상업화의 진전, '고' 집단의 발달, 보시 제도 등 여러 관행이 있었고 이것들이 결합하여 이세신궁참배를 포함한 여행을 보다 쉽게 만들었다.

4. 관광으로서 이세신궁참배

1) 관광여행으로서 참배여행

앞에서 살펴본 것처럼 에도시대에 서민의 여행이 가능했던 이유 중 하나는 사사참배와 온천치유를 목적으로 하는 여행이 허가되었기 때문이다. 그러나 신사 · 사찰참배와 온천치유 등은 어디까지나 공식적인 명분이었고 실제 목적은 '놀이'나 '유람'이었음을 시사하는 근거들이 많이 존재한다. 1830년(분세이 13년)에 출판된 일종의 백과사전인 『기유쇼란』(嬉遊笑覽)은 참배를 위한 여행이 얼마나 명목에 지나지 않았던가를 다음과 같이 기술하고 있다.

요즘 (에도 인근에 사는 사람들은) 교토, 오사카, 나라 등지를 여행하는 것을 즐겨하지만 (그 인근에 있는 신사의 하나인) 가지마신사참배(鹿島詣)는 기피한다. 여러 사찰과 신사를 찾기는 하나 이는 어디까지나 명목상의 것이고 실제는 유락을 주목적으로 하고 있다. 이세신궁의 경우도 그것이 (교토, 오사카, 나라로 가는) 길목에 위치해 있기 때문에 참배하는 것이다(喜多村信節 1929: 176, 石森秀三 1989: 98에서 재인용).

근세 일본의 여행 발달과정에 대한 폭넓은 연구를 해 온 역사학자 콘스탄틴 배포리스(Constantine N. Vaporis) 역시 종교적 참배여행이 에도시대에 들어 시간이 흐를수록 관광과 유람으로서의 성격을 강하게 띠어 갔음을 지적한다(Vaporis 1994). 그 증거로 각종 참배와 순례여행의 여행일정이 늘어나고, 원래의 목적지 외의 유명신사나 사찰, 그리고 인근의 유명한 명소나 유적에 들르는 횟수가 점차 많아지는 것 등을 지적한다. 예를 들어 이세신궁참배의 경우 이세신궁이 점차 여행의 목적지라기보다는 보다 광범위한 여행일정에서 하나의 경유지처럼 되어 갔으며, 참배 후 돌아오는 경로는 대개 갈 때와는 다른 길이 선택되었다고 한다. 이세신궁참배를 위한 여행일정도 50~70일간은 보통이고, 두 달 반에서 석 달간의 여행도 드물지 않았으며 경우에 따라서는 넉 달에서 여섯 달에 걸친 여행도 있었다(Vaporis 1994: 218).

도호쿠 지방의 사람들이 이세신궁참배를 할 경우, 참배 후 곧장 돌아가는 것이 아니라 하세데라(長谷寺), 아스카(飛鳥), 요시노(吉野), 고야산(高野山)을 거쳐 오사카에 들르고, 시고쿠(四國)의 곤피라(金毘羅)에 갔다가 다시 오사카로 돌아와 교토, 나카센도를 거쳐 젠코지(善光寺)를 가는 식의, 현대 일본의 패키지 여행이 무색할 만한 관광여행이 일반적이었던 것 같다. 여기에는 연극을 필두로 각종 구경거리와 호화로운 식사, 유곽에서의 여흥 등이 포함되어 있었다(石森秀三 1989: 106).

예를 들어 어떤 '고' 집단이 이세신궁 참배여행을 하고 남긴 여행기는 일종의 '이세신궁참배 미식 안내서'라고 할 만한 것으로, 여기에는 이들이 식사를 한 식당들, 두 달간의 여행 동안 맛본 100가지가 넘는 음식, 머물렀던 여관, 구경하거나 구입한 각 지방의 명산품, 방문했던 명소들이 자세히 기록되어 있다고 한다(Vaporis 1994: 238). 그래서 아이즈와카마쓰(會津若松, 도호쿠 지방 아이즈번의 중심도시)의 한 관리는 1745년, "우리가 아무리 금지령을 내려도 상당수의 사람들이 매년 봄이면 이세신궁참배를 한다는 구실로 번을 떠난다. 그러나 이들은 이 여행을 유람하는 데 이용하고 있다"라고 불평한 것으로 기록되어 있다(Vaporis 1994: 239에서 재인용).

2) 도호쿠 지방으로부터의 여행 사례들

앞에서 우리는 에도 중기 무렵부터 서민들의 여행 붐이 일었고, 이 여행의 대부분은 종교적 참배, 특히 이세신궁참배를 명분으로 하고 있되 실질적으로는 유람과 관광의 요소를 강하게 지니고 있음을 살펴보았다. 여기에서는 당시 이세신궁 참배여행을 기록한 구체적인 여행일지를 분석함으로써 실제로 일반인들이 이세신궁참배를 떠날 때 어떤 식의 여행을 하였는지 살펴보도록 한다. 즉 언제 어떤 길을 통해서 갔고, 여행일정은 얼마나 길었으며, 여행경로에 포함되어 있는 곳은 어떤 곳인지 고찰하면서 관광으로서 이세신궁참배의 구체적인 모습에 접근해 보고자 한다.

다음의 자료는 일본 도호쿠 지방 아이즈 지역의 기록자료에 근거한 사쿠라이 구니오(櫻井邦夫 1985)의 논문에서 인용되었다. 사쿠라이는 에도시대에 아이즈 및 그 인근에서 이세신궁참배를 떠났던 사람들이 남긴 여행일지인 『도추닛키』(道中日記)에 나타난 18개의 사례를 소개하고 있다.

〈표 1〉 1816년(분카 13년) 12월 1일에서 다음 해 2월 6일까지 65일간 여행

12.1 (후쿠시마 소마福島相馬)니누마무라新沼村 하라마치原町(12.2 도미오카富岡 기센) 다이라平(12.3 유모토湯本 기센) (12.6 子生村 기센) 12.7 가지마신궁 (12.7 가지마 기센) 오후나쓰大船津 마쓰키시松きし 조시銚子 12.9 조시 체류, 구경 12.10 가토리신궁 (12.10 사와라佐原 기센) 12.11 나리타산 (12.11 사쿠라櫻 기센) 교토쿠行德 고햐쿠라칸五百らかん 12.12～15 에도 12.16 가마쿠라 에노시마江の島 (12.16 후지사와藤澤 기센) (12.16 유모토 기센) (12.16 누마즈沼津 기센)	12.20 구노잔久能山 *산 입장료로 1인당 100문씩 지불(12.20 이하 가케가와掛川, 사카시타坂下, 順山, 大木村, 오하마大浜에서 숙박은 기센) 12.24 호라이지鳳來寺 12.26 아쓰타신궁熱田神宮 나고야名古屋 쓰시마津島 사야佐屋 (12.27 구와나桑名 기센) 12.29～1.2 이세 (1.3 히사이ひさい 기센) (1.4 우에노上野 기센) 1.5~6 나라 *안내비로 16명 분 100문 지불 (1.6 나라 기센) (1.7 다카다高田) 1.8 하세데라 도노미네多武峰 1.9 요시노 1.10 다카노산	*안내비로 1인당 2부 6문씩 지불 (1.11 요코야마무라横山村기센) 1.12 사카이境, 界 *안내비 16명 분 100문 1.12～13 오사카 *안내비 100문 1.13 오사카(저녁) 1.14 후시미伏見(아침) 1.14 후시미 이나리稲荷 1.15~16 교토 [나카센도中山道] 마쓰모토松本 1.26 젠코지 가루이자와輕井澤 1.28 묘기산妙義山 구라가노倉賀野 다마무라玉村 2.1 닛코 *안내비 100문 시라카와白川 니혼마쓰二本松 2.6 니누마무라

출처: 소마향토연구회 자료총서 제8집 『이세산구도추키』(伊勢參宮道中記, 櫻井邦夫 1985: 159에서 재인용)

이 18개의 사례를 살펴보면 거의가 5～20명이 한 단위가 되어 단체로 여행을 떠나고 있으며, 장기화된 여행 도중에 일어날 수 있는 상호간의 마찰과 갈등을 줄이기 위해 일종의 내규를 정해 놓은 경우도 나타난다. 여행 출발일자가 확실한 13개팀의 경우를 출발시기별로 살펴보면, 1월이 5개

〈표 2〉 1856년(안세이 3년) 2월 1일에서 4월 17일까지 75일간 여행

2.1 (아이즈타지마會津田島) 세키모토무라關本村 이카리五十里 오쿠와大桑 우쓰노미야宇都宮 유키結城 세키야도關宿 2.7 니노이にのい(아침) 에도(낮) 2.7～10 에도 박 2.13 가마쿠라鏡倉 에노시마江島 *안내비 15명 분 100문 유교지遊行寺 2.15 미시마타이샤三島大社 세이켄지淸見寺 2.19 구노잔 *안내비 10명까지 200문 후추府中 센겐신사淺間神社 (아키하산秋葉山, 지진) 2.19 마이사카舞坂 아라이新井 宮 2.25 아쓰타신궁 나고야 사야	구와나 2.28～29 이세 박 나가시마長島 (배는 타지 못함) 3.4 [구마노신구熊野新宮] [구마노나치샤熊野邦智社] 3.5 [구마노혼구熊野本宮] 3.7 다카노산 박 오쓰大津 3.8 고카와데라粉河寺 이와데岩出 기미이데라紀三井寺 3.10 와카야마和歌山 무야むや 도쿠시마德島 3.11 곤피라신사 3.13 붓쇼잔 호넨지仏生山法年寺 3.14 곤피라궁 3.15 마루가메丸龜(밤) 다구치田口(아침) 3.16 유가다이곤겐瑜伽大權現 3.17 무로쓰室津(낮) 이시노호덴石の宝殿 스미요시다이묘진住吉大明神 오미네야마다이곤겐	大峯山大權現 아카시明石 順磨寺 니시노미야대신궁西宮大神宮 3.21 오사카 3.22 [후지이데라葛井寺] 岡寺 [단잔신사談山神社] 3.23 하세데라 나라 3.24 [미무로토지三室戶寺] 후시미 이나리伏見稻荷 3.26～29 교토 박 모리야마森山 도리이모토鳥居本 4.3 이와무로관음岩室觀音 4.6 네자메노토코寢覺床 센바洗馬 마쓰모토松本 젠코지 박 고모로小諸 다카사키高崎 모로茂呂 이마이치今市 닛코 이카리 4.17 세키모토무라

출처: 『다지마마치사』(田島町史) 『민속편』(櫻井邦夫 1985: 166에서 재인용에서 재인용).

팀, 2월이 2개 팀, 4월이 2개 팀, 10월이 1개 팀, 11월이 1개 팀, 12월이 2개 팀이다. 즉 주로 농한기인 겨울철을 이용해 이세신궁참배를 하고 있었음을 알 수 있다.

다음으로 이들이 도호쿠 지방으로부터 이세로 향하는 여행경로를 살펴보면 다음과 같이 세 가지로 나뉜다. 첫 번째는 태평양 연안의 가지마신궁, 가토리신궁(香取神宮), 나리타산(成田山) 등을 참배한 뒤 에도를 경유해 이세로 향하는 것이다. 구체적인 예로는 〈표 1〉과 같은 경로가 여기에 속하며, 사쿠라이의 자료 중 3개 팀이 이 경로를 여행한 것으로 나타난다.

두 번째로는 오슈도추(奧州道中)를 중심으로 한 내륙의 가도를 따라 에도를 거쳐 이세로 향하는 경로로, 〈표 2〉가 그 예이다. 인용된 자료 중 10개 팀이 이 경로를 따라 여행을 하고 있다. 세 번째는 우리나라 동해(일본해) 쪽을 경유해 이세로 향하는 것으로 〈표 3〉과 같은 경우이다. 사쿠라이 자료 중 3개 팀이 이 길을 따랐다.

〈표 3〉 1862년(분큐 2년) 8월 21일에서 12월 24일까지 123일간 여행

8. 21 혼조本庄 [일본해 측] 교토 히메지姫路 곤피라	오사카 다카노산 나라 야마다山田 나고야	[도카이도東海道] 에도 [오슈가도] 12. 24 (혼조本莊)

출처: 『本莊市史資料古文書所在目錄』 第1(櫻井邦夫 1985: 167에서 재인용).

〈표 1〉, 〈표 2〉, 〈표 3〉에 제시된 3개 팀을 제외한 나머지 모든 팀들도 중간에 에도에 들르지 않은 경우는 없었으며, 이로 미루어 도호쿠 지방으로부터 이세신궁참배를 떠나는 것은 에도 구경에 큰 비중을 두고 있었음을 알 수 있다. 그 외에 닛코 등의 명소나 교토, 오사카, 나라, 가마쿠

라 등의 도시도 빈번히 포함되어 있다. 실제 숙박일수를 검토해 보면 정작 공식적인 목적지 이세에서의 숙박일수는 대개 하루나 이틀로 극히 짧고, 오히려 에도나 교토 등에서 더 긴 시간을 보내고 있다.[4]

특히 에도에서는 대부분의 팀들이 2~4박을 하고 있으며, 긴 경우에는 12박을 하며 머문 팀도 있는데 이런 점은 당시 이세신궁참배가 실질적으로 어떤 의미를 지닌 여행이었던가를 추측할 수 있게 해 준다. 실제로 당시 에도를 관광하는 대다수의 사람도 에도 관광만을 목적으로 이 도시를 찾았던 것이 아니라 이세신궁참배를 비롯한 각종 신사 · 사찰참배 도중 에도에 들러 며칠간 관광하고 갔다고 한다(山本光正 1987: 354). 에도 관광에서는 구경하는 코스가 상당히 정형화되어 있는 것으로 나타나는데(이 점에 관해서는 이 책의 III장; Vaporis 1994를 참조), 이는 당시 관광안내업자의 영향과 에도 시내에 관한 안내서가 널리 보급된 결과라고 지적되고 있다(櫻井邦夫 1985: 172).

전체 여행기간을 알 수 있는 것은 18개 사례 중 14개 팀인데, 그 가운데 5개 팀이 63~75일에 걸쳐 여행을 했으며, 또 다른 5개 팀이 85~95일간의 여행을, 그리고 나머지 팀들은 각각 106일, 120일, 123일, 210일간의 장기여행을 한 것으로 나타난다. 이렇게 여행이 장기화된 것은 도호쿠 지방으로부터 이세까지의 거리를 고려해 볼 때, 그리고 당시 여행이 도보

---

4. 여기서 인용된 여행기와 다른 사례들을 인용하고 있는 배포리스(Vaporis 1991; 1994)의 분석을 보면 이세신궁참배를 떠났던 단체 중 정작 이세신궁참배는 하지도 않고 그 앞에서 팔고 있는 '참배증거물', 예를 들어 기념품이나 부적 등만 구입하고 떠나는 경우도 나타난다. 특히 참배자들은 부적을 모자 앞창에 매달고 다녔는데 이것은 여행허가 없이 떠난 사람들에게는 일종의 여행허가증 같은 역할을 했다고 한다. 배포리스는 이세신궁참배 여행에서 이세신궁이 실제적으로는 목적지이기보다는 일종의 경유지적 성격을 갖고 있었다고 결론짓는다.

였다는 점에서 어느 정도 이해되지만, 동시에 이세신궁참배가 단지 이세에 다녀오는 것을 목적으로 한 것이 아니었음을 반증해 주는 것이기도 하다.

실제로 아이즈 인근에 위치한 미하루번(三春藩)의 경우 1667년 각지의 순례와 참배여행에 대해 여행일수의 상한선을 정했는데 이세신궁참배의 경우 33일이 상한선으로 정해졌다고 한다(櫻井邦夫 1985: 177). 이것은 아이즈 지역으로부터 이세신궁참배만 하고 곧장 귀향하는 것을 기준으로 잡은 기간이라고 가정할 수 있다.

이것에 비해 대부분의 이세신궁 참배여행은 단지 이세뿐만 아니라 긴키 지방의 많은 신사와 사찰을 방문하고 유명한 명소나 도시들의 관광을 포함하고 있었으므로 위와 같이 장기화될 수밖에 없었다고 하겠다. 사쿠라이는 이세신궁참배 경로를 크게, ① 이세왕복형, ② 긴키주유형(近畿周遊型), ③ 딜럭스형으로 나누고 있다(櫻井邦夫 1985: 176). 이세왕복형은 이세까지를 왕복하는 것, 긴키주유형은 긴키 지역에 많이 분포한 신사와 불교사찰을 돌아보는 일정이 포함된 것, 딜럭스형은 긴키를 벗어나 시고쿠에 위치한 곤피라와 경우에 따라선 규슈(九州)까지 돌아오는 것을 말한다. 실제 그가 인용한 아이즈의 18개 사례의 여행기 중 이세왕복형에 속하는 경우는 하나도 없다.

결론적으로 이세신궁참배는 당시 일반 서민들에게 관광과 유람, 그것도 장기에 걸친 여행으로, 정말이지 "평생 한 번의 소원"이라는 의미가 강했던 것으로 추정할 수 있다. 즉 흔히 말하는 "평생에 한 번은 꼭 이세신궁참배를"이라는 희망 속에는 단지 종교적인 열망뿐만이 아니라 금전상의 이유로 혹은 시간적인 이유로 평생에 한 번 이상은 꿈꾸기 힘든, 귀한 여행체험에 대한 세속적인 욕구가 강하게 반영되어 있는 것으로도 볼 수 있을 것이다.

3) 이세신궁참배와 몬젠마치

외부로부터 오는 방문객들을 위한 숙박시설의 발달은 유명사찰이나 신사 주변에 '몬젠마치'라는 거리를 형성시켰다. 이것은 말 그대로 (신사와 사찰의) 문 앞에 펼쳐진 번화가로, 여관 등의 숙박시설, 공연을 위한 극장, 선물가게, 찻집, 유곽 등으로 이루어졌다. 몬젠마치는 사찰이나 신사의 방문이 종교적 목적뿐만 아니라 여흥과 유락을 위해서도 이루어졌음을 보여 주는 또 다른 예가 된다(Ishimori 1989: 185).

이세의 외궁에서 내궁에 이르는 길목에 위치한 후루이치(古市)[5] 참배가도(參宮街道)는 이세신궁참배와 더불어 번성했던 곳이다. 이세신궁참배의 순서는 대개 외궁을 먼저 참배하고 나서 내궁을 참배하는 것이 일반적이었다고 한다. 외궁은 벼농사를 비롯하여 여러 산업을 수호하는 '도요우케노오미카미'(豊受大御神)를 주신으로 하는데 외궁에서 내궁까지의 거리는 약 5km 정도이다. 외궁을 참배한 사람들은 대개 이 외궁과 내궁 사이의 참배가도를 걸어 최종목적지인 내궁에서 아마테라스오미카미에게 참배하게 된다. 후루이치는 내궁 가까이 위치한 지역으로, 주로 참배객들을 상대로 발달했던 곳이다.

후루이치 지역은 참배객들의 왕래로 항상 활력이 넘쳤다. 특히 참배를 마친 사람들의 '수행종료'(精進落とし) 장소로서 에도의 요시와라(吉原), 교토의 시마바라(島原)에 필적하는 3대 유곽지였다고 한다. 이세신궁참배객들은 아무리 본래 목적이 관광과 유람이었다고는 하나 명목상은 신궁참배를 목적으로 하고 있었기 때문에 참배를 마칠 때까지는 나름대로 '수행'을 하고 금욕을 하였다고 한다. 참배를 마친 후 갖는 '수행종

5. 이세의 외궁에서 내궁에 이르는 환락가.

당시 후루이치의 대표적인 유곽이었던 아부라야의 대공연 모습(출처: 이세시립향토자료관).

현재 조용한 주택가로 변한 후루이치 지역(위)과 유일하게 남은 전통여관 아사키치의 모습(아래).

료' 잔치는 대개 유곽 등에서 이루어졌으며, 이는 말 그대로 이제 수행기간이 끝났음을 축하하는 것이었다.

이세의 후루이치는 최전성기 때 기생집이 70여 곳, 유녀가 1,000여 명에 달했다고 한다. 이 중에서 몇몇 유곽은 나중에 가부키의 무대가 되기도 하고, 에도시대 기행문학의 대표작인 『도카이도추히자쿠리게』에 등장할 정도로 유명한 곳이었다. 당시 이곳에 들렀던 한 참배객은 후루이치에 대해 "일본에서 가장 재미있는 유곽들이 있는 곳"이라고 평하며, 일종의 가무공연인 이세온도(伊勢音頭) 공연에 대해 "누구나 반드시 보아야 할 필수코스"라는 기록을 남기고 있다(Vaporis 1994: 240). 말하자면 후루이치는 이세 최고의 번화가이자 환락가였다. 동시에 이렇게 많은 수의 유곽이나 공연을 위한 극장들이 존재했다는 것은 당시 일본인들의 사사참배에서 오락성이 갖는 중요성을 여실히 보여 준다고 할 수 있다.

5. 이세신궁 참배여행의 비교문화적 의미

이상에서 살펴본 것처럼 에도시대는 일본의 종교적 순례의 역사에서 획기적인 시대였다. 이는 동시에 현대 일본인의 여행 · 관광의 기본 패턴이 확립된 시기이기도 했다. 일본 근세기에 서민들이 여행을 할 수 있는 가장 큰 계기는 사사참배였다. 특히 에도 중기 이후의 경제적 발전과 각종 '고'조직의 발달은 상당수의 서민이 신사와 사찰로 참배여행을 떠나는 것을 가능하게 만들었다. 동시에 각종 여행서비스업도 에도 중기 이후 전국적으로 발전하였다. 그러나 에도시대 일본인 전부가 경건한 신앙자로서 기도와 참배라는 목적만으로 여행했던 것은 결코 아니다. 오히려 종교적 참배는 어디까지나 명목상의 이유였고 실제 목적에는 관광과 유람이 매우 중요하게 자리잡고 있었음을 살펴보았다.

물론 에도시대 참배여행의 종교성이 무시되어서는 안 되겠지만, 명분이 종교적 참배였다는 것이 곧 그 여행의 실제 내용을 의미하는 것은 아니다. 특히 공식적인 여행목적이 참배에 있었던 만큼 그 목적을 이룰 때

『도카이도추히자쿠리게』에 실린 삽화 중 하나. 이세에 도착한 주인공 일행이 유곽에서 유녀들과 여흥을 즐기고 있다.

까지는 나름대로 금욕적인 여행을 수행했던 것으로 보인다. 그러나 일단 참배를 마치고 나서는 온천치유나 도시관광을 하고, 연회를 벌이고, 남성들이라면 유곽에 들르는 것이 정례화된 코스였다고 한다(神崎宣武 1991b: 133). 이러한 사실은 수많은 기행문과 여행일기 등에서 충분히 확인된다. 예를 들어 여러 삽화가 곁들어진 『도카이도추히자쿠리게』에는 신사 · 사찰참배에 나선 사람들이 '관광'과 '유희'를 즐기는 모습이 글뿐만이 아니라 삽화를 통해서도 매우 잘 묘사되어 있다.

이러한 점은 빅터 터너(Victor Turner) 등이 기독교 세계의 순례에서도 명소 관광, 쇼핑, 음주 등의 놀이와 유락의 요소가 농후했음을 지적한 것과도 상응하는 것이며(Turner and Turner 1978), 그레이번이 일본 여행의 문화적 구조를 "기도하고, 돈 쓰고, 노는 것"으로 파악한 근거가 된다고 할 수 있다(Graburn 1983b). 특히 봉건체제 하의 일반 서민들이 겪고 있었을 신분상의 제약과 일상생활의 부자유를 고려해 볼 때, 비록 일시적이긴 하지만 신사 · 사찰참배는 객지에서 자유와 해방감을 만끽할 수 있는 매우 귀중한 기회를 제공하였다고 상상할 수 있다. 즉 종교적인 목적 이상으로 '세속적인' 동기가 이들을 신사 · 사찰참배로 강하게 끌어들이고 있었다고 할 수 있을 것 같다.

종교와 관광의 관계에서 또 하나 중요한 것은 종교기관에 의한 관광시설업의 발달이다. 살펴본 것처럼 당시 오시라고 부르는 종교관계자들은 일종의 관광기획자 및 가이드 역할을 했으며, 결과적으로 일본의 패키지여행의 제도화에 큰 공헌을 하게 되었다. 이들은 각 촌락으로부터 특정의 사찰과 신사까지의 경로 설정, 길 안내, 숙소예약, 관광안내, 참배안내, 공연이나 찻집으로의 안내 등 관광 전반에 걸친 업무를 일괄적으로 제공하였다. 즉 현대 일본인들의 관광행태를 특징짓는 단체여행, 패키지여행은 이미 에도시대에 진행된 여행발달 초기단계에서부터 그 기원을 찾을 수 있다고 하겠다.

일본에서 대중관광의 발달은 비교문화적으로도 흥미로운 사례이다. 여가의 증대, 관광 및 여행의 대중화는 산업혁명의 결과라는 많은 학자들의 주장에 비해 일본에서는 에도시대에 이미 여흥과 즐거움을 위한 여행, 즉 관광이 대중화된 형태로 상당히 발전했음은 주목할 만하다. 에도시대에는 도로가 발달했던 것에 비해 막부가 기동성 있는 교통수단을 제한했기 때문에 교통기관은 별로 발달하지 못한 상태였다. 따라서 대부분의 여행자는 도보로 여행하지 않으면 안 되는 상황이었다. 그러나 역설적으로 이렇게 교통기관이 발달하지 못했던 것이 여행의 대중화에는 오히려 기여한 측면이 있다. 즉 도보여행이 주요 이동방식이었기 때문에

빈부의 차이 없이 거의 모든 일본인들이 비슷한 조건으로 여행하는 것이 가능했다고 할 수 있다. 이에 비해 비슷한 시기의 유럽은 마차가 발달해서 여행을 할 경우 대개 마차를 이용하였다. 그러나 마차는 경제적으로 여유 있는 계층만 이용 가능한 것이었다. 숙박시설 역시 마차로 하루 동안 이동할 수 있는 거리에 맞추어 설치되어 있던 관계로 경제적으로 마차 이용이 불가능한 서민들이 여행에 나서는 것은 매우 힘든 일이었다. 반면 일본의 경우는 도보로 하루 일정을 기준 삼아 숙박시설이 설치되어 있었다고 한다(石森秀三 1989: 100). 이런 의미에서 일본에서는 유럽처럼 산업혁명 이후의 철도 발달을 기다릴 필요 없이 그 이전 단계에서 여행의 대중화가 가능했다고 할 수 있다.

II. 단체여행의 기원과 사회조직

문옥표

일본인들은 아마도 세계에서 가장 여행을 많이 하는 민족의 하나일 것이다.[1] 그뿐만 아니라 일본인들의 관광행위는 비교문화적 관점에서도 매우 흥미롭고 독특한 양상을 보인다. 예를 들어 일본인들은 대부분의 여행을 개인이 아니라 하나의 그룹을 이루어 하며, 여행을 다녀와서는 반드시 가족이나 이웃에 선물을 돌린다. 관광관련 통계에 따르면 일본인

---

1. 매년 일본 정부(總理府)에서 발간하는 『관광백서』에 따르면 엔고로 해외여행이 크게 증가하고 국내여행은 계속 감소해 가는 추세에 있음에도 불구하고 1995년 한 해 동안에 일본 국민은 1인당 평균 2.56회, 전체로는 총 3억 2,500만 회의 숙박여행을 한 것으로 나타나고 있다(日本總理府 國土交通省 編, 平成 13年〈2002〉: 22～24). 해외여행도 2000년 1,700만 명을 넘었으며 그중 70～80% 정도가 관광목적의 일반여행자이다.

들의 여행은 해외여행의 경우 패키지여행을 포함하여 단체여행이 전체의 80% 정도를 차지하며, 국내여행의 경우는 60% 정도가 단체 또는 그룹으로 하는 여행이다. 또한 일본인들은 여행사에 대한 의존도가 매우 높게 나타나는 것이 특징으로 한 여행사의 통계에 따르면 연간 평균 4,000개 이상의 해외 패키지여행이 조직되며, 3만 개 이상의 국내 단체여행이 주선된다. 이러한 단체여행에서 일본인들은 매우 규칙적으로 질서정연하게 움직이는 까닭에 특히 유럽 지역 등에서는 관광가이드의 깃발 아래 말 잘 듣는 초등학교 학생들같이 질서 있게 따라다니는 일본인 관광객들의 모습이 간혹 빈정거리는 언론의 웃음거리가 되기도 한다.

최근에는 일본 안에서도 평론가나 지식인들 사이에서 일본인들의 집단여행 관습이 비판의 대상이 되고 있다. 정해진 스케줄에 따라 움직이며 공동으로 행동해야 하는 단체여행 · 집단여행에서는 여행의 맛을 느낄 수 없으며, 생각을 하는 것도 어렵다는 것이다. 오늘날에는 특히 젊은이들 사이에서 과거 일본인들의 여행행위를 전형적으로 보여 준다고 생각되어 왔던 그룹여행이나 패키지여행이 아닌 단신여행(一人旅, ひとりたび)이나, 그룹이라도 아주 가까운 친구나 친지들 몇 명이 모여 여행 가이드나 리더 없이 함께하는 소그룹여행이 유행하기도 한다.

그러나 여전히 일본인들이 하는 여행의 대부분은 단체여행이며, 일본의 단체여행은 그 역사가 길 뿐 아니라 일찍이 중세로부터 절이나 신사의 참배와 관련하여 발전한 오시 · 센다쓰(先達) 제도 및 도시와 농촌사회에 널리 퍼져 있던 '고'조직 등 다양한 조직적 기반을 갖고 있다. 순례여행 · 참배여행으로 시작된 일본인들의 집단여행은 오늘날 각급 학교의 수학여행, 회사원을 위한 정기적 위안여행, 연수여행, 농촌부락 주민의 여행, 각 조직 간부의 여행 등으로 이어지고 있으며, 모든 회사들 안에 조직되어 있는 공제회, 공제조합 등은 전통사회에서 여행을 가능하게 하였던 결사체의 일종인 '고'의 기능을 일부 전승하고 있다. 또한 전후 크게 발달한 일본의 여행업은 현대 사회에서 단체여행을 가능하게 해 주는 조직적 기반이 되고 있으며, 일본 국내 교통체제의 효율성도 손쉽게 여행을 떠날 수 있도록 하는 데 일익을 담당하고 있다.

이 장에서는 일본인들의 단체여행 · 집단여행의 역사적 · 문화적 배경을 통하여 왜 일본인들 사이에서는 단체여행이 그토록 유행인가, 그러한 여행의 관습에서 우리는 일본 문화에 대해 무엇을 알 수 있는가 하는 문제들을 생각해 보고자 한다.

1. 단체여행의 기원

1) 여행의 문화적 의미

일본에서 오락적 요소가 가미된 대중관광이 발달하기 시작한 것은 대개 17세기 이후로 생각된다(I장 참조). 그러나 그 이전에도 군사적 · 정치적 · 상업적 혹은 종교적 목적에 의한 사람들의 이동은 많이 있었다. 특히 고대 일본 사회에서는 지방으로 파견되는 관리의 이동이나 전방으로 출정하는 병사들의 이동 등 대부분의 여행이 정치나 군사와 관련된 것이었으며,[2] 따라서 항상 위험을 수반한 것이었다. 우선 군사적 목적의 이

2. 실제 여행을 나타내는 일본어인 '다비'의 한자인 旅는 '떠돌아다닌다', '여행한다'라는 의미 외에 '군사'라는 의미와 '무리'라는 의미도 모두 포함하고 있다(加藤秀俊 1976: 159).

동에서는 항상 부상당하거나 죽을 위험이 있었으며, 그 외에도 일단 자신들이 사는 지역과 자기 집을 떠난 사람에게는 산적이나 노상강도의 위험, 굶어 죽을 위험, 얼어 죽을 위험 등 온갖 위험이 따르게 마련이었다. 특히 내부집단 지향성이 강한 일본 사회에서는 모르는 사람이나 떠돌아다니는 이방인에 대한 적대감과 공포가 더욱 강하게 표현되는 경향이 있으므로 여행에 따르는 이러한 위험은 더욱 크다고도 볼 수 있다(加藤秀俊 1976; Martinez 1990; Yoshida 1981).

일본의 전통사회에서 발견되는 여행에 따르는 여러 가지 금기나 관습들은 이러한 여행에 따르는 위험에 대한 대비로 볼 수 있다. 예를 들어 일본인의 여행에 관한 가장 오래된 기록이라 할 수 있는 『위지왜인전』(魏志倭人傳)에는 일본에서는 가족의 누군가가 여행을 떠나 있는 동안 집에 남아 있는 사람들이 "머리를 빗지 않고, 이도 잡지 않으며, 의복은 때가 묻어 있고, 고기를 먹지 않으며, 부인을 가까이하지 않아서 마치 상을 당한 사람처럼 하고 있다"라는 기록이 나오는데 이러한 관습은 여행을 떠난다는 것이 죽음에 버금가는 중대한 사건으로 취급되었기 때문이다. 따라서 집에 남아 있는 사람들은 여러 가지를 조심함으로써 여행을 떠난 가족원이 무사히 돌아오기를 기원한다(加藤秀俊 1976: 158). 오늘날 일본 각지에서 발견되는 '가게젠'(陰膳)의 풍습도 같은 맥락에서 이해될 수 있다.[3] 즉 여행 떠난 사람이 있는 집에서 마치 그 사람이 집에 있는 듯이 매일 밥상을 차려 올림으로써 집 떠나 있는 사람을 기억하고 안전을 기원하는 의미를 담고 있기 때문이다.

---

3. '가게젠'이란 陰膳 혹은 蔭膳으로 표기하며 아테젠(宛て膳)이라고도 한다. 집을 떠나 얼마 동안 돌아오지 않는 사람을 위하여(혹은 그의 수호신을 위하여) 음식을 올림으로써 당사자를 축복하고 무사귀환을 기원하는 습속으로 여행 떠난 사람이 길에서 배가 곯지 않도록 하는 주술적 의미도 담겨 있다(大塚民俗學會 編 1972: 138～139).

「참배여행객들」(우타가와 히로시게歌川廣重의 목판화, 출처: Statler 1961: 179).

고대 일본 사회에서 여행에 따르는 위험에 대비하는 또 다른 방법은 무장을 하거나 집단으로 여행하는 것이었다. 실제로 무기의 규제가 엄격해진 도쿠가와시대에도 여행을 떠나는 사람에게는 평민이라도 호신용으로 허리에 차는 칼(1자 8치 이하)의 휴대가 허용되었으며, 자위(自衛)와 안전을 위해 거의 모든 여행이 집단으로 이루어졌다. 즉 수백 명의 단위로 이동하였던 다이묘(大名)의 행렬은 에도시대의 풍물이었으며, 일반 평민들의 경우도 이세참궁 등에 나설 때는 몇십 명씩 무리를 지어 움직이는 것이 일반적이었다.

특히 농촌 공동체에 널리 발달한 종교적 '고'의 조직은 집단여행의 기초가 되었다. 보통 동일한 '고'의 회원들이 함께 여행하였으나, 때에 따

라서는 이웃하는 마을의 '고' 회원들이 함께 여행하였으며 그럴 경우 숫자가 수백에 이르는 경우도 흔하였다. 이처럼 집단으로 움직이는 것은 시위효과와 더불어 예기치 못한 위험에 대응할 수 있는 힘을 가지기 위한 것이었으며, 또한 여행길에서 병들거나 부상당할 경우 돌보아 줄 사람이 있다는 것을 의미하였다. 따라서 사정상 부득이 혼자서 여행할 수밖에 없었던 사람이라도 그의 갓에는 '同行二人'이라고 쓰기도 하였으며(加藤秀俊 1976: 161; 神崎宣武 1990: 182), "여행은 길동무"(たびは みちづれ)라는 말이 생겨나기도 하였다(Vaporis 1994: 231).

2) 신앙과 여행의 조직화

일본 사회에서 종교적 목적의 여행, 즉 성지참배라는 형태의 여행이 등장하게 되는 것은 대개 헤이안시대를 전후하여서였다(星野英紀 1986: 234). 헤이안시대에 들어 점차 귀족들에 의한 토지의 소유가 확대되면서 부유해진 귀족과 황족들이 특정 신사나 사찰에 머물면서 참배하는 것이 유행하기 시작하였다. 성지참배의 등장은 일본의 여행문화에서는 새로운 발전을 의미하는 것이었다. 고대 일본 사회에서 '다비'(旅)의 주를 이루었던 군사적 · 정치적 목적의 여행이 자발적이거나 즐기기 위한 여행이었다기보다 외부로부터의 강제에 의한 이동인 경우가 대부분이었다면, 종교적 성지참배는 여행자 스스로의 "내발적 충동"에 의한 여행의 시작이었기 때문이다(加藤秀俊 1976: 166~167).

헤이안 귀족들에 의한 참배여행의 대상은 처음에는 주로 교토(京都)와 나라(奈良) 등을 중심으로 하는 긴키(近畿) 지방에 한정되었으나, 헤이안 시대 중기 이후 종교 조직에 대한 국가의 보호가 철폐됨에 따라 그 재정을 귀족들의 기부금에 의존하지 않으면 안 되었던 신사나 사찰들이 경쟁적으로 나서서 귀족들의 참배여행을 주선하기 시작함에 따라 10~11세기에는 지역적으로 크게 확대되었다. 귀족들의 방문은 신사나 사찰의 유지에 경제적으로 매우 중요한 요소였던 만큼 특히 교토로부터 멀리 떨어진 신사나 사찰들은 적극적인 연구를 통하여 귀족들의 방문을 유도했으며, 당시 그중에서도 가장 성공적이었던 것은 오늘날의 와카야마현(和歌山縣)과 미에현(三重縣)의 남단에 해당하는 기이번(紀伊藩, 紀州)에 위치한 구마노신사(熊野神社)였다.[4]

본래 제사신의 품격도 그다지 높지 않고 길이 험한 기이반도 남단에 위치하였던 이 신사는 참배객의 유치가 어려워 일찍부터 효과적인 유치 방법을 개발하였으며, '구마노모데'(熊野詣)로 알려진 이 참배여행은 그 선전이나 안내, 참배객의 규모나 조직화 등의 면에서 본격적 의미의 여행 세일즈의 시작이며, 또한 오늘날 일본인들 사이에 광범위하게 나타나고 있는 단체여행의 효시로 생각되고 있다(白幡洋三郎 1996: 191). 구마노신사의 세일즈 전략은 우선 첫째로 신사의 일반적 속성의 하나인 씨신적(氏神的) 폐쇄성을 타파하고, 다양한 신도(神道)의 금기를 완화하여 귀족은 물론 승려나 일반 민중에 이르기까지 누구에게나 참배[參詣]의 자격을 개방하는 것이었으며, 두 번째로는 신사 측에서 직접 사람을 각지에 파견하여 참배희망자들을 소집하여 구마노에 이르는 험한 여행길을 안내하여 데려오는 것이었다. 오시와 센다쓰를 이용한 구마노의 여행안내체계는 오늘날의 여행업, 관광업과 거의 차이가 없다고 할 정도로 매우 조직적이고 발달된 것이었다.

---

4. 구마노신사는 구마노혼구(熊野本宮), 구마노신구(熊野新宮), 구마노나치사(熊野那智社)를 합쳐서 구마노산잔(熊野三山)이라고 칭한다.

2. 단체여행의 사회조직

1) 오시 · 센다쓰의 기능

구마노신사의 참배여행은 시대가 내려오면서 점차 대중화된다. 고대에는 황족에게만 가능하였으나, 헤이안시대에 귀족들에게 널리 퍼졌고, 다시 가마쿠라시대에 이르면 도고쿠의 무사들까지 참가하게 된다. 이어 무로마치시대에 오면 기나이(畿內)의 부유한 농민들까지도 구마노참배를 행하게 되고, 에도시대에는 서민들에게까지 확대되었다(石森秀三 1989). 중세기에 발달한 구마노참배가 그토록 크게 성행하고 일반 평민들에게까지 퍼질 수 있었던 것은 오시라 불리는 숙박업자들과 센다쓰라 불리는 여행 안내자들의 역할이 있었기 때문이다. 이들은 전국적으로 지역을 분담하여 참배객들을 모집하고 여행 도중의 숙박과 식사 등을 비롯하여 참배를 마칠 때까지 전 과정을 조직하였다.

오시란 본래 구마노산잔에 소속된 하급의 신직으로 신사 근처에서 참배자들을 위한 숙박소를 경영하던 사람들이었으며, 센다쓰란 오늘날의 가이드에 해당하는 길 안내자를 말한다. 후에 종교적 참배여행이 더욱 대중화되면서 참배여행의 경험이 많은 사람들이 초심자들을 안내하는 센다쓰의 역할을 담당하였으나, 구마노의 경우에는 산잔의 지배 하에 있는 야마부시(山伏, 산야에 기거하는 수도자. 노부시野伏라고도 함)들이 그 역할을 수행하였다. 야마부시들은 센다쓰의 칭호를 부여받아 전국에 산재해 있었으며, 구마노의 지방영업소와 같은 역할을 담당하였다.

오시 · 센다쓰의 조직은 에도시대에 이르러 이세신궁참배를 일반인들에게까지 대중화시키는 데 큰 기여를 하게 된다(Vaporis 1994: 242～243).

이세신궁은 본래 조정의 평안을 기원하던 곳으로서 일반 평민들의 사적인 기원은 허락되지 않았으나 가마쿠라시대가 되면 구게(公家)나 무사층에 이세신앙이 확대된다. 이세의 오시들은 이들이 국가의 태평을 위해 바치는 기도를 대신해 주던 신주(神主)들이었으며(白幡洋三郎 1996: 14～15), 이런 의미에서 이들을 '말 넣는 신주'(口入れ神主)라고도 칭하였다(神崎宣武 1991b: 8). 또한 오시나 센다쓰 혹은 교자(行者)라 불리는 사람들은 에도시대에 이르러 포교자(布教者)로 지역사회의 주민들간에 신앙적 욕구를 일으키고 지역사회 밖에 존재하는 신사나 절 등을 방문하고자 하는 상호부조조직인 '고'를 조직하도록 하는 데 결정적 역할을 하였다. 특히 오시들은 에도시대에 있었던 세 번의 대대적인 이세신궁참배의 붐(1705년, 1771년, 1830년)을 일으키는 데도 매우 중요한 역할을 하였으며, 이세신궁의 참배자는 에도 중기에 이미 연간 100만 명을 넘었다고 한다(神崎宣武 1991b).[5]

이세신궁의 오시들은 정기적으로 지방을 돌며 단가(檀家)를 개척하였고 유력한 오시의 경우 단가가 10만 호 이상에 이르는 경우도 있었다. 그들은 1년에 한 번 늦은 겨울에나 이른 봄에 정기적으로 자신들이 포교하고자 하는 지역을 방문하여 부적과 토산물 혹은 차나 부채, 분(오시로이白粉라고 하는 이세의 명물) 등을 나누어 주고 천하태평, 가내안전, 오곡풍양(五穀豊穰)을 비는 기원 등을 대행해 주기도 하였다. '배찰단회제도(配札檀回制度)'라 일컬었던 신궁의 부적을 나누어 주는 이러한 관습은 메이지유신 후 지방관청을 통하여 배포하는 제도로 대체됨으로써 급속히 쇠퇴하였다. 그러나 그 이전에는 오시가 방문하면 마을에 조직되어 있던

5. 1995년 1년간 이세시를 방문하여 신궁에 참배한 자는 약 700만 명이었으며 그중 400만 명 정도가 연말 · 연초의 참배자였다(1996년 이세시청 직원 면담자료).

'고'의 회원(講員)들은 '이세님, 이세님'이라고 부르며 마치 신을 대접하듯 정중히 오시를 대접하였다.[6] 그러한 일이 반복됨에 따라 부락민들과 오시 사이에 '사단관계'(師檀關係, 오시와 단가의 관계)가 성립되어 오시들은 지역사회의 '고'회원들과 신궁 사이를 맺어 주는 중개자의 역할을 담당하였다.

그러나 후기에 오면서 오시들은 이세신궁과 절연하고 각자 독립적인 '말 넣는 신주'가 되기도 하였으며, 상업활동에 더욱 힘쓰게 되어 사실상 에도시대의 오시집단의 실태는 신직이라기보다 상인이라고 해야 할 정도였다고 한다(神崎宣武 1991b: 8). 또한 에도시대에는 오시들에게 다이후(太夫, 師職名의 일종)라는 칭호가 부여되었으며, 그러한 칭호는 일종의 주식처럼 재산의 일부로 매매되거나 세습되는 현상까지 나타났다. 이러한 것을 막기 위하여 오시 칭호의 개인적 이전을 금지하고 18세기 중반부터는 새로운 사직(師職)을 세우지 않고, 5년마다 사직의 주수(株數)를 조사하여 기록하는 등 여러 조처가 취해졌다. 그러나 그러한 제한에도 불구하고 오시들은 계속 늘어나 18세기 초엽 이세신궁참배가 절정에 이르렀을 때는 이세에서 활동하는 오시들이 외궁에만 600여 명 이상에 달하였으며, 19세기 중엽에 이르면 오시들의 활동은 도호쿠(東北) 지역을 제외한 일본 전역에 이르게 된다. 또한 오시들에게 일종의 고객으로 파악되었던 각 지역사회의 단가들의 수는 400만 호가 넘었다고 한다. 오시들의 활동은 대체로 지역적으로 구분되어 있었으나 사단관계가 항상 하

---

6. 그러나 실제로 이처럼 부적을 배포하기 위하여 마을을 도는 사람은 오시 자신인 경우보다는 그의 대관(代官)인 경우가 많았으며, 지방을 순회하는 오시를 신성시하는 것은 이세신앙이 발달하면서 극에 달하여, 부락에 따라서는 마을을 방문하였던 오시가 발을 씻거나 목욕한 물을 받아 두었다가 병들거나 하였을 때 그 물을 성수(聖水)로 마시기도 하였다(櫻井德太郎 1962: 259).

나의 읍(町)이나 마을(村)을 포괄하는 것은 아니어서 한 촌 내에도 몇 명의 오시가 들어와 단가를 나누는 예들이 발견되었다. 그러한 경우에는 오시들간의 갈등이 적지 않았으며, 무로마치시대에는 대규모의 집단항쟁으로 발전한 사례도 있었다(神崎宣武 1991b: 9～10).

오시 · 센다쓰들은 기도나 숙박업뿐 아니라 전체적인 순례여행을 조직하고 안내하며, 안내하는 도중의 숙박지의 확보, 식사의 주선까지 전부 도맡아서 하는 것이 일반적이었으며 그런 의미에서 그들은 일본 여행업의 원조라 할 수 있다(神崎宣武 1990). 그들의 상업활동은 우선 각 지역을 방문하여 물건을 파는 것으로 애초에는 앞서 언급한 배찰단회 제도, 즉 단가를 방문하여 신궁의 부적을 전할 때 많은 액수의 기도료를 낸 사람들에게 주는 선물이었으나 후에 상품화되었다. 오시들의 수입은 단가를 돌며 물건을 팔고 기도료를 받는 것 외에 참배객들이 이세에 도착하면 숙박업소를 제공하여 얻는 것이 있었다. 중요한 단가들에게는 큰 향연을 베풀었으며, 그러한 파티에서는 좋은 음식과 가구라(神樂)가 제공되었다.

이러한 전통은 중세 이래 천황이나 귀족 혹은 무사들의 기원을 신궁에 중개하는 것이 본래의 업무였던 오시들이 그러한 고객들을 대접해야 했던 데서 생겨난 것이나 에도 후기 서민들을 대상으로 하는 상업활동으로 이행된 것이었다. 이러한 향연은 오시들의 선전을 겸한 것이기도 하였는데 그것은 훌륭한 대접을 받은 손님들이 마을에 돌아가 그러한 경험을 이야기하고 전하기 때문이었다.

민속학자인 간자키는 에도 중기에서 말기에 걸쳐 보인 오시들의 상업활동을 다음과 같이 정리하고, 그 내용에 오늘날 여행업의 기본적인 업무내용의 거의 대부분이 포함되어 있음을 지적하고 있다(神崎宣武 1991b: 15～16).

① 단가의 관리(고객관리)

② '고'의 조직화(패키지여행의 기획)

③ '고'의 돈(講金) 관리(여행적립금의 운용)

④ 미치나카데다이(道中手代, 여행 안내자)의 파견

⑤ 출영 및 송영

⑥ 기도

⑦ 신궁참배의 안내

⑧ 연회의 준비

⑨ 숙박장소의 주선

⑩ 선물의 주선(소개 및 기념품 증정)

⑪ 후루이치(古市)의 안내(특히 밤생활의 안내)

오히려 여행안내와 숙박업을 병행하는 오시들의 활동은 오늘날의 여행업에 비해 훨씬 포괄적인 측면이 있었다. 그러나 오시 · 센다쓰 중심의 이러한 포괄적인 여행안내체계는 메이지 이후 서구적 여행업의 영향으로 해체되면서, 여행알선업과 숙박업, 선물가게 등으로 전업화(專業化)하는 현상이 나타난다.

2) 종교적 순례와 '고' 조직

여행의 경제적 부담을 해결하는 것이 일차적 기능이었던 종교적 '고' 조직의 존재는 일반인들의 여행을 가능하게 한 가장 중요한 요인이었다. '고'란 우리의 계(契)와 유사한 성격을 지닌 일종의 상호부조조직으로 다노모시코(頼母子講)와 같은 순수한 금융조직도 있었으나, 중세 이후 종교적 순례여행이 확산되면서 이세코(伊勢講) 등과 같이 특정의 신사나 사찰에 대한 신앙을 같이하는 사람들끼리 조금씩 돈을 내어 그중 대표자를 대참자(代參者)로 하여 여행을 보내는 금융조직이 크게 발달하였다. 종교적 성격을 지닌 '고'에는 본래 불교신앙을 기초로 한 것들이 역사도 깊고 규모도 큰 것들이 많았다. 예를 들어 일련종(日蓮宗) 계통의 미노부코(身延講), 법화종(法華宗)의 '고', 혹은 직인(職人)들이 지바현 나리타시의 후도(不動) 명왕을 참배하기 위하여 조직하였던 나리타코(成田講), 중부 일본에 널리 퍼져 있었던 젠코지코(善光寺講), 시고쿠(四國)의 88개 절의 순배(巡拜)를 위한 다이시코(大師講) 등이 있었다. 이에 비해 신사신앙(神社信仰)의 경우 본래 그 규모나 숫자가 적었으나, 오시 · 센다쓰의 활약으로 인하여 재래 지방 신앙의 모습을 변형시켜 나가며 많은 유명 신사의 산바이코(參拜講), 다이산코(代參講)들이 발달하였으며, 전국적으로 퍼져 있던 것들로는 이세코, 구마노코(熊野講), 후지코(富士講) 등이 있고 그 외 각 지역마다 유명한 신사나 영산들을 중심으로 하는 '고' 조직이 발달하였다(櫻井德太郎 1962: 246～247; Vaporis 1994: 242).

오시, 센다쓰, 교자 등 종교와 관련된 인물들이 중심이 되어 조직된 '고'의 경우 지역사회를 넘어 대규모로 조직된 사례도 많았으며, 참배를 마친 후 해체되는 것이 일반적이었다. 그러나 사회구성이 비교적 단일한 미맥(米麥) 중심의 단작지 등에서는 풍년 등을 기원하기 위한 신앙에 기초하여 지연성(地緣性)이 강한 다이산코들이 조직되었으며, 그러한 경우에는 전도자 개인의 종교적 매력에 의해 결성된 '고'와 같이 열광적인 면은 없었으나 지역사회생활에 기초하여 부락이 존재하는 한 지속되는 경향을 보였다. 또한 그런 '고'들은 한 부락 전체가 회원이 되는 것이 일반적이어서 '고'의 조직은 부락의 조직을 대신하기도 하였으며, 그럴 경우 매년 정초에 부락민들이 모두 모여 음식을 함께 먹으며 대참자를 뽑아 참배여행에 보내고 돌아올 때면 '사카무카에'(坂迎)라 하여 다시 마을 사람들이 모두 모여 환영식을 열고 대참자가 신찰(神札,부적)을 배포하곤 하였다(櫻井德太郎 1962: 248~249).

에도시대에 순례여행의 대중화와 더불어 성행하였던 이세코의 조직은 3~4호로 한 조(組)를 결성하는 경우가 있는가 하면, 부락 안에서 희망자만 하는 경우 또는 한 부락, 한 조나이(町內) 전체가 한 조가 되는 경우 등 매우 다양하게 나타나지만 전체적으로 보면 전호가입의 예가 비교적 많았다고 한다(櫻井德太郎 1962: 257). 명칭 또한 매우 다양하였으나 가장 많은 것이 이세코, 신메이코(神明講)였다. 이세코의 회원(講中)들은 연 1~2회 날을 정하여 '고야도'(講宿)에 모여 회비(講金)를 걷거나 참궁할 대표자를 뽑는 등의 회의를 하였다. '고'에서는 대참자가 필요로 하는 왕복여비와 부적의 구입비용, 가구라 진상을 위한 경비 등은 '고'회원들의 출자금이나 '고'의 공동재산(講銀)에서 부담하는 것이 일반적이었다. '고'의 회원들로부터 경비를 염출하는 방법에도 여러 가지가 있었는데, 비용의 전부 내지 일부를 다노모시 · 무진(無盡)의 방법으로 적립하여 낙찰된 사람으로부터 순번으로 대참하거나 혹은 부락이 가지고 있는 전답 · 산림의 일부를 그 비용으로 하여 그것을 이세코다(伊勢講田) · 이세야마(伊勢山) · 신메이야마(神明山) 등으로 부르고 있는 마을들도 많았다.

대개 회원을 1년에 한 명씩 돌아가며 이세에 보냈으나 경우에 따라서는 매달 한 명씩 보내는 경우도 있었으며, 혹은 3~5년에 한 번씩밖에 보내지 못하는 예들도 있었다. 그러나 마을에 따라서는 마을 전체의 '고'회원이 다 함께 이세신궁참배에 나서는 경우도 있었다.[7] 또한 안전을 도모

7. 이러한 사례들은 특히 에도시대에 있었던 세 번에 걸친 대대적인 오카게마이리(お蔭まいり, 여행비용을 갖지 않고 시주에 의존하여 하는 참배여행, I장 참조) 때 많았다고 한다(Vaporis 1994: 244).

하기 위한 목적에서 혹은 여행시 동반을 위해 이웃하는 마을들의 '고' 집단들이 하나의 그룹으로 참배여행을 떠나는 경우들이 있어 한 번에 수백 명이 함께 여행하기도 하였다. '고'의 회원들은 일반적으로 한 집안의 가장인 남성이 되는 경우가 대부분이었으나 여성들의 경우도 특정의 순례집단과 함께 여행하는 것이 가능하였으며, 에도시대의 중엽부터는 여성들만의 '고'조직도 등장하기 시작하였다(Vaporis 1994: 243). 또한 '와카슈(若衆) 이세코'라 하여 이세신궁참배를 '와카모노쿠미'(若者組)[8]의 입단식과 결합시킨 부락도 있었다.

대참자로 정해진 사람은 순례여행을 떠나는 날까지 다른 가족원들과 생활을 같이하지 않고 떨어져 조심하는 생활을 하며 매일 신사에 참배하거나, 일체 부정한 것과의 접촉을 피하고 출발일을 기다렸다. 또 지역에 따라서는 집 주변에 대나무를 세워 마치 신사처럼 신성하고 깨끗한 영역임을 표시하는 경우도 있었다. 그렇게 꽂은 대나무들은 대참자가 참궁을 끝내고 돌아올 때까지 그대로 두었다가 집에 들어가는 것과 함께 모두 뽑아서 태웠다(櫻井德太郎 1962: 260). 또한 군마현(群馬縣) 북부 · 서부 지역에서는 대참자로 당첨되면 그 집 마당 안에 그해 새로 수확한 볏짚을 사용하여 '오카리야'(御仮屋)라고 하는 간단한 신사(神祠)를 만들어 거기에 참배자가 돌아올 때까지 매일 아침 '가게젠'(陰膳)을 올려 도중의 안전을 기원하는 지역도 있었으며, 또 나가노현(長野縣)의 일부에서는 집의 마당이 아니라 별도의 땅에 고야(小屋)를 지어 떠나기 전 그 안에서 정진(精進)하기도 하였다.

사사참배(寺社參詣)를 중심으로 하는 근세 이후 민중의 여행은 단독여

---

8. 일본 촌락사회에 나타나는 전통적인 연령집단의 하나. 대개 14~15세경부터 결혼 전까지의 젊은이들이 회원이 된다(문옥표 1994 참조).

행인 경우는 거의 없었으며 대부분이 '고'를 조직하여 하는 단체여행이었다. '고'의 조직은 한 마을에서 하나의 '고'를 형성하는 경우도 있었으나, 때에 따라서는 이웃하는 몇 개의 마을이 함께 '고'를 조직하기도 하였다. 이처럼 하나의 '고'조직으로서 함께 여행하게 되는 경우 회원들은 엄격한 규약을 만들어 지킬 것을 약속하였으며, 일단 규약에 따르기로 맹세한 회원들에게는 길 가다 발을 다쳐 말을 타야 할 경우 '고'의 비용에서 반을 부담해 준다거나 여행길에서 돈이 떨어지는 경우 다른 회원들로부터 빌릴 수 있는 등의 혜택이 주어졌다(Vaporis 1994: 231). 그뿐만 아니라 여행을 통하여 하나의 새로운 공동체가 만들어지는 예도 매우 흔하였다. 예를 들어 도호쿠 지방의 산촌 등에는 오늘날까지도 '고'를 통하여 이세참배에 동행하였던 친구들이 귀향 후 서로 부르던 '이세쿄다이'(伊勢兄弟), 혹은 구마노 참배를 같이했던 '구마노쿄다이'(熊野兄弟) 등의 호칭이 남아 있다고 한다(加藤秀俊 1976: 180).

3) 세속적 여행업의 조직화

일본은 에도시대까지 쇄국정책으로 해외여행은 일반 서민에게 불가능한 것이었으나 국내여행은 크게 성행하였다. 일본인의 국내여행은 주로 순례를 목적으로 한 것이었으나 근세 초기부터 세속화되는 경향이 나타나며 관광이나 온천방문, 치료여행 등과 결합하여 발달한다. 에도시대의 대표적 순례지로는 이세, 젠코지, 곤피라, 시코쿠의 88개 순례지 및 사이고쿠(西國)의 33개 절 순례 등이 있었으며 이들 순례여행은 도쿠가와시대의 장기간에 걸친 평화시대를 통하여 대중관광의 형태로 발전하였다. 오락을 위한 관광은 공식적으로 허용되지 않았으나, 종교적 순례

여행이나 치료를 위한 온천방문 등은 허용되었으며 이러한 여행들은 실제로 많은 오락적 요소를 내포하는 것이었다.

여행의 상업화는 17세기 후반부터 시작하여 18세기 후반에 이르면 도로망 및 숙박업소의 발달과 더불어 성장산업으로 정착하였다. 특히 도쿠가와시대에 지방의 다이묘들을 정기적으로 중앙에 머물게 하였던 산킨코타이 제도는 이와 같은 여행의 하부구조 발달에 크게 기여하여 17세기에 이미 도쿄의 니혼바시(日本橋)를 기점으로 하는 5개의 가도가 발달하였으며, 각 가도에 수십 개의 세키쇼가 설치되어 여행객들을 통제하고 여행자들에게 필요한 서비스를 제공하였다. 세키쇼들은 교통의 중심지였으며, 쉬는 곳, 정보센터, 유락지, 숙박지로 발달하였다. 또한 세키쇼를 중심으로 음식점, 찻집 등이 발달하고 매춘업이 성행하여 아카사카(赤坂)나 미시마(三島) 등의 세키쇼는 매춘업이 경제적으로 매우 중요한 산업으로, 그를 통해 여행객을 유치하는 지역이었다. 그 외 세키쇼에서는 말, 가마 등을 제공하였으며, 수화물 서비스까지 제공하는 지역도 있었다. 에도시대에는 또한 5개 가도 외에도 미토로(水戶路), 미노로(美濃路), 이세로(伊勢路), 주코쿠로(中國路) 등의 도로가 준(準)가도로 정비되었다(神崎宣武 1991b: 3).

18세기에는 지역단위 숙박업자들의 조직이 등장하여 나니와코(難派講, 에도시대 오사카 지방에 있었던 여관조합), 산토코(三都講, 에도 · 오사카 · 교토를 연결하는 여관조직으로 교토에 본사가 있었다), 아즈마코(東講) 등이 유명하였다. 이들 에도시대의 여관조합들은 여행객들의 안전을 보장하고, 회원업소끼리 연락을 통하여 이동해 갈 경우 숙박을 보장하였으며, 선박 등과의 연결을 통하여 교통편의와 수화물 서비스를 제공하는 등의 기능을 하였다. 조합에 속한 숙박업소들은 또한 입구에 조직의 로고를 제시하여 동일계통임을 표시하고 상호정보를 제공하였으며, 여행

이세 내궁 입구에서 악기와 춤으로 순례객들의 여흥을 돋우는 여인들(출처: Statler 1961: 172).

객들은 그러한 표시를 한 점포들을 연결하여 안심하고 도움을 받을 수 있었다(Vaporis 1994: 230).

4) 센베쓰(餞別)와 오미야게(おみやげ)의 문화

관광이나 여행에 관한 연구들은 주로 여행을 떠나는 사람을 중심으로 그들의 동기나 행태를 연구하며 나아가 여행객들이 방문하게 되는 지역의 주민이나 사회에 미치는 영향을 중심으로 연구하는 것이 일반적이다. 그러나 일본인의 관광행위에 대한 연구에서는 그에 덧붙여 여행을 떠난 사람과 뒤에 남는 사람들의 관계에도 주목할 필요가 있음이 지적된 바 있다(加藤秀俊 1976: Graburn 1983b). 우리가 앞에서 언급하였던 여행중 집에 남아 있는 사람들이 지켰다던 여러 가지 금기의 풍습이나 또는 가게젠의 풍속 등에서 여행을 떠나 있는 중에도 가족이나 마을 등 자신이 속해 있는 집단과 밀접한 연관이 유지되고 있음을 엿볼 수 있다. 가게젠뿐 아니라 지역에 따라서는 가족구성원이 이세신궁참배의 길에 나서게 되면 문 앞에 '가도지메'(門注連)라 하여 두 개의 대나무를 세우고 금줄 형식의 짚으로 된 줄을 매어 표시한 후 매일 저녁 그 나무의 밑부분을 더운 물로 씻어 여행지에 나가 있는 가족구성원의 피로가 풀리도록 하는 주술신앙이 발견되기도 한다(櫻井德太郎 1962: 263).

가게젠이나 가도지메 등의 관습은 여행을 떠난 사람 자신의 가족구성원들이 가지는 관심과 염려의 표현으로 여겨질 수 있겠으나 단순히 가족구성원뿐 아니라 어떤 한 개인의 여행은 그가 소속되어 있는 집단이나 공동체 전체의 관심의 대상이기도 하다. 그러한 예로는 일본 각처에서 발견되었던 사카무카에 풍습을 들 수 있다. 그것은 여행을 떠났던 사람이 돌아올 때 마을 사람들이 음식을 마련해 마을에서 떨어진 약간 높은 고개 위에 나아가 돌아오는 사람을 마중하고 함께 음식을 먹으면서 그 음식에 의해 쇠약해진 여행자가 심신의 활력을 얻도록 하고 다시 공동체로 맞아들이는 의미를 가진 관습을 일컫는다(櫻井德太郎 1962: 248; 加藤秀俊 1976: 174). 오늘날에도 마을의 어린아이들이 수학여행을 떠났다 돌아올 때면 마을 사람들이 떼지어 마을 밖까지 나아가 사카무카에를 하는 마을이 남아 있으나, 과거에는 특히 대참여행을 떠난 '고'의 회원이 마을 사람들을 대신하여 참궁을 마치고 돌아올 때 마을 전체가 나아가 맞이하는 관습으로 널리 행하여졌다.

이처럼 여행을 떠나 있는 중에도 집단에의 귀속을 끊임없이 반복하여 강조하고 기억하도록 하는 또 하나의 문화적 기제로는 센베쓰(餞別)와 선물(土産物, 미야게모노)이라는 증답(贈答)의례를 들 수 있다. 일본 사회에서 단체로 여행하는 것이 일반적임에도 불구하고 모든 자연적인 집단의 구성원 모두가 함께 여행할 수 있는 경우는 드물며 대개는 어떤 상위 집단이나 공동체의 일부가 여행을 떠나게 된다. 그러한 경우 상위 집단은 여행을 떠나는 사람들에게 송별회를 열어 주고 뒤에 남는 공동체의 구성원들이 여행을 떠날 사람에게 송별선물로 전별금(餞別金)을 주는 관습이 널리 행해진다.

에도시대의 다이산코의 경우 회원 중에서 선발되어 대참여행을 떠나는 사람은 '고'의 부금을 여비로 받아 여행을 떠나지만 그 외에도 센베쓰를 받는 경우가 많았으며, '고'조직이 아닌 일반인이 여행하는 경우에도 주변의 이웃이나 친척 혹은 공동체의 회원들로부터 센베쓰를 받게 된다. 가토에 따르면, 이와 같은 관습은 센베쓰를 통하여 남아 있는 공동체 사람들이 여행에 의사(擬似)적으로 참가하게 되는 것, 다시 말해 센베쓰란 여행에 대한 "상징적 참가비"의 의미로 해석될 수 있다고 한다(加藤秀俊

1976: 175).

결국 일본에서는 센베쓰의 관습이나 '고'의 제도 등으로 해서 여행에 필요한 경비의 많은 부분을 다른 사람들로부터 거둔 돈이나 기부금으로 충당하게 되는데, 한편 여행하는 사람 측에서는 그에 대한 보답으로 여행을 다녀와 센베쓰를 나누어 준 사람들에게 선물을 하는 관습이 있다.[9] 오늘날 미야게, 즉 선물을 흔히 '土産'이라고 표기하나 본래 그것은 '宮笥'였다고 하며, '고'신앙의 대상인 성지나 신사에서 입수할 수 있는 성스러운 부적과 같은 것을 의미하는 말이었다. 오늘날 선물은 물론 종교적 부적만을 의미하지는 않으나 부적이 아니더라도 최소한 그것은 여행자가 "방문한 지역에서만 구할 수 있는 기념물이거나 혹은 그에 상당하는 의미를 지닌 문화적으로 받아들여진 상징물"이어야 한다(Graburn 1983b: 45). 그것은 센베쓰를 건네줌으로써 공동체의 구성원이 여행자와 함께 여행을 경험하려고 한다면 그에 대한 보답으로 여행자가 가져오는 선물은 여행의 경험을 공동체로 가져오는 의미이며, 선물은 곧 그것을 가능케 하는 물리적 수단이기 때문이다. 따라서 센베쓰를 준 사람은 당연히 선물을 기대하게 되고 여행자 자신도 여행중 끊임없이 뒤에 남아 있는 자신의 공동체 성원들을 기억하여 선물을 구하며 또한 여행자가 집에 도착하면 적절한 의식을 갖춘 환영식을 열어 여행자가 선물을 나누어 줄 기회를 마련하기도 한다. 앞서 언급된 다이산코에서 대참 여행자를 환영하고 부적을 나누어 받기 위해 열렸던 마을 잔치의 경우가 그러한 대표적 예에 해당될 것이다. 이러한 환영식은 또한 일시적으로 집단을 떠나 있던 구성원들을 다시 집단으로 받아들여 평상으로 되돌아가

---

9. 대개는 전별금 액수의 반 정도가 되는 금액으로 선물을 사며, 선물을 받을 사람의 계층이나 성별, 연령 등이 고려된다(Graburn 1983b: 44).

기 위한 의식의 의미도 갖고 있다고 볼 수 있다.

여행과 관련된 이와 같은 관습들이 상징하는 것은 집단에의 소속이 일본 사회에서 갖는 중요성이다. 즉 집단의 소속이 기본이 되어 있는 사회에서 집단이나 공동체로부터의 일시적 이탈을 의미하는 여행은 출발 시부터 여러 가지 의식을 통하여 극화되며, 여행중에도 여행자 측에서나 집에 남은 사람들의 편에서나 끊임없이 집단과의 관계가 기억되며, 또한 여행에서 돌아와 집단으로 다시 통합되는 단계 역시 의례를 통하여 강조되고 있기 때문이다.

3. 현대적 단체여행의 발달

1) 단체여행의 근대화

오늘날 여행과 관련되어 나타나는 일본인들의 독특한 관행의 많은 부분은 에도시대 이전 중세기부터 발전되어 온 전통적 여행문화의 연속선상에서 이해될 수 있다. 우선 첫째로 순례여행과 관련하여 농촌에 널리 퍼져 있던 '고'조직은 오늘날 거의 사라져 버렸거나 남아 있더라도 과거와 같이 여행금융조직으로 제 기능을 하는 경우는 드물게 되었으나, '고'에서 볼 수 있는 상호부조조직의 원리는 오늘날 기업 내에 조직되어 있는 각종 공제조합이나 친목단체 등을 통하여 이어지고 있으며 금융 면에서는 농촌의 농협과 같은 조직이 그 기능을 대신하고 있다. 사실상 농협과 같은 대규모 금융조직의 발달은 과거와 같이 몇 년에 걸쳐 여비를 적립하여 한 명의 대표가 참석자로 여행을 떠나는 것이 아니라 공동체의 전 회원이 함께 여행하는 것을 가능하게 하였다. 그뿐만 아니라 근세 이전의 여행을 가능하게 한 조직이었던 '고'가 형성되기 위해서는 고모토(講元)라는 일종의 계주(契主)와 같은 역할이 필요하였는데 메이지 이후에는 학교나 회사와 같은 근대적 조직들이 그러한 역할을 담당하게 되었다.

(1) 수학여행(修學旅行)

메이지시대 이후 새로운 여행의 주체로 등장한 것의 하나는 각급 학교였다. 학생들에 의한 수학여행의 시초는 1886년(메이지 19년) 도쿄사범학교에서 실시한 '장도원족'(長途遠足)이었다고 한다. 그후 수학여행은 계속 증가하여 1993~1994년 일본수학여행협회의 조사에 의하면 전국 초등학교의 93%, 중학교의 97%, 고등학교의 93%가 수학여행을 실시한 것으로 나타나고 있으며, 참가율도 거의 100%에 가깝다(日本修學旅行協會 1996, 白幡洋三郎 1996: 108). 따라서 일본인에게 수학여행이란 누구든지 일정 연령에 경험하게 되는 보편적인 행사로 일종의 국민적 통과의례로 볼 수 있다.

수학여행의 가장 큰 특징 중 하나는 그것이 교육의 일부로 행해지는 여행이라는 점이다. 메이지 초 처음 제도화되기 시작하였을 때부터 그것은 학생들의 신체를 단련시켜 부국강병이라는 국가의 목표에 부응하는 효과를 거두기 위한 것이었으며, 교사를 양성하는 사범학교들로부터 솔선하여 도입되기 시작하였다. 1888년 제3고등학교에서 겨울방학에 실시한 수학여행은 도보로 행군하는 형식으로 실시되었으며 발화연습(發火演習) 등 군대식 행사가 들어 있어 견학여행과 신체단련, 군사훈련을 합친 형태의 행사였다(白幡洋三郎 1996: 114). 그러나 철도의 개통이 시작된

오사카 초등학생들의 수학여행(1960. 5, 출처: 白幡洋三郎 1996: 107).

이후에는 학생들에 대한 할인 제도 등을 통하여 점차 기차를 이용한 수학여행이 보편화되었다. 수학여행에 대한 특별할인의 시작은 1890년(메이지 23년) 도쿄에서 열린 국내권업박람회를 견학하러 가는 학생들을 위하여 일본철도회사가 책임교사 인솔 하에 50명 이상으로 대오를 형성하여 상경할 때에 운임을 30% 할인하여 제공한 것이었다.

메이지 초 수학여행의 보급은 당시 문부성의 방침으로 1890년대에 들어서는 심상(尋常)초등학교에까지 수학여행이 도입되었다. 19세기 말에서 20세기 초에 이르기까지 행해진 수학여행의 성격은 초등학교 학생들에게는 근교의 자연관찰, 풍경감상 등을 중심으로 하는 원족, 중학생들에게는 보다 넓은 지역의 지리 · 역사 학습을 포함하는 도시의 근대적 문명시설의 견학, 사범학교 및 고등학생들에게는 대륙의 전쟁 지역까지 가는 장기 수학여행의 형태로 정착되었다. 특히 러일전쟁 이후에는 상급학교 학생들에게 '충군애국'(忠君愛國)의 정신을 교육시킨다는 명분 아래 여순(旅順), 봉천(奉川), 요양(遼陽) 등 전쟁 지역으로의 수학여행도 장려되었다(白幡洋三郎 1996: 125). 후에 제2차 세계대전이 진행되면서 해외

여행은 점차 어려워졌으나 각급 학교의 수학여행은 이세, 나라, 교토 등을 중심으로 하는 '참궁여배'(參宮旅拜)의 형태로 지속되었다.

현대의 수학여행은 목적지뿐 아니라 프로그램 자체가 매우 다양화되고 있는 것이 그 특징이다. 예를 들어 농가 민박을 통해서 농가생활을 체험토록 하거나 그 외 도자기 만들기, 민예품 만들기, 종이 만들기, 직물·염색과정, 어업체험 등 다양한 형태의 체험학습이 수학여행의 일부로 소개되었다. 1970년대부터는 스키 수학여행이 시작되었으며, 1980년대 들어 증가하기 시작하여 1993년도 조사에서는 전국 고등학교의 21.2%가 스키 수학여행을 실시하였던 것으로 보고되고 있다. 또 하나의 새로운 경향은 해외 수학여행으로 1975년경부터 시작되어 1994년도에는 해외 수학여행을 실시하는 고등학교가 100개를 넘어섰으며 목적지로는 한국, 중국, 미국 본토, 오스트레일리아, 하와이 등의 순으로 나타나고 있다(白幡洋三郎 1996: 135).

수학여행은 정해진 스케줄에 따라 전원이 동일한 집단행동을 하는 단체여행의 전형적 모습을 띤 것으로 그것의 교육적 효과에 대해서는 일본 내에서도 많은 찬반론이 제기되고 있다. 찬성하는 측에서는 수학여행이 아이들로서는 처음으로 부모로부터 떨어져 하는 여행이며 새로운 만남의 여행이 된다는 점을 강조한다. 즉 같은 교실이나 같은 학교 안에서 생활하더라도 잘 알지 못했던 사이에 수학여행을 통하여 며칠간 같이 밥 먹고, 같이 목욕하고 하는 공동생활을 경험함으로써 서로 몰랐던 인간적인 면을 알게 된다는 것이다. 반면 반대하는 사람들, 특히 개성 존중의 교육을 강조하는 측에서는 수학여행이 정해진 코스에 따라 정해진 장소를 견학하고 정해진 식사를 하며 정해진 장소에서 자야 하는 등 자주적 측면은 전혀 찾아볼 수 없는 지루한 여행으로 교육적 효과가 별로 없다고 주장한다. 그러나 이와 같은 찬반론에도 불구하고 수학여행을 폐지해야 한다는 의견은 거의 없으며 메이지 초 제도화된 이래 지금까지도 변함없이 계속되고 있어 일본의 여행문화를 이해하는 데 빼놓을 수 없는 요소의 하나로 여겨지고 있다.

(2) 사원여행

메이지시대에는 학교에 이어 회사도 새로운 고모토로 등장하였다. 예를 들어 메이지 42년(1909년) '이륙신문'(移六新聞)은 신사옥 낙성을 기념하여 애독자 400명을 한 신사로 초대하는 행사를 하였는데, 회사가 선전을 겸하여 관계자를 여행에 초대하는 유형은 이때부터 시작된 것으로, 이러한 형태의 여행은 오늘날 창업기념, 우수소매점 초대, 추첨에 의한 소비자 초대 등의 다양한 명목으로 계속되고 있다(加藤秀俊 1976: 171). 특히 쇼와시대(昭和時代, 1926~1989)에 들어서는 고객만이 아니라 사원들 자신을 대상으로 하는 단체여행도 크게 늘어 이미 1950년대 말, 1960년대 초에 이르면 일본 국내 단체여행의 큰 부분을 차지하게 된다. 사원여행의 목적지는 대체로 온천지로서 회사에 따라 연 1회 혹은 봄·가을 2회로 나누어 행하며, 대부분의 회사는 연령층이나 성별 등에 따른 사원들의 희망사항의 조정을 위해 여행계획을 담당하는 간사를 정해 놓는 경우가 많다. 여비 또한 전통적인 지역공동체의 '고'조직과 마찬가지로 월급에서 일정액을 떼어 적립하며 부족한 경우 별도의 금액을 징수하기도 한다.

1960년대부터 크게 융성하기 시작한 일본 회사들의 사원여행의 기본 유형은 대체로 남성사원을 중심으로 매년 같은 장소의 온천에 가서 하룻밤을 자고 마사지와 술자리로 끝나는 것이었으며, 연회가 포함되는 경우도 많았다. 1960년대 이후 일본 내 각 온천지의 여관이 대형화하기 시작한 것은 사원여행을 포함하여 부인회나 농협 등에 의해 조직된 단체여행의 수요에 부응하기 위한 현상이었으며, 그와 더불어 서비스의 획일화 현상도 관찰되었다. 대부분의 온천지의 여관들은 대중을 상대로 큰 백화점과 같은 형태로 1층에는 대욕장(大浴場), 2층에는 대연회장을 갖추고 있으며, 또한 사원여행의 대부분이 남성인 까닭에 그들의 취향에 맞추는 방향으로 발전하였다. 안마사를 갖추는 것도 그러한 예의 하나로 1950년대 말의 한 기사내용에 따르면 아타미(熱海)와 이토(伊東)의 두 온천지에만 200명 정도의 안마사가 활동하고 있었다고 한다(白幡洋三郎 1996: 206).

사원여행은 근대 이전의 지역공동체와 마찬가지로 회사라는 새롭게 등장한 근대적 공동체 내의 결속을 다지기 위한 행사로 놀이의 기회가 적은 샐러리맨들에게 '아내와 가족으로부터 해방'될 수 있는 드문 기회로 여겨졌으며, 일본의 회사나 이 밖에 그에 상응하는 조직생활의 일부로 정착된 요소 중 하나이다.

(3) 그 밖의 단체여행

오늘날의 단체여행은 학교나 회사 혹은 부락 등 여행자 자신이 소속된 집단에 의해서만이 아니라 철도를 포함한 교통기관, 여행사 등에 의해서 조직되는 경우도 많다. 여행을 조직하고 안내하는 이들의 역할은 결국 중세 이래 일본 여행문화의 전통인 오시 · 센다쓰의 기능을 현대적으로 계승하고 있는 셈이라 할 수 있다. 여행사들에 의한 단체여행 조직의 시초는 1903년(메이지 36년) '니혼료코'(日本旅行)라는 여행사의 창업자인 미나미 신스케(南新助)에 의해 조직된 다카노참배단(高野參詣団) 및 이세참배단(伊勢參詣団)이라는 조직이었다(白幡洋三郎 1996: 192~193). 참배단체여행은 매우 성공적이었으며, 그에 힘입어 '니혼료코'는 종교관련단체를 중심으로 대륙시찰단을 비롯하여 각종 단체여행을 조직하

동창생들의 단체여행(위) 및 그 연회장면(아래).

였다. 이러한 사례는 근대 이전의 지역공동체를 기반으로 하는 참배여행의 직접적 계승이라 볼 수 있으며, 여기서 여행사의 역할은 바로 에도시대의 오시들이 담당했던 역할이었다.

여행사 이외에 철도성의 경우도 승객을 늘리기 위한 방편의 하나로 단체여행을 조직하는 사례들이 많았다. 교통기관이나 여행업자들에 의한 단체여행의 조직과 유치는 우선 운임이나 여비를 할인하는 방식을 취한다. 앞서 언급한 바와 같이 이미 1890년대에 수학여행 학생들에 대한 특별할인이 제도화되었으며, 운임뿐 아니라 여관비 등도 단체로 여행할 경우 거의 반액 정도로 할인받을 수 있는 것은 오늘날 일본에서 매우 흔한 예이다. 이러한 운임 할인은 반드시 서비스의 할인을 의미하는 것은 아니며 오히려 단체여행이 주를 이루고 있는 일본 사회에서는 여관 등 여행시설 자체가 단체여행객을 중심으로 설계되어 있는 경우가 많다. 예를 들어 여관이나 대형 민숙(民宿) 등 전통적 일본의 숙박업소에는 큰 연회장이 마련되어 있으며, 여흥을 위한 무대까지 설치되어 있는 경우도 많다. 따라서 일본의 여행지에서는 단체 손님에 밀려 개인 여행자들이 불편을 겪는 경우가 흔히 발생한다.

여비 할인 외에 일본의 철도성은 보다 직접적인 방법으로 단체여행객의 획득에 나서기도 하였는데, 그러한 예로는 쇼와시대 초기 철도성에 의해 전국 각지에 설립된 '월괘여행회'(月掛旅行會)들을 들 수 있다. 지역의 이름을 따서 '○○여행회'로 불렸던 '월괘여행회'들은 매월 일정액의 여행비용을 적립하여 함께 여행하도록 하는 조직으로 각 지방 철도국의 지도 아래 운영되었다.[10] 이들 근대 이후의 '여행회'들은 어느 정도 지역 공동체를 기반으로 하고 있었다는 점에서는 이전의 '고'조직과 유사하였으나, 멤버십의 면에서는 사사참배를 중심으로 하는 이세코, 후지코 등과는 별도의 회원을 갖고 있었다.

제2차 세계대전 이후에는 국민체육대회 등 각종 스포츠 행사를 중심으로 단체여행이 활성화되었으며, 특히 전쟁에 의하여 파괴된 사찰이나 신사 등의 재건과 더불어 이들 종교단체에 의해 유치되는 단체여행도 크게 늘어났다. 이들 유명 신사나 사찰의 대제(大祭)나 복원기념행사에는 10만~20만의 대대적인 참배단이 조직되었다. 일본교통공사는 또한

10. 각지의 여행회들의 운영은 1934년(쇼와 9년) JTB(Japan Tourist Bureau)가 설립되면서 철도성으로부터 JTB로 넘겨졌으며, 당시 전국에 150~200개 정도의 여행회가 조직되어 있었다(白幡洋三郎 1996: 194).

국철회사와 손잡고 1940년대 말, 1950년대 초에 걸쳐 농촌 지역으로부터 철도를 이용해 이동하는 수백 명 단위의 대규모 단체여행들을 조직하였다. 이러한 지방 단체여행에는 1948년에 조직된 도호쿠 지방으로부터의 이세참배단을 시작으로 하여 1949년에 조직된 간사이여행단(關西旅行団), 1951년의 규슈일주여행단(九州一周旅行団), 홋카이도일주여행단(北海道一周旅行団) 등이 있었다. 제2차 세계대전 이후 활성화된 농촌 지역으로부터의 단체여행은 이전의 '고'조직을 중심으로 하는 사사참배여행과 유사한 점이 많이 있었으나, 다만 전후의 단체여행에는 여성들의 참가가 두드러지게 늘어났다는 것이 다른 점이었다. 또한 제2차 세계대전 후 경제부흥과 함께 점차 유행되기 시작한 이들 농촌여성들의 단체관광여행은 사사참배여행뿐 아니라 도쿄나 오사카 등을 방문하는 도시관광여행이나 그 밖의 명소나 온천지 등을 방문하는 여행 등이 많았으며, 분위기도 사사참배여행을 떠나는 가장들의 단체와 달리 밝고 명랑한 것이었다고 한다.[11]

2) 해외 패키지여행: '상품화된 관광여행'

에도시대에 이르기까지는 쇄국정책으로 인하여 해외여행이 기본적으

11. 제2차 세계대전 이후 크게 늘어난 여성들의 집단여행에 대하여는 새로운 세태변화를 나타내는 것으로 많은 사람들이 언급하였으며, 특히 단체여행자들의 방약무인한 매너에 대한 비판이 많은 사람들에 의해 제기되었다(白幡洋三郎 1996: 199~200). 여성들에 의한 여행의 증가는 여성해방사상의 영향으로, 또는 주부들에게도 이제는 휴가를 주어야 한다는 새로운 생각이 생겨난 결과로 이해되기도 하였으나 이전의 여행이 주로 남성 중심이었던 까닭에 더욱 주목되었다.

로 불가능하였으나, 메이지에 이르면 오히려 해외여행을 장려하는 방향으로 전환하여 외국유학이나 해외유람을 권유하게 된다. 해외로 나가는 패키지여행의 최초에 해당하는 것은 1908년 아사히신문사(朝日新聞社)가 주최한 '세계일주회' 였다(中川浩一 1985). 이것은 그 전해에 요코하마(橫濱)에 지점을 개설한 영국계 토머스쿠크사의 기획에 의한 것으로 80명 정도가 참가한 96일에 걸친 여행이었으며, 그 부담액 등의 면에서 서민들로서는 참가하기 어려운 것이었다. 그러나 점차 일본에 의한 식민지배 지역이 확대되면서 중국대륙이나 남방으로의 여행이 증가하였다. 1930년대 초 현재의 주유권의 원형에 해당하는 유람권이 국내만이 아니라 중국대륙 방면을 대상으로 하는 '동아(東亞)유람권'으로 판매되기 시작한 후, 중일전쟁이 발생한 1937년까지 일시적으로 일본으로서는 최초의 해외여행 붐이라 할 만한 현상이 나타났다(白幡洋三郎 1990: 448). 제2차 세계대전 이후에는 1964년 해외여행 자유화 조치 이후 꾸준히 증가하여 1989년에 이미 해외여행자가 1,000만을 넘었으며 그중 80% 정도가 관광목적의 여행자로 보고되고 있다(石森秀三 1991a: 76).

이제 해외여행은 시각을 넓히고 일본을 바로 알게 되는 경험을 제공해 주는 것으로 인식되며 그 숫자도 크게 증가하였다. 해외여행의 대중화 현상과 더불어 나타나는 특징은 국내여행의 경우에서와 마찬가지로 해외여행의 경우에도 일본인들은 주로 단체여행 내지 그룹투어를 하는 것이 지배적이라는 것으로, 실제 단체여행의 비율은 오히려 국내여행의 경우보다 높게 나타나고 있다.[12] 이러한 현상에 대한 해석으로 첫째 단체

12. 해외여행에 단체여행이 일반화되기 시작한 것은 제2차 세계대전 이후의 일로 그 이전에는 아직 해외여행이 대중화되지 않았을 뿐더러 해외여행을 하는 경우 수학여행 등을 제외하고는 개인적으로 행해졌던 경우가 많았다.

로 하는 것이 비용이 적게 든다는 것, 둘째 일본인들은 외국어에 핸디캡을 갖고 있는 까닭에 개인으로보다 그룹으로 안내인의 도움을 받아 여행하는 것이 안심이 되기 때문이라고 한다(石森秀三 1991a: 83~84). 또한 단체여행의 선호는 전통적인 사사참배의 유형을 답습하는 현상으로 이해되기도 한다(神崎宣武 1990).

물론 오늘날의 여행업계에서는 전문용어로 패키지여행과 단체여행을 서로 다른 여행 형태로 구분하기도 한다. 단체여행은 한 장소에서 손님을 모아 모든 여정이 동일한 것을 말하며, 패키지여행은 여러 개의 다른 장소에서 모인 손님들을 합하여 여행일정을 조직하며 여행의 일정 자체가 단체여행에 비해 선택의 여지가 있는 여행을 의미하는 것이기 때문이다. 또한 단체여행은 흔히 지역이나 직장 혹은 학교 등에서 전부터 잘 아는 사람들끼리 하는 여행인 데 반해, 패키지여행은 처음 만나 자기소개가 필요한 모임이라는 점이 다르다.

그러나 간자키는 일본 단체여행의 원조라 할 수 있는 사사참배를 위한 '고'의 경우에도 패키지여행의 요소가 있었다고 주장한다(神崎宣武 1991b: 6). 그것은 각 마을로부터 2~3명의 대참자가 선정되어 그들을 모아 '鄕'(郡)이나 '國'(오늘날의 현縣) 단위로 여행팀이 구성된 경우가 많았기 때문이라는 것이다. 패키지여행 자체도 여행사가 전체적인 여행일정을 계획한 후 참가자를 모집하는 '주최(主催)단체여행'과, 여행하는 사람들이 스스로 프로그램을 만들어 교통편과 호텔 등 숙박 장소의 예약만을 여행사에게 부탁하여 같은 장소에서 하고 그 외 대부분은 자유롭게 움직이는 소위 '수배(手配) 단체여행'의 두 종류로 구분되기도 한다(白幡洋三郞 1996: 195). 그러나 이들 중 어떤 형태를 취하든 해외여행에 나서는 일본인들의 대다수는 개인 단위보다는 집단으로 여행하는 쪽을 택하고 있다는 것은 틀림없으며, 그중에서 특히 여행사에 의해 조직되는 '주최단체여행' 형태의 패키지여행인 경우가 많다.

이와 같은 현상은 물론 앞서 언급한 바와 같이 여행하는 사람들 자신의 경제적 합리성, 즉 값싸게 여행하고자 하는 욕구와 언어의 문제 등 문화적 자신감의 결여에서 오는 집단여행의 선호 경향에 기인하는 면도 있지만, 그 외에 여행사 측의 적극적인 상품개발과 판촉활동의 결과이기도 하다.

1970년대 이후 여행산업이 급성장하면서 여행업자의 수가 크게 늘자 경쟁적인 고객유치를 위하여 각 여행사는 다양한 종류의 패키지여행을 개발하였다. 패키지의 조직은 우선 항공사와의 협상을 통하여 대개 비수기를 택하여 싼 티켓을 대량으로 구입한 후 기착지의 호텔 역시 비수기의 할인가격에 예약한 다음 그에 맞추어 여행일정을 짜넣는 형식으로 조직된다. 1974년 교통공사의 한 직원에 의해 개발된 "성인식을 청바지를 입고 파리에서…" 라는 패키지의 내용은 유럽 관광의 제철이 아닌 겨울을 택하여 항공권을 구입하고 호텔을 예약한 후 일본의 젊은 여성들을 대상으로 '10만 엔대에 5박6일의 유럽여행'을 광고한 상품이었다. 1월은 일본의 각지에서 성인식이 행해지는 철로 많은 젊은 여성들이 성인식에 입을 비싼 기모노를 사기 위하여 저축한다는 사실을 염두에 두고 기획된 상품으로 여행일정에 블루진 회사와의 협상을 통해 단체여행객들이 회사를 방문하여 싼값에 진을 구입할 수 있는 프로그램을 넣었다.

패키지여행은 이처럼 숙박과 교통, 관광, 쇼핑까지 포괄하는 완전히 '만들어진 상품'으로, 그것을 선택하여 여행하는 사람들은 과거와 같이 자신이 스스로 계획하여 여행한다기보다 완전히 만들어져 진열장에 전시되어 있는 상품들을 검토해 본 후 그중에서 골라서 구입하는 형식이다. 일본의 해외여행자가 급증하였음에도 불구하고 이처럼 상품화된 패키지여행의 형태로 여행하며 가이드[添乘員]의 안내에 따라 정해진 코스만을 돌고 돌아오는 경우가 많다.

이시모리는 일본 해외여행자의 특징으로, 첫째 사람을 만나거나 문화를 이해하기보다는 자연감상을 위주로 하는 자연관광이 많다는 점, 둘째 쇼핑이나 매춘을 목적으로 하는 관광이 많다는 점,[13] 셋째 모방적 · 과시적 관광이 많다는 점, 넷째 진짜(本物)를 보는 관광보다는 '가짜'(僞物), 즉 관광용으로 만들어 보여 주는 것들만 보고 돌아오게 되는 관광이 많다는 점을 지적한다(石森秀三 1991a: 77~88). 이러한 특징들에서 패키지여행이 일본인들의 해외여행의 지배적 형태라는 사실과 관련된다는 점을 알 수 있다.

4. 여행문화의 변화

이상에서 우리는 일본인들에게 있어 단체여행의 관행은 오랜 역사를 가진 것임을 알 수 있다. 중세 이후의 사사참배를 위한 여행에서 발전되어 나온 단체여행의 전통은 오늘날에 이르기까지 수학여행, 사원여행, 농협이나 부인회 등 농촌 지역사회의 여러 단체들의 여행, 그리고 해외로 나가는 패키지여행 등의 형태로 이어져 왔으며, 다양한 형태의 단체여행을 조직하고 알선하는 여행업에서도 역시 중세 이래 순례여행을 안

13. 일본인의 해외관광은 최근까지도 한국, 대만, 타이, 중국 등지로의 여행자는 남성이 많으며, 오스트레일리아나 미국, 유럽 등지로의 관광여행은 여성이 많은 것으로 나타난다(石森秀三 1991a: 79).

내하는 체계로 발전되었던 오시 · 센다쓰 제도로부터의 연속성을 찾아 볼 수 있다. 특히 단체여행의 선호는 지속적으로 나타나는 현상으로 일본 사람으로 태어나 일생 중 한 번이라도 어떤 형태든 단체여행을 경험해 보지 않는 사람은 없다고 할 정도로 보편화되어 거의 '국민문화'적 요소로 정착되었다고까지 말할 수 있다. 이러한 사실과 관련하여 가토는 일본인들에게 여행이 의미하는 바를 다음과 같이 요약하고 있다.

> 일본인에게 여행이란 집단의 행동인 것이다. 물론 개인여행이 전연 없었다는 것이 아니고 단신여행이라는 일종의 감상이 따르는 여행의 형식도 있다. 그러나 단신여행이라는 것이 특별히 감상을 지닌다고 하는 것은, 달리 말하면 그만큼 그것이 예외적이라는 말도 될 것이다. 떠돌이의 단신여행이라는 여행 형식은 옛날에는 사이교(西行), 바쇼(芭蕉)에까지 더듬어 갈 수 있는 여행의 모습이었다. 그러나 그것은 많은 일본인으로서는 부러워하는 대상이기는 하였으나, 스스로의 실천으로는 이어지지 않는 조금은 이상한 여행 형태인 것이다. 우리들의 태반은 집단으로 여행하거나 혹은 집단을 그 심리적 배경에 두고서 여행한다. 공동체에서의 이탈은 일본에서는 대단히 어려운 일이나 이탈의 기회라고 보이는 여행까지도 도리어 공동체의 결합을 강화시키는 요인으로 작용하고 있다는 사실을 무시할 수 없을 것이다. 그 사실은 일본 문화를 생각하는 데 중요한 실마리라고 할 만한 것이다(加藤秀俊 1976: 181, 필자역).

그러나 같은 집단여행이라 하더라도 그 내용에는 상당한 변화가 나타나고 있는 것 또한 사실이다. 예를 들어 우리가 '단체여행'의 의미를 버스 한 대를 채울 수 있는 정도의 40~50명 혹은 그 이상 규모의 여행에 한정시킨다면 실제로 일본 사회에서도 그런 대규모 단체여행은 점차 쇠퇴하고 가족여행이나 소규모 그룹여행이 증가하고 있다. 또한 일본에서의 여행광고의 내용을 분석한 모이란은 최근의 광고들이 특히 젊은 층을 대상으로 단체여행의 형태를 지양하고 집단으로부터의 규제를 벗어나 개인으로서 관광지의 문화적 환경과 스포츠 등을 마음껏 즐길 것을 권장하는 내용들을 담고 있음을 지적한다(Moeran 1983: 104~105). 그는 이러한 현상을 소비사회 창출을 지향하는 자본주의적 속성의 한 양상으로 해석하는데, 실제로도 현대 일본 사회에서 자기 발견, 오지탐험, 모험, 스포츠, 놀이 등을 주제로 하는 개인주의적 여행은 특히 젊은 층에서 새로운 유행으로 등장하고 있는 것으로 보이기도 한다. 반면 이러한 젊은 층의 새로운 유행이 일시적 현상으로 그칠 것인지, 아니면 생의 후기 단계에까지 이어져 일본의 여행문화를 근본적으로 변화시키는 방향으로 나아가게 될 것인지는 아직 단언하기 어렵다. 현재로서는 집단여행이 여전히 압도적 우위를 차지하고 있으며, 이러한 현상이 쉽사리 사라질 것으로 보이지 않기 때문이다. 이와 관련하여 일본인들에게 여행이란 서구 중산층의 여행문화에서처럼 타자성(他者性, otherness), 즉 '다름'을 추구하고 발견하고자 하는 것이기보다는 자기 자신의 재확인, 일본인의 재확인을 지향하고 있다는 영국인 인류학자인 그레이번의 지적은 음미해 볼 만하다(Graburn 1983b, 1995; MacCannell 1976 참조).

III. 에도와 도시관광

황달기

1. 도시를 주목하는 이유

일본의 근세 후기는 '이세참배'로 대표되는 서민들의 여행 붐이 일어났던 시기이다. 그러나 이세는 특히 일본의 도호쿠(東北) 지방 사람들에게는 보통 50~70일간이나 걸리는 장기간의 여행일정 중, 최종 목적지라기보다 수많은 경유지 중의 하나에 불과했다(櫻井邦夫 1985: 157~ 173; 山本光正 1985: 73~75, 1987: 336~340; Vaporis 1991: 18). 그들의 여행일정 중에는 지금의 도쿄인 에도를 비롯한 나라, 오사카, 교토 등의 대도시 지역과 그 주변의 명승고적지가 대부분 들어 있었기 때문이다.

이러한 일본인들의 도시에 대한 관심은 근세 후기에 일어난 여행 붐을 통해서만 확인할 수 있는 것은 아니다. 고대부터 지금까지 일본인의 관심은 압도적으로 농촌이나 도시의 교외가 아닌 도시 중심부에 집중되어 왔다. 이는 바로 에도시대부터 '삼도론'(三都論)[1]이라는 도시 지역을 중심으로 한 문화론이 활발하게 전개된 이유이기도 하다. 도시 중에서도 미야코(都, 수도)에 대한 일본인의 관심은 중세의 지방 무사에서 근세 이후의 민중에 이르기까지 아주 유달랐다. 역사적으로도 일본의 많은 지방 도시들은 미야코였던 나라나 교토를 모방해서 만들었다.

근세가 되면 삼도와 각 번의 성시(城市)를 기본축으로 하는 지배체계가 확립되는데, 특히 각지의 도시들(번의 소재지)은 에도를 모방하여 도시의 중심에 성을 만들고, 그 주위에 물류나 유흥을 위한 번화가를 조성하는 전형적인 형태를 취하고 있었다. 그리고 근대와 현대의 새로운 수도 도쿄를 대표하는 번화가로서 '긴자'(銀座)가 전국의 중소도시에 개화문명의 실물교사로서 '○○○긴자'라는 이름으로 모방되었다. 이는 당시 일본인의 수도(도시)에 대한 집중된 관심을 의미하며, 곧 '수도로 가는'(인구이동이나 집중), '수도를 보는'(여행이나 관광) 행위로 연결되었다.

이러한 일본인의 도시(미야코) 지향성을 이 장의 주제인 관광이라는 창을 통해 들여다보면 근세 일본의 관광과 도시의 역동적 관계뿐 아니라 당시의 관광 대중화에 도시가 미친 영향을 규명할 수 있을 것이다. 이를 위해 우선 일본인들의 도시 지향의 역사적 · 문화적 배경을 살펴본 뒤, 농업을 기반으로 하는 사회에서 도시가 지니는 관광매력을 지역사회 중심의 구속된 삶으로부터 해방될 수 있는 번화가(유곽이나 시장)를 중심으

1. 삼도론은 에도와 오사카, 교토를 각각 자신들의 세련된 도시 문화를 자랑하는 근거로 삼은 특이한 오락 문화에 대한 논의가 중심이 되었다.

로 분석하고, 마지막으로 근세 일본의 수도였던 에도를 대상으로 급격한 도시화에 따른 '시골'사람들의 에도 관광과 에도시민의 행락 문화를 역사적 자료를 통해 살펴보고자 한다.

2. 일본인들의 '미야코'(都) 지향성

1) 미야코 지향의 역사적 · 문화적 배경

일반적으로 수도라고 하면 정치와 행정의 중심지라는 이미지가 강하나 수도는 동시에 경제나 문화, 정보의 중심지이기도 하다. 특히 주목해야 할 것은 거기에 사는 사람들의 유흥을 위한 번화가가 몰려 있는 곳이라는 사실이다. 이는 곧 도시를 의미하며, 일본어의 도시는 미야코(都, capital)와 이치(市, market)라는 두 가지 속성을 동시에 담고 있다. 에도는 근세 일본의 수도로서 정치나 경제, 문화의 중심지였다. 따라서 당시 일본 최대의 관광도시였음은 말할 나위도 없다. 여기서 당시 일본인들이 미야코로서 에도에 보였던 관심(미야코 지향)의 역사적 · 문화적 배경을 살펴볼 필요가 있을 것 같다.

『고지엔』(廣辭苑)에 따르면 미야코는 크게 다음 세 가지 의미를 지닌다. 미야코는 ① 제왕의 궁전이 있는 곳, ② 수부(首府)와 수도, ③ (시골에 비해서) 인구가 집중되어 정치나 경제, 문화 등의 중심지인 번화한 곳을 말한다. 이것을 간단히 줄여서 미야코의 왕궁성, 수도성, 도시성이라 해 두겠다. 완전한 미야코는 이 세 가지 조건을 모두 충족한 곳을 말한다.

그런데 오랫동안 미야코였던 교토는 794년부터 에도시대가 끝난 1868년까지 '미카도'(천황)의 왕궁소재지였으나, 가마쿠라시대와 에도시대에는 중앙의 정치권력 소재지가 아니었다(간노 마사히로 1996: 28~29). 다시 말해서 ①과 ②가 중첩되는 기간과 그렇지 않은 기간으로 구별된다는 말이다. 또한 에도시대에는 수도성을 획득한 에도의 등장으로 일본인의 미야코 개념에 변화가 일어났으며, 그 결과 에도와 교토라는 두 개의 미야코가 성립된다. 이는 에도와 교토가 각각 왕궁성과 수도성이 결여된 불완전한 미야코로 일본인들의 인식세계에 병존하게 되었음을 의미한다. 따라서 본래 미야코가 지니고 있던 왕궁성과 수도성은 분리되었다. 더욱이 도시성마저 분리되어 같은 시기에 상업 중심지였던 오사카를 포함하여 '삼도'라고까지 했다.

에도시대 중기까지 일본인이 '교토에 올라가는' 이유 중의 하나는 세련된 상품구매나 최신 유행풍속들을 구경(관광)하기 위한 것이었다. 이는 곧 천년의 미야코(왕궁성)만의 우아하고 품위 있는 문화의 상대적 우월성을 높이 샀기 때문이다. 그러나 그후 100년 동안 교토는 급격히 쇠퇴하여 일본 제일의 화려한 미야코로서의 자리를 에도에 물려주게 된다. 교토의 도시성의 쇠퇴는 더 이상 매력 있는 살거리나 볼거리로서의 위치를 상실했음을 의미한다. 이렇게 되자 교토에 관한 대부분의 가이드북은 명소나 유적의 소개에 중점을 두게 되었으며, 교토 관광도 과거의 왕조의 영광이나 미술, 문학, 종교의 유적을 돌아보는 것이 중심이 되었다(園田英弘 1994: 76).

한편 에도는 에도 초기에 막부가 설치됨으로써 명실공히 수도성을 획득했으나, 17세기 후반에 이르러서야 관광의 주요대상인 도시성을 획득하게 된다. 이 시기가 바로 에도의 미야코화가 급속도로 진행된 시기였다. 18세기 초인 에도 중기 이후 여러 문헌에는 에도를 동도(東都)로 표기하고 있으며, 이와 동시에 교토를 서도(西都)나 서경으로 부르기도 했다(園田英弘 1994: 82, 86). 따라서 에도시대 후기에는 절대적인 미야코가 존재하지 않았음을 알 수 있다. 다만, 발전하고 있던 동도인 에도와 고도(古都)로서 자리잡아 가던 교토만이 있었다고 볼 수 있다. 결국 메이지유신 이후 황궁의 도쿄 이전으로 에도가 도쿄로 바뀌면서 미야코 개념의 재통합이 이루어진 셈이다.

왕궁의 도쿄 이전은 왕궁성의 획득으로 미야코의 완전한 부활을 노렸던 유신정부의 전략이었다고 할 수 있다. 도쿄는 일본의 근대화와 함께 에도시대에 이은 제2의 인구집중기를 맞이하며 세계 유수의 수도이자 관광도시로 탈바꿈하게 된다. 그 이유는 여러 가지가 있겠으나 완벽한 미야코성의 획득이라는 측면이 중요한 역할을 했다고 할 수 있다. 현재 일본인의 미야코 개념은 고대 이래의 왕궁성과 에도시대에 현저히 발달한 도시성, 그리고 근대국가가 표방한 수도성이 복잡하게 충돌 · 타협 · 혼합되어 서서히 형성된 것이라고 할 수 있다.

그렇다면 일본의 미야코가 시대에 따라 사람들을 밀집시키는 원동력은 무엇일까? 전국시대(戰國時代, 1493~1573)의 지방 무장들의 권력적 야망(왕궁성과 수도성)과 메이지유신 이후의 근대국가 이데올로기와 같은 지배와 피지배의 구도로 생각할 수 있지만, 그보다 도쿄의 긴자나 서울의 명동과 같은 도시성(번화가)이 사람들을 끌어들인 가장 중요한 동인으로 작용했다고 본다. 농업을 기반으로 한 구속적 사회로부터 탈일상의 세계가 있었기 때문이다. 이는 곧 관광대상(자원)으로서 도시가 지니는 문화적 탁월성을 의미한다.

물론 이러한 도시의 세련된 문화가 지금까지 변함없이 관광매력으로서 지속되지는 않았다. 1970년대에 들어가면 근대화라는 목표가 거의 달성되고, 동시에 그 이전까지는 장밋빛 미래로 그려지던 경제발전의 결과가 각종 공해 문제로 부각되면서 일본인들은 근대화가 자신들이 바라던 삶의 질을 반드시 보장해 주는 것이 아니라는 사실을 깨닫게 된다. 이것을 계기로 일본인들이 지향하는 삶의 가치가 '시고토닌겐'(仕事人間, 일에만 몰두하는 사람)에서 건강과 아름다움을 추구하는 '문화인'으로 변하게 된다.

여행과 관광의 영역에서도 이러한 시대정신이 적극적으로 반영되어, 당시의 국영철도회사의 '디스커버 재팬'(Discover Japen) 캠페인이 일어나게 된다(白幡洋三郎 1996: 79~81). 이때부터 '지방'이나 '전통문화', '아름다운 자연', '고향 사람들' 등 관광의 목표와 대상이 잃어버린 고향 이미지의 향수를 지향하기 시작했다. 여행과 관광을 위한 사람들의 발걸음이 중앙에서 지방으로, 도시에서 시골로 그 방향이 역전된 것이다. 그러나 디스커버 재팬에 의해 촉발된 중앙에서 지방으로 향하는 관광의 흐름은 그리 오랫동안 지속되지 않았다.

1980년대에 들어오면 지방과 도시라는 대립적 개념이 모든 주거 지역의 도시화(도시적 생활양식의 전국적 보급과 확대)로 무의미해졌다. 이는 신문이나 잡지, 텔레비전 등의 매스 미디어에 의해 보다 아름답고 세련된 도시 사람들의 생활 이미지와 노하우가 전국에 보급된 것에서 비롯된다. 따라서 여행이나 관광의 흐름도 '시골에서 도시', '중앙에서 지방'이라는 정형화된 형태가 아니라 도시와 시골, 중앙과 지방이 무질서하게 혼합된 형태를 취하고 있다고 해야 할 것이다.

2) 관광대상으로서의 근세도시

근세의 에도는 1590년 도쿠가와 이에야스(德川家康)의 에도 입성으로 시작된다. 당시의 에도는 성도 작고 성 주위에 파 놓은 방어용 수로의 폭도 좁았으며, 성을 둘러싼 시가지도 남북 약 1.2km, 동서 약 3.7km 정도에 불과했다(山本光正 1987). 1600년 천하의 패권을 잡은 도쿠가와가 1603년 정이대장군에 임명되어 에도에 막부를 열면서 에도는 눈부신 발전을 거듭한다.

1635년 에도막부의 권력기반을 강화하기 위해 일정기간 지방 번주의 에도 거주를 의무화하는 이른바 산킨코타이 제도가 실시된다. 이 제도에 의해 중앙의 에도와 지방의 각 번 소재지(城市)가 강력히 결합되었으며, 에도를 중심으로 한 다섯 개의 간선도로(五街道)가 정비되었다. 이를 계기로 에도와 지방을 연결하는 전국 규모의 인적 교류와 물적 유통이 활발하게 전개되었다(豊田武 · 兒玉幸多 1970: 135~140). 모든 길을 에도로 통하게 한 것이다.

산킨코타이에 의한 지방 번주들의 강제적인 에도 거주는 에도를 무사의 미야코로 만들었으며, 막부의 가신단과 지방 번주들의 가신까지 합세한 무가귀족들에 의한 사치스러운 소비도시화가 진행되었다. 소비도시 에도의 번영은 지방 번주들의 귀향행렬을 따라 지방으로 전해졌으며, 수많은 지방의 민중들을 에도로 집중시키는 동인이 되었다. 활기 넘치는 에도의 도시생활이 당시의 일본인들에게는 대단한 매력으로 작용했기 때문이다.

교토는 8세기 후반부터 전통적 귀족 문화를 바탕으로, 그 위에 민중적 종파의 본산이 자리잡으면서 독특한 도시공간과 문화를 형성해 왔다. 에도 중기부터 서민 사이에서는 이들 본산이나 명소, 유적을 돌아보는 관광 여행이 성행했다. 『화락명소도회』(花洛名所圖會)나 『도명소도회』(都名所圖會), 『경우이중』(京羽二重) 등의 명소안내서가 간행되자 이러한 경향은 한층 심화되어 교토는 관광레크리에이션의 장으로서 자리매김되었

다(西川幸治 1994: 232~233). 이러한 문화적 전통의 축적과 혁신에 의한 교토의 도시발전은 당시 일본인들의 동경의 대상이 되었을 뿐만 아니라, 지볼트나 캠페르 같은 당시의 외국인에게도 깊은 인상을 남겼다(ジーボルト 1967: 235~236; ケンペール 1977: 121~130, 221~233).

오사카는 1583년 천하를 통일한 도요토미 히데요시(豊臣秀吉)가 이시야마혼간지(石山本願寺) 터에 오사카성을 건설하고, 그 주위에 사카이(堺)나 후시미(伏見)의 상인들을 이주시키고, 여러 번주들로 하여금 저택을 짓게 하면서 급속히 성장했다. 도요토미 정권의 수도로서 자리를 잡은 것이다.

그러나 1600년 도요토미는 도쿠가와와의 전쟁에서 패했고, 오사카는 1619년 에도막부의 한 직할도시로 격하되었다. 그후 각 번은 오사카에 대형 창고를 지어 거기서 쌀이나 지방 특산물을 가져와 판매하고, 그 대신 일용품을 구입해 이것을 에도로 가져갔다. 즉 전국 규모의 상품유통 도시가 된 셈이다. 오사카의 상인들은 이러한 상업활동에 의한 부의 축적을 기반으로 문화활동에도 적극적으로 나섰다. 풍부한 경제력을 바탕으로 극장이나 유곽이 발달했으며, 소설이나 하이카이(俳諧) 등의 문예활동이 활성화되었다(西川幸治 1994: 226~228).

이상에서 살펴보았듯이 에도와 오사카, 교토와 같은 근세 일본의 도시는 새롭고 세련된 문화, 쾌적한 환경, 명소나 유적의 집중, 유흥이나 오락시설의 완비, 쇼핑 등으로 당시 대다수 일본인들에게는 일찍이 경험한 적 없는 별천지로서 대단한 구경거리였다. 특히 시골사람들에게는 공동체적 삶의 속박에서 일시적으로 해방될 수 있는 '행락의 장'으로서 중요한 의미와 기능을 가지고 있었다. 그러나 관광을 뒷받침하는 사회적·문화적 기반이 농업 중심의 사회에서 고도로 정보화된 산업사회로 변모한 지금, 이러한 관광대상으로서의 도시가 지닌 성격이 도쿄와 같은 근대적 문명 중심의 도시에도 그대로 나타난다고 할 수 있을까? 이는 시대에 따라 일본인들이 도시를 어떻게 보아 왔는가 하는 문제로서 도시관광의 발생과 형태의 변화를 파악하는 데에 중요한 시각을 제공해 준다.

3) 현대도시의 새로운 관광매력

도쿄는 1970년대 이후 고도경제성장과 함께 초고층 빌딩이 들어서고, 모든 최첨단 기술과 디자인이 동원된 상품이 범람하고, 최신 유행의 예술과 학문, 기술이 모임으로써 일본은 물론 전 세계적으로 수많은 여행자가 찾는 일본 최대의 관광지가 된다. 이 시기에는 도쿄 이외의 다른 지역의 도시들도 그 규모가 급속도로 커진다. 이처럼 거대화된 도시는 '휴먼 사이즈'로는 도시 자체의 시각적 파악이 불가능하다. 그 결과 근세 에도를 포함한 일본의 대도시들은 휴먼 사이즈로 전체의 모습을 파악할 수 있는 소규모의 '도시 속 도시공간'을 만들어 냈다. 예를 들면 아사쿠사지(淺草寺)를 중심으로 한 주변의 상점이나 유곽, 극장, 유흥음식점 등, 모든 도시적 유희시설을 한곳에 모은 '사카리바'(번화가)로서 아사쿠사가 성립된다(이 부분은 뒤에서 자세히 언급).

메이지시대에 들어가면, 긴자가 새로운 번화가인 사카리바로 등장한다. 그리고 최근에는 신주쿠(新宿)의 가부키초(歌舞伎町)나 시부야(澁谷), 하라주쿠(原宿), 롯폰기(六本木)가 새로운 취향의 사카리바로서 자리매김되고 있다. 다카다(高田公理)의 지적처럼, 이는 모두 "근세 이전의 제례 때 정해진 날에 일시적으로 마련되었던 노점상이나 흥행시설 등을 하나의 세트로 해서 영구적으로 장치화한 도시공간"(高田公理 1991: 6)이라 할 수 있다.

이러한 도시의 번화가나 사카리바는 여전히 도시주민들에게 유흥의 기회를 제공할 뿐만 아니라, 지방 사람들의 도시관광을 부추기는 역할을 하고 있다. 도시 속의 작은 도시라고 할 수 있는 사카리바는 거대도시를 휴먼 스케일로 시각화하기 위한 전략의 결과라고 할 수 있는데, 이러한 전략은 세계의 모든 도시에서 보편적으로 나타나는 것은 아니다. 우리의 경주나 일본의 나라와 교토처럼, 과거의 역사를 유적이라는 형태로 동결함으로써 스스로 정체성을 확립하려 하는 경우도 있다.

거대도시의 휴먼 사이즈 모형으로서 또 하나 주목해야 할 것은 특정 주제를 체계적인 최첨단 과학기술로 유희적으로 표현하는 박람회이다. 일본에서는 1970년의 '오사카엑스포'를 시작으로 최근의 '꽃박람회'까지 수많은 박람회가 개최되었다. 특정 지역에 그것도 일시적으로 실현되는 유희적 공간으로서의 각종 박람회는 최근에 이르러 영구시설화하는 경향이 있다. 1990년대에 들어와 전국 각지에서 일어난 테마파크의 건설 붐이 이를 잘 입증하고 있다.

1983년 도쿄디즈니랜드를 시작으로 일본 전국에 20개에 이르는 테마파크가 건설되었다(高田公理 1991: 12~16; 能登路雅子 1990: 225~34). 이들은 모두 근세 초기에 제례의 시공간을 영구적으로 시설화한 유희공간이었던 사카리바와 같은 맥락에서 이해할 수 있을 것이다. 현재 연간 수백만에서 1,000만을 넘는 관람객으로 테마파크관광이 크게 활성화되고 있는 사실에서 관광대상으로서의 도시 문화의 새로운 가능성을 읽을 수 있다. 즉 관광대상으로서 도시에 대한 새로운 개념정립과 도시주민의 생활구조 안에서 싹트고 있는 새로운 관광형태(테마파크)에 주목할 필요가 있다는 말이다.

이제 본론으로 들어가서 근세 에도가 당시의 관광대중화에 미친 내용과 영향에 대해 에도의 명소와 볼거리를 중심으로 살펴보고자 한다.

3. 에도의 명소와 볼거리

1) 명소 안내기의 성립과 유행

일본어에서 명소의 사전적 의미는 '이름난 땅이나 경승지(景勝地)'를 가리킨다. 또한 명소를 '나도코로'(名所)라고 읽으면 일본 고유의 정형시인 와카(和歌)에 나오는 지명이 된다. 와카에 나오지 않으면 아무리 이름난 곳이라 해도 명소나 나도코로가 아닌 '고적'(古跡)이라고 했다. 나도코로는 어디까지나 와카 속에 등장하는 말로서, 실제 그곳에 가서 와카를 읊는 것이 아니라, 와카의 내용이나 이미지에 맞춰서 읊어지는 지명에 지나지 않는다. 이것이 근세에 이르러 실제로 나도코로를 방문해서 와카를 읊게 되었으며, 명소도 와카의 관념적 세계의 산물인 나도코로에서 실제로 찾아가서 즐기는 행락지(관광지)로서 명소가 된 것이다(石森秀三 1991b: 4; 加藤秀俊 1995: 116; 김양주 1997). 미즈에(水江漣子)는 근세 초기 에도 명소의 성립과 메이쇼키의 계보에 대한 역사적 연구에서 같은 주장을 하고 있다. 즉 명소는 중세까지 고전을 통해 알고 있는 지식에 지나지 않았으며, 근세 초기인 게이초기(慶長期, 1596~1615)에 에도를 둘러보고 쓴 미우라(三浦淨心)의 『게이초견문집』(慶長見聞集)에서 처음으로 '가 봐야 하는 곳'으로 인식되었다는 것이다(水江漣子 1985: 6~7). 여기서 우리는 에도 초기에 일본인의 명소에 대한 관념이 변화되었다는 것을 알 수 있다.

에도에 대한 근세 초기의 안내기를 모아 분석한 미즈에의 또 하나의 주목할 만한 논문이 있다. 그녀의 분석대상이 된 안내기는 최초의 에도 안내기라 할 수 있는 『게이초견문집』을 비롯하여, 에도성의 위용을 자세히 묘사한 『죽재』(竹齋, 1621～1623), 에도 시내를 구경한 내용을 담은 『아즈마메구리』(1643), 에도에서 도카이도(東海道)의 아이사카노세키(相坂ノ關)까지의 노정을 기록한 『병진기행』(丙辰紀行, 1625), 야나가와(柳河)에서 에도까지의 길을 안내한 『덕영종구기행』(德永種久紀行), 에도 시내의 유적과 거리의 모습까지 기록한 『색음론』(色音論), 본격적인 유람목적의 여행안내기라고 할 수 있는 『에도메이쇼키』(江戶名所記, 1677)와 『강호작』(江戶雀), 『고향귀급강호돌』(故鄕歸及江戶突, 1687) 등이다.

이들 중 첫 번째인 『게이초견문집』은 명소관의 변화가 나타난 메이쇼키의 효시로서 의의가 크며, 『죽재』에서 『색음론』까지는 모두 1615～1644년 사이의 에도를 기행하고 기록한 책으로서, 에도에 이르는 길을 안내하고 있는 점이 눈에 띈다. 마지막으로 『에도메이쇼키』 이후의 것은 본격적 유람을 목적으로 한 여행안내기로서, 여행에 대한 예찬과 각 구간별 거리, 에도명물의 소개 등을 담고 있다. 이들은 모두 앞서 간행된 『도카이도메이쇼키』(東海道名所記, 1659)의 영향을 크게 받은 것들이다(水江漣子 1974: 31～67).

여기서 이러한 에도안내기가 성행한 시대적 배경과 관광에 미친 영향에 대해 생각해 봐야 할 것이다. 메이쇼키의 계보에서 보면 명소유람의 분위기는 이미 『도카이도메

초판 「에도명소지회」(江戶名所之繪, 三井文庫 소장)의 일부로 에도의 전체 모습 중 동쪽 부분을 나타낸 그림.

이쇼키』부터 조성되었다고 할 수 있다. 왜냐하면 『도카이도메이쇼키』는 도카이도상의 명소를 자세히 안내할 목적으로 쓰였기 때문이다. 현실적으로 산킨코타이에 따른 도로의 정비나 숙박업의 발달로 에도로 향하는 여러 형태의 여행, 예를 들면 지방 다이묘 행렬이나 교토의 궁정귀족의 에도 이주, 상업을 목적으로 한 여행, 이세나 고야산 등의 사찰이나 신사 참배, 관광유람을 즐기기 위한 여행이 시작되었다(新城常三 1971: 80～82).

이러한 시기의 명소안내기의 출판은 전국 규모로 확대되고 있던 인적 교류와 물적 유통을 기반으로 도시 사람들, 특히 상인들의 사회적 수요(山本光正 1987)에 대응하는 것이었다. 『에도메이쇼키』의 배경은 잦은 대화재로 인한 에도명소의 변화, 예를 들면 1662년 소실된 사원이나 신사의 복원, 유곽 요시와라(吉原)의 이전에 따른 새로운 명소의 출현에 신속하게 대응한 것이다. 새롭게 일어나는 행락의 기분은 이러한 새 명소 출현과 무관하지 않다. 명소유람은 곧 행락을 위한 행위이기 때문이다. 사실적 묘사에 충실한 메이쇼키를 접함으로써 미지의 세계를 보는 행락성은 증대되고, 만들어진 이미지를 확인하기 위한 관광이라는 실천으로 이어질 때 실용성도 함께 증대된다.

이상에서 살펴본 바와 같이, 17～18세기에 에도시민은 왕성한 행락활동을 벌여 시내 및 근교에 다양한 명소를 성립시켰다. 이는 첫째 갑작스런 도시화에 따라 자연과의 교류가 일상생활 안에서 불가능하게 된 것에서, 둘째 도시화에 따른 공동체의 해체와 각종 재해나 질병으로 인한 사회불안을 해소하기 위해 신사나 사찰을 찾는 신앙활동이 일반화된 것에서 비롯되었다고 할 수 있다. 따라서 근세 초기에 명소안내기가 유행한 것은 전국적으로 일기 시작한 행락 문화, 특히 도시사람들의 향락성을 배경으로 한 것이라 할 수 있다. 여행과 관광은 바로 이러한 행락 문화에 대한 실천적 대응이었던 것이다.

2) 에도의 관광명소

우선 『게이초견문집』의 관심은 에도에서 최초로 인구가 집중된 번화가에 쏠려 있었다. 특히 『게이초견문집』 제8권에 의하면, 아사쿠사의 간논(觀音)이나 유시마(湯島)의 텐진(天神), 간다(神田)의 묘진(明神), 가이즈카(貝塚)의 산노곤겐(山王權現), 오지(王子)의 이나리(稻荷), 사쿠라다야마(櫻田山)의 아타고(愛宕) 등의 구적(舊蹟)에는 밤낮으로 수많은 사람들의 참배가 이어졌다고 한다(水江 1984: 22에서 재인용). 그 밖에 『죽재』의 에도성, 『병진기행』의 무사시(武藏)와 아사쿠사, 간다묘진, 아타고, 스미다가와(隅田川), 그리고 『색음론』의 요시와라 등이 에도의 명소로 소개되고 있다(水江漣子 1974: 39~56, 1985: 21). 즉 이시모리(石森秀三)도 지적한 것처럼, 에도시대의 명소는 종교적 시설과 깊은 관련이 있는 것이 압도적으로 많았던 것이다. 여기서 이들을 모두 설명할 수 없으므로, 대표적 관광명소 중 네 곳만 골라 자세히 살펴보도록 하겠다.

(1) 오지―에도 시민의 행락명소

오지 지역은 니혼바시에서 북으로 약 10km 정도 떨어진 곳에 있는 하루일정 행락지의 대표적 장소였다. 1873년 우에노(上野)공원과 함께 최초로 지정된 도쿄 5대 공원 중의 하나이다. 이 부근에는 오지곤겐사(王子權現社)를 비롯하여, 오지이나리사(王子稻荷社), 긴린지(金輪寺) 등의 효험이 있기로 소문난 신사와 사찰도 있다. 오지 지역은 봄에는 아스카산(飛鳥山)의 하나미(花見, 꽃구경), 여름에는 신사나 사찰의 제례, 가을에는 단풍놀이, 겨울에는 눈구경 등의 사계절 행락지로서 에도 시민의 사랑을 받아 왔다.

오지 지역이 에도의 명소로서 특히 주목을 받기 시작한 것은 도쿠가

오지곤겐샤의 제례 때 행해지는 덴가쿠(田樂, 모내기 때의 가무음곡을 공연예술로 만든 것)를 보기 위해 에도에서 많은 사람들이 찾아왔다(출처: 江戸名所図絵).

와 막부의 8대 장군이었던 요시무네(吉宗, 1684~1751)가 아스카산에 벚꽃을 심은 후, 에도 시민의 벚꽃놀이 행락지로서 유명해지면서부터였다(小木新造 1995: 118). 에도 중기 이후, 교토의 마루야마(丸山)와 오사카의 덴노지(天王寺), 에도의 우에노와 같은 삼도의 명소를 비롯하여 각지의 명소에서도 하나미가 행해졌다(南和男 · 落合清彦 1985: 499~500). 하나미가 행락이나 유람을 부추기는 대표적 놀이였음은 말할 것도 없다. 특히 하나미와 단풍놀이와 같은 관광유람이 도시 상인들의 단체 행락 문화에서 시작되었다는 견해(神崎宣武 1991b: 20~26; 米山俊直 1986: 135~139)는 당시 관광의 오락적 성격을 이해하는 데에 시사하는 바가 많다.

그 밖에 오지가 명소로서 부각된 것은 오지곤겐샤의 여름제례 때 승려들에 의해 공연되는 덴가쿠오도리(田樂踊)가 대단히 인기 있는 볼거리로 알려졌기 때문이다. 이것을 보기 위해 경내에 모인 수많은 인파들로 공연단이 입장을 할 수 없어 이들을 정리하기 위한 새로운 의례가 추가

될 정도였다(小木新造 1995: 119). 제례 때는 참배객들이 자신들의 소망을 담아 대나무로 만든 창을 바치는 것에서 '야리마쓰리'(槍祭, 창제례)로 일컬어지기도 했다. 그 외에 긴린지에서 만병통치약으로 통하는 약을 배포한 것도 에도 시민을 불러모은 요인의 하나였다(小木新造 1995: 119, 123, 125). 기요카와의 『서유초』(西遊草)에서도 오지를 연중 참배객이 끊이지 않는 에도 제일의 행락지로 평가하고 있다(清河八郎 1969: 197~198).

오지를 명소로 부각시키는 데는 여우를 의인화한 '꼭두각시인형'(小木新造 1995: 129~130)과 라쿠고(落語, 만담)이 중요한 역할을 했다. 또한 이나리신앙의 보급과 함께 현지 농민들이 다음해 농사의 풍흉을 점치기 위해 기쓰네비(狐火, 여우불)를 밝혔는데, 이것을 보기 위해 많은 에도 시민이 오지를 찾았다(小木新造 1995: 126). 많은 사람들이 찾아오는 명소에는 종교적 목적을 이룰 수 있는 대상 신뿐만 아니라 거기서 즐기기 위한 여러 가지 장치가 마련되어 있었음을 알 수 있다.

(2) 에코인(回向院)—개장과 관광의 명소

에도 중심부를 남북으로 흐르는 스미다가와의 하류에는 료고쿠바시(兩國橋)가 있고, 그 동쪽에 자리잡은 에코인은 개장(開帳)의 명소로 에도시대에 크게 번성한 곳이다. 여기서 말하는 개장이란 평소 참배객들에게 공개하지 않는 불상을 일정 기간 장막을 치고 그 안에서 보여 주는 것을 말한다. 본래 개장은 영험이 있다고 하는 불상과 인연을 맺게 해 주는 순수한 종교적 행사로 시작되었으나, 에도시대에 이르러 도쿠가와막부의 신사나 사찰에 대한 재정지원의 감축으로, 경제적으로 불안정한 상태에 놓인 신사나 사찰들이 봉헌금품이나 새전(賽錢)을 모으기 위한 행사로 변질되었다는 것이다(石森秀三 1991b: 6~7). 이러한 개장에는 불상이 있는 곳에서 하는 거개장(居開帳)과 다른 곳에 가서 하는 출개장(出開帳), 두

가지가 있다.

에코인은 지방 사찰의 출개장의 메카로서, 그 주변에는 에도는 물론 전국에서 몰려드는 수많은 참배객들과 이들을 위한 위락시설이 들어서 에도의 대번화가를 이루었다. 이는 강가의 넓은 공간을 낀 입지 조건과 에코인 자체가 특정 종파에 속하지 않는 개방성에서 비롯되었다(比留間尙 1980: 5). 특히 강가나 물가의 넓은 공터는 일본인들의 마음속에 하나의 성지로 인식된 것 같다. 행상이나 장인, 유랑극단 등이 모이는 신사 · 사찰의 문전이나 시장, 하천부지, 다리 근처 등에는 세속적 세계에 얽매이지 않는 '무연'(無緣)의 원리가 작용하는 성스러운 공간이었던 것이다(神崎宣武 1991b: 88). 참배나 행락의 대표적인 명소였던 아사쿠사지나 도미오카하치만(富岡八幡)이 강가에 자리잡고 있는 점이 이를 뒷받침하고 있다.

에도시대의 개장 규모를 보면, 에도에서 열렸던 출개장 741건 중 166건이 에코인에서 있었으며, 30개 번의 사찰이 참가했으며, 1676년의 최초 개장부터 연평균 1.1건의 출개장이 있었던 것으로 알려져 있다(比留間尙 1980: 6). 에코인 자신의 거개장이나 주변 사찰에서 이루어진 개장까지 포함하면, 에코인을 중심으로 한 개장은 그 주변을 에도 제일의 번화가와 관광지로 탈바꿈시킨 결정적 기반을 제공한 셈이다.

개장에 온 참배객들이 불상만 보고 돌아간 것은 아니었다. 현재 전해지고 있는 일본의 전통예술의 대부분은 신사나 사찰의 종교행사에서 파생된 것으로 여겨지고 있다. 일본의 대표적 전통극인 가부키(歌舞伎)는 에도에 공인된 시바이마치(芝居町, 연극거리)를 만들어 그곳을 흥행장소로 삼았지만, 미야치시바이(宮地芝居)와 간진즈모(勸進相撲)는[2] 여전히

2. 미야치시바이는 신사나 사찰의 제례 등에 경내에서 흥행을 목적으로 한 연극이며, 간진즈모는 부처의 가르침에 인도할 목적으로 신사나 사찰 경내에서 여는 씨름대회다.

신사나 사찰의 경내를 흥행장으로 이용하고 있었다(比留間尙 1980: 7~8). 개장과 미야치시바이, 스모는 서로 겹치지 않도록 조정하여 관람객들의 혼잡을 피했다. 이들의 흥행장으로서 에코인이 주로 이용된 것은 보다 많은 사람들을 모으기 위함이었다. 개장 기간 중에는 신사나 사찰의 경내나 주변에 음식점이나 유희장, 가설흥행장이 어김없이 들어섰다(石森秀三 1991b: 7). 말하자면 강릉단오제의 난장을 연상시키는 임시 번화가가 형성된 것이다.

에코인에서 스미다가와 동쪽을 따라 하류로 내려가는 일대에는 에이타이지토미오카하치만구(永代寺富岡八幡宮)가 있어 이곳도 개장이나 스모, 꼭두각시인형극 등으로 대단히 붐비는 장소였다. 말하자면 료고쿠바시는 행락지대의 상징과 같은 존재였으며, 이것을 중심으로 스미다가와 양쪽이 에도의 행락 중심지였던 셈이다. 매년 납량(納凉)을 위한 강놀이의 개시를 축하하는 '불꽃놀이'도 에도의 명물이었다고 할 수 있다. 이렇게 볼 때, 에도 번화가의 형성과 그것을 돌아보는 행락에 개장이 미친 영향은 절대적이었다고 해도 지나치지 않을 것이다. 다시 말해 17세기 후반에 에도와 오사카, 교토와 같은 대도시에서 이루어진 개장이 당시의 중요한 관광대상으로서 지니는 기능에 주목해야 한다는 말이다. 개장을 위해 동원된 신사와 사찰의 경내나 불상 등의 종교적 장치계와 여러 가지 종교적 제도계, 난장 등은 관광을 촉진하는 중요한 문명체계의 하나였다고 할 수 있다.

(3) 유곽 요시와라(吉原)—매춘관광의 '성지'

번화가(관광지)가 되기 위한 또 하나의 중요한 조건은 당시 '아쿠쇼'(惡所)로 일컬어지던 유곽의 존재이다. 에도 중기부터 무사들을 대신하여 도시 상인들의 유곽출입이 성행하게 된다(南和男 · 落合清彦 1985:

498). 이는 유곽이 세속적 신분질서에서 완전히 해방될 수 있는 유일한 장이었기 때문이다. 에도의 유곽은 잘 알려진 대로, 막부로부터 공인된 요시와라와 그 외 비공인 유곽인 오카바쇼(岡場所)가 있었다. 요시와라는 오사카의 신마치(新町)와 교토의 시마바라(島原)와 함께 에도시대의 3대 공인 유곽이었다. 유곽은 이들 삼도의 대도시뿐만 아니라, 성시나 역촌, 항구 등의 지방에서도 번성했다(新城常三 1971: 53~54). 에도의 오카바쇼는 스미다가와 동쪽의 혼조(本所)와 후카가와(深川) 쪽에 집중되어 있었다. 1650년대 후반에 있었던 대화재로 요시와라가 아사쿠사지의 북쪽으로 이전하자, 경내의 볼거리나 음식점 등을 포함하여 아사쿠사지를 중심으로 하는 에도에 제2의 번화가가 형성되었다(石井良介 1967: 21~29).

주요 도시의 번화가는 말할 것도 없거니와 고카이도의 수많은 역촌 주변에 번성한 식당이나 찻집, 매매춘이 가능한 홍등가 등은 관광객을 유인하는 역할을 했다.

고카이도의 수많은 역촌 주변 여인숙에는 '메시모리온나'(飯盛女)로 일컬어지는 여자들의 매춘이 성행하자, 막부가 단속령을 내리기까지 했다(今野信雄 1986: 35~45). 이는 근세 일본인들의 여행과 관광의 오락적 성격, 즉 유락이 차지하는 비중이 대단히 컸음을 시사해 주는 사실이다(今野信雄 1986: 23; Ishimori 1989: 185; Vaporis 1994: 217~219). 순례 여행의 대표격인 이세의 몬젠마치(門前町), 특히 외궁과 내궁 사이에 환락가 후루이치가 번성한 것(권숙인 1997) 또한 같은 맥락에서 이해할 수 있다. 유곽은 바로 매춘관광의 성지였던 것이다. 따라서 참배나 참궁(參宮)은 어디까지나 명목이었으며, 여행이나 관광을 떠나기 위한 구실에 지나지 않았다고 해야 할 것이다(新城常三 1971: 71; Vaporis 1991: 18; 今野信雄 1986: 78~79).

(4) 에도 교외의 관광지 — 에노시마(江ノ島)

사이고쿠후다쇼(西國札所) 순례나 시코쿠 순례는 헤이안시대부터 시작되었다고 하지만(星野英記 1986: 234), 에도에는 도시화에 따라 엄청나게 많은 순례코스가 생겨났다(比留間尙 1980: 173). 대개는 당일코스였으나 교외의 신사나 사찰의 거개장 참배도 활발하게 이루어졌는데, 그 대표적 예가 가와구치젠코지(川口善光寺)와 에노시마벤텐(江ノ島弁天) 참배였다.

당시의 기행문학가로 널리 알려진 짓포안(十方庵)의 『유력잡기』(遊歷雜記)에는 대단히 개인적 감정에 치우친 표현이지만 에도의 도시화에 따라 시골풍경이 관광대상으로서 상대적으로 높게 평가되고 있으며, 또한 이미 앞에서 살펴본 경내의 위락시설에 대해서 생생하게 기록되어 있다(比留間尙 1980: 176～177). 여기서도 개장(종교)과 놀이(관광)가 함께 짝지어져 있음에 유의할 필요가 있다.

개장은 개장사찰 주위에 개장용품(봉헌품)을 사고 파는 시장을 형성시켰으며, 지방 사찰의 에도 출개장으로 지방사찰의 고주(講中, 같은 절에 다니는 사람들)의 개장참배와 에도 관광으로 이어져, 료고쿠바시를 중심으로 한 숙박업의 발달을 촉진했다. 『서유초』에는 “에도에는 관광이나 소송을 위해 지방에서 상경하는 사람들이 많아 바쿠로초(지금의 주오구中央區)에는 100호 정도의 여인숙이 있었다”라고(淸河八郎 1969: 195) 기록되어 있을 정도이다. 또한 연극이나 곡예, 활쏘기, 만담, 꼭두각시인형, 스모 등의 다양한 위락 문화가 창조되었다는 점에 주목하지 않으면 안된다. 따라서 개장을 에도의 관광대상과 관광자원으로서 재평가해야 할 것이다.

에도의 개장은 에도시민의 경제력(도시화에 따른 자본의 축적)을 바탕으로(ヨーゼフ・クライナー 1996: 60～63) 에도시대 중기에 최전성기를 맞이

한 후, 후기에는 양적으로 점차 감소하기 시작한다. 그러나 에도시대 중기까지는 행락 문화의 특징으로서 종교행사가 오락적 욕구를 충족시켜 준 것임에는 틀림없다. 개장의 쇠퇴는 위락시설을 갖추지 않고 순수하고 엄숙한 종교적 행사를 내세우는 종파의 탄생으로 신앙과 행락이 서서히 분리되기 시작한 것에서 비롯된다고 할 수 있다. 이는 이세참배라는 근세 일본의 폭발적 순례여행 중에서 행락적 참배가 증가하기 시작한 것(足羽洋保 1994: 28)과도 깊은 관련이 있다고 할 것이다.

4. 도호쿠 지방 사람들의 에도 관광

1) 여행일기에 나타난 에도의 관광코스

근세 제일의 도시 에도는 급격한 도시화에 따라 많은 사람들이 스스로 방문하거나 타의에 의해 방문해야만 하는 곳이었다. 전자는 신사나 사찰, 특히 이세참배나 여행중에 잠시 들러 에도 시내를 구경하는 경우이고, 후자는 소송이나 생업, 지방 번주들의 산킨코타이에 의한 것이다. 다음에서는 전자를 중심으로 에도에 와서 무엇을 어떻게 보았는지, 그들이 기록한 여행일기를 근거로 분석해 보기로 하겠다. 현존하는 이들의 여행일기에는 명소나 구적, 신사, 사찰 등의 기술에 중점을 둔 것과, 여행일정이나 비용, 약간의 자기 감상을 중점적으로 기록한 것, 마지막으로 어디에 얼마나 사용했는지 비용 중심으로 기술한 것 등이 있다(山本光正 1985: 71).

근세 일본인 여행의 대명사라면 이세참배를 들겠지만, 내용을 자세히 들여다보면 여행일정 중에는 반드시 에도나 나라, 오사카, 교토 등의 대도시가 들어 있음에 주의해야 한다.

사쿠라이(櫻井邦夫)가 이세 경로를 규명하기 위해 인용한 도호쿠 지방(아키타현, 야마가타현, 후쿠시마현) 사람들의 여행일기 101점 중 이세행이 58점이 있는데, 이중에서 구체적 여행일정이 기록된 18점의 여행일기에 모두 에도를 찾은 것으로 나타나 있다(櫻井邦夫 1985: 158~67). 이는 곧 도호쿠 지방 사람들의 이세참배가 에도 관광을 전제로 하고 있었음을 의미한다.

이들의 이세까지의 여행일정에 대해서는 몇몇 선행연구가 발표되었는데, 이 글에서는 에도 관광을 중심으로 자료를 재해석해 보고자 한다. 사쿠라이와 야마모토(山本光正)가 이용한 여행일기는 3편의 논문에서 총 27점이다. 이들의 여행코스는 출발지에서 에도에 왔다가 가마쿠라(鎌倉)와 에노시마를 거쳐 도카이도에 들어가 이세까지 가는 것이었다. 그후 나라와 오사카, 교토를 둘러본 다음 구사쓰(草津)에서 나카센도(中山道)를 따라 젠코지를 참배한 후, 오이와케(追分)를 지나 출발지로 돌아가는 것이었다. 에도에 이르는 길은 고카이도의 주요 간선도로 외에 태평양 연안을 따라 내려와 가지마신궁, 가토리신궁, 나리타산을 경유하는 길이 이용되었다. 그리고 동해 연안을 따라 내려와서 이세로 갔다가 돌아가는 길에 도카이도나 나카센도를 따라 에도에 들렀다.

그럼 이들의 에도 관광 사례를 예로 들어 어디를 어떻게 보았는지 살펴보기로 하자.

여행한 사람들의 직업은 지방 관리에서 상인, 목재상, 문인 등 다양하게 분포되어 있다. 여행은 단체여행이며, 그 규모는 작게는 3~5명, 많게는 10~20명에 이른다. 에도에 머문 기간은 3~4일이 가장 많으며, 특수

료고쿠바시, 스미다가와, 아사쿠사지 그리고 멀리 보이는 모습으로 그려진 쓰쿠바산(출처: 江戸名所図絵).

한 경우지만 17일간 머문 예도 있다. 어느 것이나 도보여행이었으므로 에도의 풍물과 명소, 고적들에 대한 자세한 관광이 가능했으며, 특히 에도성을 비롯한 시가지의 거대함과 번화함에 이끌린 것 같다. 이러한 견문이나 경험에 의한 에도관이 각 지역 사람들에게 전달되었음은 말할 것도 없다.

에도 근교의 가마쿠라와 에노시마 또한 거의 모든 여행팀들이 찾고 있는데, 이는 에도를 중심으로 한 지역 여행권이 형성되어 있었다는 것을 의미한다. 다시 말해 에도를 포함하여 가마쿠라와 에노시마, 오야마(大山), 후지산, 나리타, 가지마, 닛코 등의 명소와 유적이 하나의 세트가 되어 있었다는 말이다. 사쿠라이가 예로 든 여행일기 18점 가운데 14점에서 이러한 예가 발견된다(櫻井邦夫 1985: 158~167).

에도의 관광코스는 크게 간다에서 우에노를 거쳐 아사쿠사를 돌아보는 코스와, 그 역순(逆順)인 아사쿠사에서 우에노, 간다를 돌아보는 코스가 있다. 나머지 지역은 각 지방에서 에도에 들어오는 길이나 나가는 길에 따라 조금씩 바뀌고 있다.

이와 같이 에도의 관광코스가 형식화된 것은 관광안내업자의 출현과 『에도메이쇼키』를 비롯한 에도 시내관광안내서(도)의 보급에서 비롯된다고 할 수 있다(山本光正 1985: 69~73; 櫻井邦夫 1985: 172). 더구나 안내자 없이 여행한 사례에서도 거의 같은 코스를 따라 여행한 것은 안내서가 널리 보급되어 있었다는 것을 말해 준다

2) 에도의 주요 관광지

거의 모든 팀들이 반드시 둘러보는 곳은 아카사카지를 비롯하여 우에노, 유시마텐진(湯島天神), 간다묘진(神田明神), 가메이도텐진(亀戸天神), 아타고야마, 센가쿠지(泉岳寺)이고, 이것을 순서에 관계없이 권역별로 나누면, 우에노와 아사쿠사, 후카가와, 가메이도 방면의 상인 밀집 지역과 간다와 니혼바시(日本橋), 다이묘코지(大名小路), 아타고야마, 조조지(增上寺), 센가쿠지 방면인 현재의 도심 지역이다. 야마모토도 지적한 것처럼, 에도성을 중심으로 한 오른 쪽의 동북 지역이 이세참배객들이 돌아본 에도의 관광지였음을 알 수 있다

이들이 돌아본 곳은 료고쿠바시 번화가(극장, 가게)를 중심으로 신사와 사찰(경내의 난장), 유곽 등이었다. 특히 번화가에는 일상과 단절된 일종의 흥분이나 도취를 야기하는 음란하며 환락적인 장치계가 있었다. 또한 유곽 요시와라에는 12개 팀 중 8개 팀이 들렀는데, 드러내 놓고 말하기 어려운 사정을 감안하면 다른 팀들도 거의 모두 찾았을 것으로 추정된다.

에도의 주요 관광지.

남성들만의 장기간에 걸친 여행이고 보면 요시와라는 중요한 관광지 중의 하나였을 것이다. 이세참배 후의 '수행기간 종료'를 축하하는 장으로서 이세신궁 몬젠마치의 후루이치와 오사카의 신마치, 교토의 시마바라 등의 유곽은 도시관광과 함께 정례화된 코스였다(神崎宣武 1991b: 133~134). 신사참배를 마치고, 시내관광이나 연극, 곡예, 활쏘기 등을 즐기고, 밤에는 연회를 열며, 남성들은 유곽에 들른 것이다. 이는 당시 일본

시바이차야(芝居茶屋, 연극공연장)에서 차를 마시면서 무대 위의 공연물을 즐기는 에도 사람들(출처: 江戸名所図屏風).

인들의 정형화된 여행 형태였다. 이들 지역은 에도에서 가장 붐비는 곳으로, 에도의 관광지는 바로 거대한 번화가였으며 이것을 상징하는 것이 수많은 사람들이었다.

또 하나 주목해야 할 것은 자신들의 번저(藩邸)를 방문하고 있다는 사실이다. 여기서 우리는 에도에 거주하고 있는 번주 및 그의 가신들과 영지주민들(여행객) 사이에 여러 형태의 정보가 교환되었을 것으로 추정할 수 있다. 당시 지방사람들의 에도 여행이 지니는 또 다른 의미와 기능이라고 할 수 있다. 한편 오사카나 교토의 서쪽 지역 사람들이 거의 오지 않은 것은 에도가 이세와 너무 멀리 떨어져 있었다는 것과, 앞에서 살펴본 나라와 오사카, 교토와 같은 에도를 대신할 수 있는 도시관광지가 그들의 여행코스 안에 들어 있었기 때문이다. 결과적으로 에도 관광은 지역적 편중이 심했다. 이것이 야마모토가 지적하듯이, 에도막부가 개설된 후에 간사이(関西) 지방 사람들의 에도에 대한 대항의식(山本光正 1987), 다시 말해 자신들의 문화적 우월의식 때문인지는 좀 더 많은 자료에 대한 검증이 필요할 것 같다.

여행안내업의 조직과 활동이라는 측면에서는 신사와 사찰 참배 때의 오시나 센다쓰에는 비교할 수 없지만(문옥표 1997), 에도안내를 전문으로 하는 안내업자가, 그것西도 하타고야(旅籠, 여인숙)와 제휴한 형태로 활동하고 있었음을 알 수 있다. 이러한 사정은 나라나 오사카, 교토에서도 크게 다르지 않았을 것이다. 이세참배를 마친 여행객이 처음으로 찾는 곳은 나라이다. 나라에서는 안내업자(70명)의 여행객들에 대한 횡포를 단속하기까지 했다는 기록이(山本光正 1985: 79) 있을 정도로 상당히 일반화되어 있었다. 이는 곧 도시를 대상으로 한 여행객이 그만큼 많았다는 것을 의미하는 것으로 주목할 만하다.

많은 도호쿠 지역 사람들이 에도를 쉽게 관광할 수 있었던 것은, 첫째 에도막부의 교통정책에 의해 도로나 시설이 정비되었고, 둘째 '이세참배의 대유행'이라는 시대적 흐름에 편승할 수 있었으며, 셋째 여행의 대중화와 형식화에 크게 기여한 수많은 여행안내서의 간행과 보급에 따라 에도에 관한 다양한 정보가 마을사회까지 들어왔으며, 넷째 마을사회의 '고'조직의 발달로 여행시의 안전과 경제적 문제가 해결된 단체여행이었으며(자세한 것은 문옥표 1997 참조), 다섯째 에도 시내를 안내하는 업자의 등장으로 효율적으로 여행안내를 받을 수 있었기 때문이라고 볼 수 있다.

여행객에게는 이동하는 공간 그 자체가 바로 관광지겠지만, 명소나 유적 등의 관광지가 집중되어 있는 곳은 아무래도 에도와 나라, 오사카, 교토와 같은 대도시였다. 에도 근교 사람들의 몇몇 사례를 제외한 거의 모든 사람들의 여행일정에서 이들 지역이 빠짐없이 등장하는 것이 이를 반증하고 있다.

5. 도시가 근세 일본의 관광대중화에 미친 영향

근세 일본의 에도 관광은 "모든 길은 에도로 통한다"라고 할 수 있을 정도로 잘 정비된 교통망과 숙박시설, 이세참배라는 대유행 현상, 전국 다이묘들의 산킨코타이, 전국 유명사찰의 에도 출개장, 각종 법적 소송을 위한 지방사람들의 에도방문 등 다양한 형태로 이루어졌다. 관광대상으로서의 에도에 관한 정보가 이러한 사람들에 의해 전국 각 지역으로 전해지면서, 에도를 향한 발걸음은 더욱 활성화되었다. 마침 근세 초기에 시작되어 중기에 일반화된 에도의 명소에 관한 안내서가 발행되어 널리 보급됨으로써, 에도를 향한 행렬에 불을 지폈다고 할 수 있다. 그 결과 에도를 중심으로 하여 가마쿠라와 에노시마, 나리타산을 포함하는 전국 유수의 지역관광권이 성립될 수 있었다.

한편 에도의 급격한 도시화로 인간소외와 사회불안이 가중되자, 에도 사람들은 정신적인 안정과 구원을 위한 신사 · 사찰참배와 스트레스를 해소하기 위한 행락 · 유람 여행에 적극 나섰다고 볼 수 있다. 에도의 많은 번화가는 그곳을 찾는 사람들에게 다양한 개인과 집단과의 교제로 인한 긴장과 구속을 익명성(anonymity)에 의해 일시적으로 해방시키는 중요한 역할을 한 것이다. 관광대상으로서 도시가 가지는 가장 큰 매력은 명소와 유적이 집중되어 있다는 것 못지 않게 인간소외와 긴장, 불안으로부터 해방될 수 있는 번화가와 유흥시설의 존재라고 할 수 있다. 말하자면 이들은 '도시문명의 자기표현 장치'(高田公理 1991: 1~2)로서 여행객에게 익명성을 보장해 주는 장치계이다.

에도에는 막부의 관리를 비롯한 지방 번주들과 그들의 가신 등 엄청난 무사들이 살고 있었다. 그야말로 무사들의 미야코였다. 이들은 자신들만의 폐쇄적인 삶을 산 것은 아니었다. 완전한 소비 계층인 이들을 상대로 생업을 꾸려 가는 상인들과도 점차 교류가 이루어졌다. 신사나 사찰, 명소, 극장, 번화가, 시장, 유곽 등은 관광을 매개로 한 교류의 장이었다. 근세의 도시관광이 지니는 또 하나의 중요한 의미와 기능이라고 할 수 있다.

근세 초기에 시작되어 중기에 일반화된 참배와 행락이 병행된 여행 형태는 후기에 이르러 분리되기 시작하면서 보고 즐기기 위한 본격적인 관광이 시작된다. 근세 초기까지의 참배와 행락이 병행된 여행이라 해도, 참배는 대단히 형식적이었으며 실제는 행락이나 유람 목적의 관광이 중심이었다고 할 수 있다. 이러한 관광의 성행 자체가 에도시대의 전국 각지에 새로운 문화를 낳게 했으며, 니시야마(西山松之助)는 이것을 '행동 문화'로[3] 규정했지만, 사람들의 공간이동이라고 할 수 있는 관광문화 안에서 근세 일본 문화의 많은 부분이 형성되었다고 하면 지나친

3. 니시야마는 주로 에도의 문화현상의 한 측면을 '행동 문화'로 파악하고 있다. 즉 신사나 사찰, 명소 등의 순례, 엔니치(緣日), 개장, 유람 여행, 납량, 꽃구경, 제례, 볼거리 구경, 다도, 꽃꽂이, 무용 등에 대한 민중의 참가 양식을 말한다(西山松之助 1975).

말일까?

이렇게 볼 때, 이세참배 신앙에 뒷받침된 여행의 체계화(加藤秀俊 1976: 166~170)와 함께 문화혁신의 장으로서, 관광대상으로서, 내발적 충동(관광욕구)의 진원지로서 도시가 갖는 매력은 근세 일본의 유락적 관광문화의 성립과 대중화에 중요한 역할을 했다고 할 수 있다.

제2부

현대 관광의 여러 형태

IV. 오제: 자연보호운동과 관광개발

문옥표

1. 자연보호운동과 관광개발

개발과 보존의 문제는 관광에 관한 인류학적 · 사회학적 연구에서 핵심적 쟁점의 하나이다. 무분별한 관광개발은 많은 지역에서 자연파괴, 환경파괴, 문화의 물상화에 따른 주민소외, 전통의 파괴 내지 왜곡 등의 문제를 제기하며, 따라서 지역의 역사, 자연, 문화를 보존하면서 관광산업을 발전시킬 수 있는 방안 모색이 요구되기 때문이다. 흔히 '지속가능한 관광'(sustainable tourism)이라 하여 자원을 해치거나 고갈시키지 않고, 관광객에게는 즐거움을 주면서도 지역주민의 생활은 침해하지 않는 방향의 소위 '환경+생활+관광'의 공존모델이 논의되고 추구되고 있으나, 현실에서 이 세 가지 요구를 동시에 충족시키며 균형 있는 발전을 유지해 간다는 것은 그리 간단한 일이 아니다. 그것은 무엇보다 관광에 관련되는 모든 주체들 즉 관광객, 주민, 환경운동가, 그리고 지역발전을 모색하고자 하는 지방자치정부, 나아가 보다 넓은 수준에서 국민적 요구를 충족시키면서 정책을 수행해 나가야 하는 중앙정부 부처들의 입장이 제각기 다르기 때문이다. 동일한 지역사회 내에서도 관광산업에 직접적으로 관련되는 주민들과 그렇지 않은 주민들 간에 이해관계가 다르게 표출되며, 마찬가지로 관광객도 관심 분야나 행태(行態)가 매우 다양한 까닭에 그들 모두의 요구를 동시에 충족시키는 것은 쉽지 않다. 이 장에서는 일본 중부의 한 산촌 지역을 중심으로 그러한 합의가 도출되고 유지되어 가는 과정과 그에 내포되어 있는 문제점들을 구체적으로 살펴보고자 한다.

2. 오제(尾瀨) 관광의 성격과 특징

1) 관광지로서 오제의 성격

오제는 일본 중부의 군마현 가타시나무라(片品村)의 북부와 후쿠시마현 히노에마타무라(福島縣 檜枝岐村) 남서부의 일부를 차지하고 있는 고원지대로 표고 2,000m가 넘는 여러 개의 산(부쓰산仏山, 히우치다케燧山, 게이즈루산景鶴山 등)과 그 주변의 원시림, 그리고 천연의 습원(湿原), 호수,

못(沼), 삼림이 밀집되어 있는 자연관광지의 하나이다(다음 지도 참조).

특히 고층 습원지대에 밀집하여 자생하는 미즈바쇼(水芭蕉)를 포함하는 다양한 고산식물들이 '하나미'(花見, 꽃구경)를 즐기는 일본인들에게 인기 있는 관광자원이 되고 있으며, 또한 가을에는 자연림의 단풍이 장관을 이루는 지역이기도 하다. 오제 지역 내 습원과 호수, 그리고 촌의 북동쪽에 도치기현(栃木縣)으로 넘어가는 길목에 있는 마루누마(丸沼), 스가누마(菅沼) 등은 1934년에 이웃 도치기현의 닛코와 더불어 '닛코 국립공원'으로 지정되었으며, 오제가하라(尾瀨ヶ原)라는 늪지 평원지대와 오제누마(尾瀨沼)라는 못은 그곳에 서식하는 희귀식물들을 보호하기 위한 목적에서 1938년에 '특별지정지역'으로, 1953년에 '특별보호지구'로, 그리고 다시 1963년에는 오제 지역 전체가 '특별천연기념물'로 지정되었다.

오제 자연관광의 주대상인 활짝 핀 미즈바쇼.

자연관광지 오제의 주요 코스.

오제를 설명하는 관광책자에는 "푸른 녹음, 맑고 투명한 새들의 지저귐, 습원에 불어오는 바람의 향기. 정말로 볼 만한 자연이 숨쉬고 있는 오제, 사계절 따라 변화하는 자태가 하나하나 아름다운 곳"으로 소개되어 있다(JTB 1998: 19). 그러나 이러한 풍요로운 자연이 오늘날에도 관광자원으로 이용될 수 있기까지 오제는 몇 차례 중요한 개발의 위기와 그에 대한 반대운동을 경험하였으며, 또한 관광을 통하여 훼손된 자연을 복원하는 노력도 끊임없이 계속되고 있는 지역의 하나이다. 어떤 면에서 오늘날 오제에서 만나는 '자연'은 '보전된, 있는 그대로의 자연' 그 자체이기보다는 '복원된 자연'이라고도 볼 수 있다. 즉 메이지 초기까지 거의 처녀림의 자연 상태에 있던 오제 지역이 관광객의 유입 이후 지역에 따라서는 복원 불가능한 정도로까지 훼손되었던 것을 환경운동가, 학자, 주민, 관광객들의 협력으로 상당한 정도로 복원하였거나 복원중이기 때문이다.

오제 지역의 많은 부분을 차지하고 있는 습원이란 본래 인간의 발길에 매우 취약한 땅이다. 예를 들어 습원을 이루고 있는 이탄층(泥炭層, 토탄층)은 1년에 1mm 정도밖에 성장하지 않는데, 사람들이 들어가 밟기 시작하면 몇 cm도 한순간에 내려앉게 되며 그것은 곧 100년 정도 걸려 자란 토지가 한 번에 내려앉는 것을 의미한다. 일단 이렇게 파괴된 이후의 나지회복(裸地回復) 작업은 많은 시간과 예산을 필요로 한다. 일본 정부 및 군마현에서는 1966년부터 '특별기념물' 보호의 차원에서 이를 시행중에 있으며, 한편 관광객들이 통제 없이 아무 곳이나 들어가 밟아 버리는 것을 막기 위하여 오제누마에서 오제가하라에 이르는 습원지대 전역에 통나무를 반으로 잘라 깐 '나무길'(木道)을 설치하여 그곳으로만 지나다니도록 조처하였다.

오제라는 지명이나 인명은 일찍부터 역사기록에 등장하며, 오제를 지나 조슈(上州, 군마현의 옛 지명)와 후쿠시마현의 아이즈(會津)를 잇는 아이즈가도(會津街道, 아이즈에서는 누마타카이도沼田街道라 함)는 헤이안시대 말기부터 있었다 한다. 이 도로는 도쿠가와시대에 들어 교역로로 확장, 정비되어 활발히 이용되었으며, 특히 군마현 가타시나무라 쪽에서 오제로 들어가는 입구에 해당하는 도쿠라(戶倉)에는 세키쇼가 설치되어 있어 많은 여행자, 상인들이 지나는 도로였다. 아이즈가도는 또한 메이지유신을 즈음하여 관군(官軍)과 막부군(幕府軍)의 치열한 접전지대이기도 한 역사를 지니고 있다.

그러나 오제누마의 서쪽으로는 사람들이 들어간 흔적이 거의 없었으며 간혹 수렵인들이나 낚시를 하는 사람들의 발걸음이 닿았을 뿐인 원시림 지역이었다. 이러한 오제가 외부에 알려지고 관광객들이 유입되기까지에는 메이지시대인 1889년, 오제 지역에 처음 들어가 개산(開山)한 후 지금까지 3대째 오제 지역 내에서 숙박시설인 야마고야(山小屋)를 운영해 온 히라노 조조(平野長藏) 씨와 그의 후손들의 노력이 있었다(後藤允 1984). 히라노가(平野家)의 사람들은 오제를 관광지로 개발하는 것뿐 아니라 몇 차례의 개발위기로부터 지켜 온 오제 환경보호역사의 중심인물들이기도 하다.

오제는 다른 어떤 관광지보다 시즌이 긴 지역의 하나이다. 4월 하순에서 5월 초의 연휴 무렵이 되면 오제누마의 얼음이 녹기 시작하면서 오제로 들어가는 버스들이 운행을 시작하고, 보호지역 안의 고야(小屋)들도 영업개시를 준비한다. 이른 곳은 이때부터 손님을 받는 곳도 있으나 아직은 눈이 쌓여 있고, 기온이 급작스레 떨어지는 경우도 있기 때문에 겨울 산의 등반 경험이 있는 베테랑들이나 오제 여행을 즐길 수 있다. 본격적인 관광시즌은 눈이 다 녹고 눈 밑에 숨어 있던 꽃들이 피기 시작하는 5월 하순경에 시작되어 10월 하순 정도까지 계속된다. 매년 미즈바쇼가 절정이 되는 시기에 맞추어 5월 말에서 6월 초에 개산제(開山祭)와 더불어 '산 열기'(山開き)를 하며,[1] 개산제 때에는 보통 신관(神官)이 와서 제

1. 미즈바쇼란 천남성과에 속하는 다년생 초본(草本)으로 한지(寒地)의 습한 땅에 군재(群在)하는 식물이며, 영어로는 skunk cabbage라고 한다. 오제의 습지대에 널리 퍼져 6월에 장관을 이루는 이 꽃은 보통 5월 말부터 피기 시작하나 필자가 조사를 위해 현

사 지내고 신주(神酒)를 나누어 마신다. 오제는 산이 깊고 기후변화가 심하여 매년 조난 등의 사고가 발생하는 까닭에 이러한 의례는 사고를 방지하기 위한 일종의 정화의례의 성격을 지닌다. 꽃구경의 시즌은 5월 말에서 6월 20일경까지 계속되며 이 시기가 오제에 관광객이 가장 많이 들어오는 때이다(〈표 1〉 참조).

〈표 1〉 1996년 월별관광객 추계*

(단위: 명)

4월	5월	6월	7월	8월	9월	10월	11월	합계
1,439	50,341	208,363	154,149	99,485	46,417	85,504	1,825	647,523

* 가타시나무라 관광과의 자료.

그후 장마가 이어지고 그것이 끝나는 7월 하순경까지는 손님이 줄어들지만 거의 매일 계속되는 빗속에 여러 가지 산꽃들이 줄이어 피기 때문에 이 시기 오제를 방문하는 사람은 조용한 분위기 속에서 자연을 즐길 수 있다. 그러나 이 지역이 늪지대인 만큼 특히 우기에는 진흙땅에 적합한 신발과 비옷, 우산 등을 반드시 준비해야 한다. 여름에는 또한 천둥번개가 많으므로 항상 예보를 듣고 산 위에서 우뢰를 만나지 않도록 주의해야 한다. 8월 하순경이 되면 벌써 아침저녁 기온이 많이 내려가며, 9월에 들어가면 완전히 가을에 접어들어 단풍시즌이 시작된다. 먼저 서쪽의 습원 쪽의 풀들이 황금색으로 물드는 것에서 시작하여 주변의 산으로 퍼져 가며 타는 듯한 단풍이 장관을 이루고 관광객도 다시 늘기 시작한다. 10월에 들면 주변의 산들에 이미 첫눈이 내리기 시작하며 10월 중순

지를 방문했던 1998년에는 엘니뇨의 이상기온으로 다른 때보다 1주일 정도 빠른 5월 22일 개산했음에도 이미 절정이 지난 다음이었다.

이 지나면 오제 지역 내의 숙박시설들도 영업을 끝내고 하산할 준비를 시작한다. 11월 중순경이 되면 폐산제(閉山祭)와 더불어 '산 끝내기'(山のお終い)를 하고, 오제 지역 내의 숙박시설들도 모두 문을 닫는다. 그후에는 일반관광객은 산에 들어갈 수 없으며, 눈 속에서 텐트 치고 지낼 수 있는 전문적 겨울 등산객들만 입장이 허용된다.

2) 오제 관광의 역사적 전개

오제는 메이지 초 히라노 조조에 의해 개산된 이후에도 일반 대중들이 찾는 관광지는 아니었다. 오늘날 오제는 늪지대에 군락하는 미즈바쇼라는 꽃을 보는 5월 말에서 6월 초에 관광객이 가장 많이 몰리며 많을 때는 한 달 동안 20만 명까지도 들어오지만(〈표 1〉 참조), 1940년대까지만 해도 오제에 미즈바쇼를 보러 오는 사람들은 거의 없었다. 오제의 한 고야에서 40여 년 이상을 일해 온 한 주민의 말을 빌리면 1945년만 해도 한 해에 1,500명만 오면 좋겠다고 했다고 한다. 오제를 개산하였던 히라노가의 2대째인 조에이(長英) 씨는 오제를 좀 더 외부 사람들에게 알리고 조금이라도 관광객을 유치해 보기 위해서 오제의 사계를 찍은 영화를 만들어 도쿄에 가서 상영하는 선전활동을 하기도 하였다.

이러한 활동과 더불어 당시 일본산악회에서 히말라야의 마나슬루봉을 정복한 것을 계기로 등산에 대한 관심이 점차 일반인에게도 생겨나면서 오제를 찾는 사람들도 조금씩 늘기 시작하였다. 또한 이 시기에 즈음하여(1947년) 한 전력회사가 오제 지역 일대를 댐으로 하는 발전계획을 발표하고 이에 대한 반대운동이 일어나 매스컴의 주목을 받기 시작한 것도 오제를 외부에 알리는 데 주요한 역할을 하였다. 이러한 자연보호의 관심에서 "전기를 얻을 것인가, 잠자리를 볼 것인가"라는 구호가 등장하였으며 일반의 관심이 확산되었기 때문이다. 오제 관광의 역사로 볼 때 이 시기는 제1차 오제 관광 붐으로 일컬어질 수 있다(石弘之 씨 면담자료).

그러나 본격적 오제 관광은 1949년 NHK 라디오에서 「여름의 추억」(夏の思い出, 에마 쇼코江間章子 작사, 나카다 요시나오中田喜直 작곡)이라는 오제의 아름다움을 노래한 한 편의 가요가 발표되면서 시작되었다.[2] 후에 중학교의 음악교과서에까지 실릴 정도로 유명해진 이 노래는 오제가 관광지로서 일반대중에게 알려지게 된 직접적 계기가 된 것이었다. "여름이 오면 생각나는 곳, 아득한 오제, 머나먼 하늘…"로 시작되는 이 노래로 오제는 아주 낭만적인 곳으로 일반대중에 알려지게 되었으며, 이는 제2차 오제의 붐이 형성되는 계기가 되었다. 그 이전까지만 해도 오제를 찾는 사람들은 단순한 관광객이기보다는 산을 아주 좋아하는 사람들이나 자연에 특별한 관심을 갖는 사람들이었으며 "산에 놀러 가는 사람"은 없었다고 한다. 그러나 가요 붐 이후에는 오제 관광이 일반으로 확대되면서 관광객이 갑자기 늘어 1951년에는 처음으로 4만 명을 넘어섰다.

특히 가타시나무라에서는 일본인들의 전통적 여행 관행의 하나인 꽃구경의 인기에 호소하고자 오제에 자생하는 미즈바쇼를 상품화하여 선전하는 데 주력하여 "꽃구경을 겸해 산에 놀러 오는" 가벼운 하이킹족

2. 작사자인 에마 쇼코 씨는 오제를 전국에 소개한 공적으로 1998년 초 가타시나무라 의회에서 가결된 명예촌민조례에 의해 명예촌민 제1호로 결정되어 1998년 오제 개산일의 하루 전날인 5월 20일 가타시나무라의 문화센터에서 촌민증 증정식 및 음악회가 개최되었다. 그러나 그녀 자신은 한 신문사와 인터뷰에서 이 노래의 가사를 지을 당시 한 번도 오제를 방문해 본 적이 없으며, 단지 미즈바쇼가 피는 모습을 상상하여 지은 것이라고 고백하였다(毎日新聞 全國版, 1998년 5월 22일자).

들의 유치에 크게 성공하였다. 이러한 관광개발 전략은 후에 환경운동가들의 비판을 받게 되는데 그것은 미즈바쇼의 개화 시기에 맞추어 지나치게 그것을 강조함으로써 오제에 들어오는 관광객이 5~6월의 주말에 집중하는 경향을 낳게 되었으며, 이것이 장기간 계속됨으로써 소위 '자연의 과잉이용(過剩利用, overuse)'의 원인이 되고 있다는 것이다. 자연보호단체들에서는 미즈바쇼만을 강조하는 관광개발을 계속하면 결국 오제 관광은 "끝나게 된다"(行き詰める)고 주장하며, 1년 중 고르게 분포된 '가이드 투어'와 같은 보다 질을 높인 관광방식을 도입해야 한다고 권고한다.

제3차 붐은 1970년 이후 도로건설 반대운동이 일어나면서 전국의 매스컴이 오제의 문제를 다루게 된 이후의 일이다. 이 사건을 계기로 오제는 전국적으로 유명해지고 "자연관광을 어떻게 할 것인가"에 대한 논쟁이 일게 되었다. 1970년 당시 오랫동안 오제의 환경감시원으로 일하였던 한 주민에 의하면, 이 당시 관광객이 급증하게 된 원인 중의 하나는 자연보호 논쟁이 격심해짐에 따라 한때 오제의 입산이 전면적으로 금지될지 모른다는 분위기가 조성된 적이 있었으며, 그러자 "지금 안 가면 오제를 못 볼지도 모른다"는 생각으로 오제를 찾는 사람들이 늘어났기 때문이었다 한다(梅澤照三 씨 면담자료). 오늘날 오제 관광은 관광객층이 한층 다양화되어 거의 모든 연령층에 고루 분포되어 있으나, 최근 몇 년간 60·70대의 이미 은퇴한 연령의 중·노년층이 늘고 있다는 점이 하나의 특징으로 지적되고 있다(가타시나무라 관광협회[3]회장 면담자료).

---

3. 관광협회란 주로 숙박시설, 드라이브인, 토산품점 등 관광산업에 종사하는 사람들이 모여서 회원제로 결성한 민간단체이다. 지자체와 협력하여 광고 등 촌의 관광산업 증진을 위한 여러 가지 활동을 한다.

이러한 현상은 오늘날 일본의 어느 여행지를 가도 두드러지며 그것은 고령화 사회가 되면서 노인들의 생활양식이 바뀌고 있기 때문이다. 즉 옛날처럼 "집에 틀어박혀 아이나 봐주는" 생활이 아니라 밝은 색의 옷을 입고 친구들과 어울려 새로운 양식으로 즐기고자 하는 노인들이 늘고 있기 때문이다. 그러나 특히 오제를 찾는 중·노년층의 관광객들은 대부분 지금으로부터 40년 정도 전인 1950년대 중반 오제 관광이 처음 대중화되기 시작하였을 때 10·20대의 학생으로 오제를 방문하여 걸어 다녔던 경험을 가진 사람들이다. 그때는 오제에 오기가 힘들었고 걷는 것도 많아 젊은 사람이 아니면 오기 힘들었으나 지금은 여러 코스가 개발되었고 나뭇길들도 잘 정비되어 있어 훨씬 접근이 쉽다. 이들 중·노년층들은 대부분 꽃구경 목적의 하이킹 감각으로 초여름에는 미즈바쇼를 보러 그리고 가을에는 단풍을 보러 오제를 찾는다. 산을 오르기보다는 대개 정해진 나뭇길을 따라 가볍게 걸어 다니다 나가서 근처의 온천에 머무는 형태로 오제 안의 야마고야에 머무는 경우는 드물다.

중·노년층 이외에 오제 관광의 다수를 점하는 또 하나의 그룹은 초·중·고등학교의 수학여행 그룹이다. 오제는 자연관광지로 그간의 자연보호운동 및 복원운동 등과 관련하여 여러 가지 교육적 효과가 높은 지역으로 인식되기 때문이다. 오제 지역은 또한 자동차가 없이 장거리를 걸어야 하고 또 물자가 제한되어 고야 등에 머물더라도 불편한 생활을 감수해야 하므로 그 자체가 자연 상태의 보존 및 환경 문제의 중요성에 대한 공부가 된다고 생각된다.

오늘날 가타시나무라는 관광산업으로 전국에서도 가장 성공한 지역의 하나로 알려져 있으며 매년 300만~400만의 관광객이 들어오고 있으나, 1960년대 초까지만 해도 이곳의 관광은 오제가 중심이었다(문옥표 1994, 1998). 오제 관광은 일찍부터 제도화되어 있었으며, 외부에서 들어

히라노 조조 씨가 시작한 오제 지역 내 숙박시설(필자촬영). 1934년 조선의 이왕 전하(영친왕을 말함)의 오제 방문에 맞추어 서둘러 완공했다.

오는 단체여행객들은 대개 밤열차로 누마타 역에 도착하여 야간버스를 타고 오제의 근처인 오시미즈(大清水)나 후지미시타(富士見下)까지 들어가 그곳에서 숙박하고 아침 일찍 일어나 오제에서 산책한 후에 저녁 5시 정도 출발하여 다시 야간버스로 나가는 식이었던 까닭에 오제 안에 있는 사람들을 제외하고 촌 내의 다른 주민들은 전혀 관광객의 존재를 알 수 없었다. 1961년 현재 가타시나무라 내의 숙박시설은 오제 지역 내에 있는 15개의 고야들 이외에는 떠돌아다니며 장사하는 행상들이 머무는 여인숙이 몇 개 있었을 뿐이다. 덕분에 벽지산촌인 가타시나무라는 거의 아는 사람이 없어도 오제는 일본 사람이면 누구라도 들어 본 적이 있는 유명한 지역이었으며, 그런 의미에서, "가타시나무라는 오제를 팔아서 살아왔다" 고도 볼 수 있다(가타시나 무라 관광협회회장 면담).

〈표 2〉 가타시나무라 내 오제, 온천지 그리고 스키장 지역의 관광객수 추이*

(단위: 명)

관광지 / 연도	오제	가타시나 온천	호타카(武尊)**
1988	410,400	695,800	334,800
1989	473,450	883,860	418,850
1990	505,830	1,009,740	415,190
1991	515,100	916,610	414,420
1992	539,790	1,186,890	516,503
1993	536,355	1,065,896	486,352
1994	542,058	957,456	495,180
1995	534,196	926,489	41,570
1996	647,523	977,327	356,837
1997	614,317	948,840	29,719
1998	455,409	876,916	30,741
1999	425,807	837,897	358,241
2000	428,446	796,617	379,745
2001	448,041	772,719	406,540
2002	409,942	741,795	387,588
2003	384,251	733,722	395,339
2004	341,558	754,394	392,361

* 가타시나무라관광과 조사 자료.

** 호타카는 스키장 3개가 밀집되어 있는 가타시나무라의 제3구에 해당하는 하나사쿠(花咲) 지구를 말함.

촌의 통계자료에 의하면 1996년도 오제의 개산은 다른 해보다도 1주일 정도 늦은 6월 8일이었으나 그 해 한 해 동안 오제에 들어간 관광객의 수는 총 64만으로 가장 많은 것으로 나타난다. 오제 관광은 5월 말에서 6월 초 '산 열기' 직후부터 약 한 달 동안 많은 사람이 몰리며 그 다음 6월 하순부터 7월까지는 보통 관광객이 뜸해지는 것이 예년의 현상이었으나, 1996년의 경우 줄어들지 않고 계속되었기 때문이다. 그러나 1996년을 피크로 조금씩 감소하는 경향을 보이기 시작하여 1997년도에는 60만 명 정도로 추산되고 있다. 거품붕괴에 따른 경기침체의 영향은 스키 관광의 경우 1990년대 초 바로 나타나기 시작하나, 오제의 경우 1990년대 말에 가서야 나타나고 감소의 속도도 다른 지역에 비해 느리다는 점이 특이하며, 이는 앞서도 언급한 중 · 노년층 관광객의 증가와 관련되는 것으로 보인다. 즉 경기의 영향을 직접적으로 받는 젊은 층이 스키 관광의 주가 되는 데 반해, 이들 은퇴한 연령층은 경기의 영향을 비교적 적게 받는다고 생각되기 때문이다. 오제로 들어오는 관광객의 추이를 다른 온천 관광지 및 스키 관광지들과 비교하여 보면 앞의 〈표 2〉와 같다.

3. 관광개발과 자연환경보호운동

1) 오제 관광의 대중화와 자연파괴

1940년대 말부터 오제를 찾는 관광객이 증가하면서 그때까지만 해도 거의 원시림 상태에 있던 오제 지역 전반에 여러 가지 변화가 나타나기 시작하였다. 그중 하나는 관광객의 유입으로 인한 늪지대 지반 침하의 문제였다. 관광객이 증가하면서 약한 늪지대의 지반이 내려앉는 곳이 늘어나게 되었으며, 그렇게 내려앉은 지역에 물이 고이게 되면서 늪지 전반의 지형이 변화되고, 지형의 변화는 곧 그곳에 서식하고 있는 식물에도 직접적으로 영향을 미치게 되며 생태계 전반의 변화로 이어지게 된다. 특히 1940년대, 1950년대 등산객들에게 크게 유행하던 '캐러반슈즈'라는 등산화는 늪지대 지형에 더욱 나쁜 영향을 미쳤으며 또한 관광객들이

누구의 통제도 없이 아무 곳이나 밟아 버림으로써 늪지대 지형 및 생태계의 파괴는 빠른 속도로 진행되었다. 예를 들어 1940년대까지만 해도 "산 위의 낙원"으로 일컬어지던 아름다운 소습원(小濕原) 아야메다이라(アヤメ平)는 "대머리 산, 시궁창 못"으로 일컬어질 정도로 완전히 황폐화되어 회복이 불가능한 것으로 여겨졌다(朝日新聞 前橋支局 編 1975: 154).

이러한 현상에 대한 통제방안의 하나로 고안된 것이 앞서도 언급한 나뭇길의 설치였다. 나뭇길은 애초 관광객이 늪지대의 진흙길을 걷기에 편하게 하는 동시에 걸어 다니는 지역을 제한함으로써 늪지 자체를 보호하려는 목적이었으나, 후에는 후자의 목적이 더욱 중요하게 부각되었다. 나뭇길의 설치는 후쿠시마현에서 시작하여 1952년부터 3년간 매년 100만 엔 정도의 예산을 들여 계속되었으며, 군마현에서도 1959년부터 시작하여 1963년에 이르기까지 계속하였다. 나뭇길은 처음에는 단선으로 설치하였다가 후에 지금과 같이 복선으로 바뀌었는데, 1975년 당시 이미 총연장 60km에 이르렀다. 그러나 대개 10여 년에 한 번씩 교체해야 하는데 엄청난 비용이 소요되며, 또한 나뭇길을 위한 목재를 얻기 위해 산림을 파괴해야 한다는 점에서 비판을 받기도 한다. 즉 처음 이 길을 설치할 당시 이 지역의 목재로 하였으나 삼림을 베어내는 것이 환경을 파괴한다고 하여 후에 수입목재로 대체하였으며, 니가타(新潟)항으로 들어오는 시베리아산 목재나 동남아의 목재를 사용하게 되었다. 이것은 결국 일본의 자연을 지킨다는 명분 하에 다른 나라의 목재를 베어내어 자연을 파괴하게 되는 것은 마찬가지라는 점에서 비판이 제기되었으며, 환경청의 관리들 중에는 궁극적인 환경보호를 위해서는 나무 길 자체를 없애야 한다고 주장하는 강경파들도 있다. 그러나 오늘날 오제 지역 전역에 이어지는 끝없는 나뭇길은 그 감촉과 나뭇길을 걷는 운치 등으로 그 자체가 하나의 관광자원이 되고 있으며, 단지 자연을 보호할 뿐 아니라

나무길을 따라 산을 오르는 관광객들.

조난사고나 진흙길을 걸어야 하는 어려움으로부터 관광객을 보호하는 데도 중요한 역할을 하고 있다.

지반침하의 문제 외에 또 한 가지 해결하기 어려운 문제는 쓰레기의 처리였다. 1960년대경에 이르러 관광객은 더욱 불어났으며, 그들은 대부분 취사 장비를 들고 와서 점심을 해 먹고 빈병, 캔 등을 그대로 버리고 가는 일이 흔하였다. 아직은 지금처럼 나뭇길이 오제 전 지역에 정비되어 있던 상황이 아니었던 까닭에 관광객을 통제할 길이 없었으며, 오제 지역의 곳곳이 쓰레기 산으로 변하였다. 1990년대 말에는 쓰레기를 전혀 찾아볼 수 없는 관광지의 하나가 되었으나 이러한 오제가 만들어진 것은 1970년 초 도로반대운동과 함께 시작된 '쓰레기 들고 돌아가기 운동'의 결실이다. 초창기부터 이 운동을 이끌어 온 주민들에 의하면 운동이 시작된 지 거의 10년 정도가 지나서야 비로소 오제가 어느 정도 쓰레기로부터 해방되었다고 한다. 그 이전까지는 관광객들의 호응이 일부에서 있었으나 여전히 보지 않는 데서 버리고 가는 사람들이 많아 고야의 사람들이나 운동가들 혹은 주민단체들이 쫓아다니면서 쓰레기를 거두어야 했다는 것이다.

이제 운동이 시작된 지 20여 년이 되어 가는 지금, 쓰레기에 관한 한 주민들이나 관광객들이나 이곳에서 버려서는 안 된다는 의식이 거의 정착되었다고 볼 수 있으며, 1998년 필자가 방문했을 때 오제는 버려진 쓰레기를 거의 찾아볼 수 없는 관광지였다.

오제의 경우, 자동차도로가 지나지 않는 특별한 위치로 인해서 쓰레기가 버려질 경우 단순히 주워 모으는 것뿐 아니라 보호지구 밖으로 내보내어 처리하는 문제가 더욱 심각하다. 오늘날 관광객들에 의해 버려지는 쓰레기는 크게 줄었으나 오제 지역 안에서 영업중인 숙박시설이나 식당, 휴게소 등에서 배출되는 쓰레기도 환경오염의 위험을 안고 있다. 현재 오제 특별보호지구 안에는 16개의 야마고야가 영업중이다. 야마고야란 소규모의 간단한 숙박시설들로, 메이지 초기 오제를 개산하기 위해 들어온 히라노 일가에 의해 처음 세워진 조조고야(長藏小屋) 이후 1955년경 제1차 오제 붐을 맞으면서 크게 늘기 시작하였다. 오제누마(尾瀨沼) 쪽에 있는 3개의 고야는 오제가 국립공원으로 지정되기 전부터 있던 것들이다. 그후 1950년대 말까지 10여 개의 고야가 더 늘어났으나 그 이후에는 오염방지 등을 위해 고야의 수를 엄격히 제한하고 있으며, 1961년 이후에는 3개의 고야가 새로 허가받았을 뿐이다. 자연보호를 위해서는 고야를 전혀 허가하지 않는 것이 가장 바람직하지만 거리상 조금 깊이 들어가면 그날로 되돌아 나올 수 없는 까닭에 관광의 유지를 위해 숙박시설을 모두 없애기는 어렵다.

그러나 오제의 숙박시설을 허용하는 문제는 쓰레기와 생활폐수를 처리하는 문제로 직결된다. 쓰레기는 소각할 수 있는 것은 모두 소각하며, 재활용품은 헬리콥터를 이용해 바깥으로 내보낸다. 현재 오제 안에 있는 고야들은 개별적으로 배출되는 쓰레기를 처리하는데,[4] 조조고야의 경우 캔 등을 압축하여 한 번에 4~5톤 정도씩을 내려 보낸다. 또한 자동차도로가 없어 물자공급을 받을 수 없는 까닭에 오제 지역 안에 있는 고야에서 사용되는 물자들도 전부 헬리콥터를 이용하거나 전에 나무를 잘라 나르던 시설을 이용한다. 헬리콥터의 운임은 올라오는 경우 1kg당 125엔이며 내려가는 것은 65엔이다(1990년대 말 기준). 가벼운 짐들의 경우는 '니오이'(荷負い)라 하여 장정들이 지게 같은 것을 이용하여 져 나르기도 하는데 근래에 들어 이 일을 하는 사람들이 점점 줄어들고 있어 이것 역시 운임이 매우 비싸다.[5]

이전에는 니오이나 헬리콥터 이외에 말을 가지고 짐을 날라 주는 '우마카타상'(馬方様)이라는 사람들이 있었으며, 특히 농지도 적고 산악지대

4. 현재 오제 안에는 후쿠시마현 쪽의 입구인 히노에마타무라 쪽과 군마현 입구인 가타시나무라 쪽을 합쳐 모두 25개의 야마고야가 있으며 특별보호지구 안에만 16개가 영업중이다.

5. 니오이들은 한 번에 40~50kg까지도 져 나르는데, 전에는 이처럼 운임을 받고 짐을 져 나르는 사람들이 이 지역에 많았으나 점점 사람을 구할 수 없어져 외부에서 들어오는 아르바이트들을 쓰기도 하며 여름에 정기적으로 이 일을 위해 들어오는 대학생들도 있다.

차가 들어갈 수 없는 오제 지역 내에 짐을 지어 나르는 니오이.

에 위치한 도쿠라에는 그것으로 생업을 삼는 사람들이 많았다. 이처럼 오제에서는 "전기와 물 이외에" 모든 것을 날라다 써야 하는 까닭에 바깥보다 모든 것이 훨씬 비싸다. 예를 들어 전화나 거스름돈을 위한 동전까지 공수해야 하는데 운임이 동전의 가치보다 더 드는 경우가 많기 때문이다.

오제에서는 관광객들에 의해 배출되는 오물 등 생활폐수의 문제도 심각하였다. 관광객의 수가 늘면서 숙박시설들로부터 배출되는 목욕물, 화장실 등 생활폐수에 의한 오염이 더욱 심화되어 현재 모든 생활폐수를 정화하여 파이프라인을 통해 하류로 내보내는 공사를 진행중이다. 공사는 1997년부터 시작하여 1998년 여름 필자가 방문하였을 때는 이미 몇 개의 고야에 공사가 완료되어 전부 수세식 화장실로 바뀌어 있었다. 설치비는 현 및 환경청의 보조금으로 충당하고 유지관리비는 오제의 고야에서 부담하는 방향으로 협의가 진행중에 있다.

2) 자연보호운동: '오제의 자연을 지키는 회'의 활동

오제의 환경보호운동은 메이지시대 이래 오제를 지켜 온 원주민에 해당하는 히라노가의 3대째인 히라노 조세이(平野長靖)를 중심으로 시민운동단체인 '오제의 자연을 지키는 회'가 발족된 1971년부터 본격적으로 시작되었다.

메이지시대인 19세기 말 처음 오제에 들어가 개산한 이래, 지금까지 4대째 오제 지역에서 고야를 경영하며 살고 있는 히라노 가문은 그 이전에도 몇 차례 개발의 위기로부터 오제를 지키는 데 중요한 역할을 해 왔다. 먼저 처음 오제에 들어와 정착한 히라노 조조 씨는 1920년대 오제의 풍부한 수자원을 발전에 이용하고자 댐을 건설할 계획이 세워지자 수리권 인가취소 소송을 제기하고 혼자서 반대운동을 벌였다고 한다. 후에 수리권을 획득하고 댐건설계획을 세웠던 '간토수전'(關東水電, 현 도쿄전력東京電力)은 수리권의 인가가 취소될 것을 염려하여 댐건설계획을 유보하였으며, 히라노 조조 씨는 1930년 갑자기 사망하였다. 그후 1947년에 다시 오제누마의 취수(取水)공사가 재개되자 이번에는 그의 아들인 조에이(長英) 씨가 아버지의 뜻을 이어받아 개발반대운동을 지속하였다. 초창기와 달리 이때에는 조에이 씨만이 아니라 이 지역의 희귀동식물에 관심을 갖고 있던 식물학자, 곤충학자들을 포함하여 문화인, 등산가 등 많은 사람이 반대운동에 참가하였다. 비록 이 두 번째 반대운동이 전후 경제부흥의 여파에 밀려 실패하고 1949년 취수공사가 완공되었으나,

이 당시 오제의 개발을 반대하기 위해 뜻을 모았던 학자, 언론인, 문화인 등이 결성한 '오제보존기성동맹'(尾瀨保存期成同盟)은 후에 '일본자연보호협회'(日本自然保護協會)로 발전하여 일본 자연보호운동의 모체가 되었다.[6]

오제의 개발위협은 취수공사에서 그치지 않고 계속되었으며, 특히 그 중에서도 오늘날에 이르기까지 오제보호론자들에 의해 수력발전계획과 더불어 오제를 파괴하는 두 가지 큰 원흉으로 여겨지고 있는 것은 오제를 관통하는 관광자동차도로의 건설계획이다. 이 계획은 뿌리가 매우 깊은 것으로 1940년 일본 후생성의 공원이용계획의 일부로 오제누마의 부근을 지나가는 옛 아이즈가도를 차도화(車道化)하는 계획이 포함되었던 데서 시작된다. 이 차도계획은 애초에는 수력발전계획으로부터 오제를 보호하여 국립공원으로 지켜 나간다는 의미를 지니고 있는 것이었다. 즉 일본의 국립공원법(1957년 자연공원법으로 바뀜)의 목적은 "빼어난 자연 풍경지를 보호함과 동시에 그 이용의 증진을 도모하여 국민의 보건, 휴양 및 교화에 활용한다"라는 것이며, 도로 건설은 보다 많은 사람들에게 국립공원을 이용할 수 있도록 한다는 명분을 가지고 있었기 때문이다(朝日新聞 前橋支局 編 1975: 107).

또한 당시 니가타, 후쿠시마, 군마의 3현을 지나 일본 열도의 동해안과 서해안을 연결하는 관광·산업도로의 구상이 있었으며 오제를 지나는 차도도 그러한 계획의 일부로 포함되어 있었다. 따라서 1965년 특별보호지구, 특별천연기념물 지구로 차도를 통과시키는 계획을 3개의 현이 연

6. 히라노 조에이 씨를 포함하여 29명으로 구성된 오제보존기성동맹은 그후에도 끊임없이 반복하여 시도되었던 댐건설계획에 대한 반대 청원을 국회에 내는 등의 활동을 계속하였다.

합으로 요구하기로 결정하였으며, 특히 군마현에서는 "자동차도로는 문화재보호의 입장을 존중한다. 그러나 이용자의 편의를 생각하여 차도를 만들어 오제를 보다 많은 국민에게 보여 주어야 할 필요가 있다" 고 주장하였다(朝日新聞 前橋支局 編 1975: 108). 오제를 통과하는 자동차도로의 개설은 후쿠시마현 히노에마타무라 및 군마현의 가타시나무라 주민들에게도 오랜 숙원의 하나였다. 즉 발전의 가능성이 없던 벽지 산촌 지역이던 두 촌에서는 메이지 이후 거의 쓰이지 않았던 후쿠시마현의 아이즈와카마쓰(會津若松)와 군마현의 누마타를 연결하는 옛 아이즈가도를 근대적 도로로 복원함으로써 과소(過疎) 문제가 해결되고 관광산업에 의한 경제부흥을 기대할 수 있으리라는 견해가 지배적이었기 때문이다.

이러한 움직임에 대해 후생성에서는 1965년경 오제보호를 위한 조사연구를 추진하였으며, 그 결과 1967년 문화재보호위원회 및 해당 지역 3개현의 관심 있는 사람들이 뜻을 모아 도로를 포함하는 공원계획을 전면적으로 변경토록 하는 '오제를 지키는 계획'을 발표하였다. 그 계획은 특별보호지구를 '차도 없는 지역'으로 하고 그때까지의 차도계획은 ① 보호지구의 경계선에 미하라토게(三平峠), 누마야마토게(沼山峠)를 지나도록 하여 이용자의 편의를 꾀한다, ② 특별보호지구 내의 숙박능력은 현상(現狀)에 머물게 하고 차도개통에 의해 격증하게 될 입산자는 구역 외에 증설하는 숙사에 수용한다, ③ 숙사, 야영장 등의 '집단시설'은 구역 내에서는 오제누마, 아코다다이(赤田代), 오제온센(尾瀨溫泉), 야마노하나(山の鼻), 부나다이라(ブナ平) 등 4개소에 한정한다, ④ 그 외 오제누마에서 보트 놀이하는 것을 폐지하고 보도를 통제하여 대폭적인 출입금지 지역을 설정한다, 는 것으로 되어 있다. 차도건설을 전제로 하여 당연히 예상되는 입산자가 폭증하는 점에도 만전을 기하여 자연을 보호한다는 것이었다. 후에 자동차도로의 건설을 전면적으로 반대하게 되는

보다 근본적인 보호론자들인 '오제를 지키는 회'의 입장에서 볼 때 이러한 계획은 매우 위험한 것이었으며, '보호와 이용'이라는 양립하기 어려운 두 가지 목적을 동시에 추구하는 후생성의 한계를 드러낸 것으로 비판되었다.

1967년 후생성의 '오제를 지키는 계획'에 의거하여 차도의 경로가 오시미즈에서 특별보호구역의 바깥쪽을 도는 코스로 변경되었으며, 코스가 결정되기 전해인 1966년부터 오시미즈 부근의 도로확장공사가 착수되어 원생림(原生林)을 베어 나가기 시작하였다. 특히 1971년 봄눈이 녹은 후부터는 공사속도가 갑자기 빨라져 6월 말경에는 차고 맑은 물로 오래전부터 등산객들의 오아시스로 알려져 있던 미하라토게 중턱의 이와시미즈(岩清水)가 파괴되었다. 이 사건은 후생성의 코스 변경 발표와 함께 잠시 동안 수세에 몰려 있던 보호론자들에게 큰 충격을 주었으며, 조조고야의 히라노 조세이는 『아사히신문』(朝日新聞)에 도로건설을 반대하는 투서를 보내는 한편, 시민조직인 '오제의 자연을 지키는 회'의 결성을 위한 준비를 시작하였다. 그는 또한 차도공사가 시작된 직후 발족된 환경청을 직접 찾아가 장관에게 오제의 차도건설 중지를 진정하였다.

1971년 7월 새로 발족하여 업무를 시작한 환경청의 입장에서 볼 때 오제 문제는 당시까지 국립공원이나 자연보호 업무를 관장하던 후생성이나 건설성 등과 구분되는 환경청 나름의 자연보호행정의 방향을 제시해야 하는 중요한 계기였다. 히라노 조세이로부터 도로건설반대의 진정을 받은 학자 출신의 오이시 부이치(大石武一) 당시 환경청 장관은 곧이어 현지를 시찰하고 오제 지역을 직접 걸어 다녀 보았다고 한다. 그후 장관은 오제 개발에 관련되는 니가타, 후쿠시마, 군마 3개 현의 지사를 초청하여, "① 미하라토게에서 누마야마토게까지는 도로계획을 폐지하고 공사를 인정하지 않는다, ② 공사는 이와시미즈에서 중지하고 자동차를 타고 들어가는 것은 이치노세(一の瀬)까지로 하며, 이치노세에서 이와시미즈 사이는 걸어 다니는 길로 한다, ③ 그 대신 이치노세에는 주차장의 건설을 인정한다"는 세 가지에 대하여 협력을 요청하였다. 관련 3개 현의 지사들은 처음에는 나라에서 이미 결정한 것을 대안 없이 중지한다는 것은 책임 없는 행정이라며 반대의사를 표명하였으나, 결국 장관의 안을 받아들여 차도건설을 포기한다고 발표하였다(朝日新聞 前橋支局 編 1975: 110). 이러한 결정이 나기까지에는 '오제의 자연을 지키는 회'의 결성준비모임에 의한 서명운동이 큰 영향을 발휘하였다. 1971년 8월 2일 차도건설반대의 서명운동이 시작되었는데 20여 일 후인 8월 21일 회가 발족될 당시 이미 전국에서 1만 명 이상이 서명에 참가하였으며, 9월 30일 현에 제출할 당시에는 7만 7,000명에 달하는 대단한 호응을 보였다(波戶場秀行 1984: 50).

'오제의 자연을 지키는 회'는 오제를 지나는 도로의 건설을 저지하는데 성공한 후에도 25년간 활동을 계속하다 1996년 해산하였다(尾瀬の自然を守る會 編 1997). 이 회는 오제의 차도건설 반대운동이나 앞서 언급한 '쓰레기 들고 돌아가기 운동' 이외에도 주변 지역의 슈퍼임도(Super 林道) 건설계획 반대운동, 이치노세 주차장건설 반대운동, 오제 내에서의 합성세제 추방운동, 목욕탕에서 비누 · 샴푸 안 쓰기 운동 등 다양한 활동을 계속하였다. 그러한 활동은 진정, 연좌데모, 서명운동, 신문에의 투서, 주민설득 등 다양한 방법을 동원하여 이루어졌으며 전국의 다른 자연보호단체들과 연락협의회를 결성하기도 하였다. '오제의 자연을 지키는 회'는 초창기에 일시적으로 분열된 적도 있었으나, 1970년대를 통틀어 일본 내에서 가장 영향력 있는 자연보호단체였다. 그것은 도쿄지부 등을 비롯한 전국적 조직을 가지고 있었으며 전국을 돌며 모임을 가지는 단체였다. 그러나 반면 이 회를 중심으로 하였던 오제를 지키는 운동은 주민들

로부터 도쿄 사람들이 중심이 되어 있다는 의미에서 "긴자의 운동이다"라고 비난을 받기도 하였다. 그것은 비록 조조고야의 히라노 조세이 씨를 비롯하여 지역 출신자들이 몇 명 들어 있기는 하였으나 전체적으로 볼 때는 외부 출신의 회원이 더 많았다는 점, 그리고 활동의 범위나 추구하는 목적의 면에서 보더라도 이미 지역주민들의 이해관계에 충실한 주민조직이라고 볼 수는 없는 단체였기 때문이다. 도로건설 반대운동 중 '오제의 자연을 지키는 회'가 발족한 지 얼마 안 되는 1971년 12월 아직 30대의 젊은 나이에 과로사한 히라노 조세이 씨도 비록 오제에 대대로 살아온 히라노 가문 출신이기는 하였지만, 교토에서 대학을 나온 후 홋카이도에 가서 신문기자로 활동하다가 1960년대 초 귀향한 사람이었으므로 순수한 지역주민이라 하기는 어렵다.

'오제의 자연을 지키는 회'의 이와 같은 지역외적 요소로 인하여 그들의 활동이나 입장은 지역주민들과 대립하기도 하였으며, 그러한 대립은 차도계획 반대운동 및 주차장 반대운동 등에서 명백하게 나타났다. 즉 환경청 장관이 도로연장계획의 중지를 발표하면서 대신 이미 도로가 완성되어 있는 이치노세에 주차장을 허가할 뜻을 보였으나, '오제의 자연을 지키는 회'를 포함하는 자연보호단체들은 이 계획에 절대로 반대하는 입장을 표명하였다. 그들에 의하면 오시미즈에 이미 400대 이상을 세울 수 있는 대규모 주차장이 세 개나 있으며, 그로부터 오제로 더 들어간 이치노세에 또다시 대규모 주차장을 만들게 되면 오제의 과잉이용에 박차를 가해 습원의 파괴가 급속도로 진행될 것이라는 주장이었다. 그러나 군마현에서는 후쿠시마현의 누마야마토게에서 오제로 들어오는 길이 걸어서 30분 정도의 거리인 데 반해 군마현의 오시미즈로부터는 3시간 정도의 거리이므로 양측의 균형을 위해 좀 더 가까운 이치노세에 주차장을 건설하여야 한다고 주장하였다. 이치노세에서 1시간 정도 걸으면 오제로 들어갈 수 있기 때문이었다. 또한 환경청 장관의 도로공사중지 방침에 대해서도 군마현의 가타시나무라와 후쿠시마현의 히노에마타무라에서는 "지역의 일을 아무것도 모르는 도쿄 사람들의 반대로 꿈이 사라졌다"며 강력하게 반발하고, 특히 가타시나무라 내 유권자의 90%에 해당하는 3,700명의 서명을 받아 정해져 있던 코스대로 도로를 건설해 줄 것을 요망하는 진정서를 현의회에 제출하였다(波戸場秀行 1984: 11). 도로건설, 주차장건설 등을 둘러싼 자연보호단체들과 지역주민들 간의 갈등은 1970년대를 통해 진정과 반대진정, 서명운동, 반대서명운동 등의 형태로 10여 년 가까이 계속되었다. 이 투쟁은 시민운동 측의 승리로 끝나 결국에는 차도계획 및 이치노세의 주차장건설계획 등이 모두 중지되었으나 지역주민들 중에는 지금까지도 여전히 당시의 계획 변경이 지역발전에 큰 해를 미쳤으며, 비록 도로가 생겼어도 오제를 환경운동가들이 주장하는 것만큼 버리지는 않았을 것이라고 생각하는 사람들이 있다(가타시나무라 관광협회회장 면담자료).

그들의 주장에 의하면 당시의 도로계획은 오제 지역 안을 관통하는 것이 아니라 그 주변을 멀리 빙 돌아가는 것이었기 때문에 오제 자체를 크게 파괴할 염려는 없었으며, 만일 도로가 생겼다면 관광개발을 떠나 군마현과 후쿠시마현 간의 문화교류가 훨씬 활발해졌을 것이며 가타시나무라 전체의 발전에 도움이 되었을 것이라 한다. 도로라는 건 연결되지 않으면 발전이 있을 수 없는데 당시 도로건설계획이 중지됨으로써 지금까지 가타시나무라는 '유키도마리'(行き止まり, 더 이상 나아갈 데가 없는 곳)로 남게 되었으며 촌의 가능성을 크게 제한하였다는 것이다. 가타시나무라의 관광협회회장은 또한 당시 도로건설을 찬성하는 주민운동은 외부 환경운동가들이 생각하듯 "도로가 건설되면 손님이 더 올 것이고 그러면 돈을 더 벌 수 있다"는 식의 단순한 발상 때문만은 아니었

으며, 보다 종합적인 지역발전을 생각한 사람이 많았다고 주장한다. 그들 역시 "오제에 손님이 와 주었으면 좋겠지만 또한 오제를 오랫동안 보존하고 싶은 생각을 가진 사람들"이었다는 것이다.

그러나 그와 같은 주민들의 반대의견에도 불구하고 '오제의 자연을 지키는 회'에 의한 차도건설계획의 중지는 일본의 자연보호운동의 역사에 남는 큰 사건으로 여겨지고 있다. 특히 환경청의 발족 직후 이 운동이 성공하였다는 점에서 이 사건은 전국의 보호운동에 힘을 실어 주는 상징적 사례로 남아 있으며 따라서 오늘날까지도 오제는 자연보호의 핵으로서 모든 자연보호운동단체들의 전면적 지원을 받고 있다.

3) 개발과 보호의 역학: 상반되는 관점들

오제와 같이 인간에 의해 버려지기 쉬운 '자연'이라는 자원에 의존하여 관광산업을 개발하는 지역은 개발과 보호의 균형점을 어디에 두느냐 하는 것이 곧 관광의 지속가능성에서 열쇠라고 할 수 있다. 우리가 위에서 살펴본 오제의 관광과정은 그러한 균형점을 둘러싼 상이한 입장들간의 투쟁의 장이었다고 볼 수 있다. 일차적으로 그러한 입장의 차이는 지역의 주민들과 자연보호단체들 간에 가장 뚜렷하게 드러났다.

관광산업이 가장 중요한 생업을 이루고 있는 가타시나무라와 같은 경우 주민들은 가능하면 관광산업을 더욱 발전시키고자 하였으며, 관광개발에는 관심이 없고 오직 자연보호만을 주장하는 주로 외부인들로 이루어진 환경운동단체들의 개입에 대하여 큰 반감을 표시하였다. 사실상 주민들은 지역의 발전을 위해 도로를 적극적으로 요청하고 있는 형편이었으며, 도로건설의 문제는 자신들의 문제이므로 외부자가 간섭할 일이 아니라고 주장하였다. 반면 환경운동 측에서는 오제의 자연보호 문제는 단지 지역주민만의 문제가 아니라 일본 전체의 문제이며 나아가 전 인류의 문제이기도 하다는 인식이었다. 그리고 그들 중에는 오제가 관광객들에게 개방되어서는 안 된다고 주장하는 사람들도 많이 있었다. 그들에 의하면 오제는 귀중한 동식물이 서식하고 있는 생태계로 일본 내에서도 홋카이도를 제외하고는 그러한 지역을 찾기 어렵다. 그곳의 생태계는 거의 화석처럼 남아 있는 곳이며, 오제같이 대규모의 습원이 남아 있는 곳은 세계에서도 유례를 찾기 어렵다는 것이다. 그런데 습원이란 본래 인간의 발길에 매우 취약한 지역으로 한번 파괴된 후에는 다시 만들려 해도 만들 수 없는 것인 까닭에 오제는 근본적으로 관광지로 개발되어서는 안 되는 지역이라는 주장이었다. 이에 대해 주민들은 당시 촌이 추구하였던 것이 지역발전을 위해 가능한 한 관광객을 늘리고자 하는 것이었다면, '오제의 자연을 지키는 회'의 활동은 어떻게 하면 관광객을 줄일 수 있는가에 집중되어 있었다고 이해한다.

이러한 초창기의 대립구도는 관광개발에 의한 경제발전이라는 지역의 이해를 우선적으로 고려하는 주민운동과 자연보호라든가 환경 등 보다 상위의 가치를 추구하는 시민운동 간의 차이를 보여 주는 것이었다. 그러나 시간이 흐르면서 사람들의 생각이 변함에 따라 대립구도는 보다 다양한 방향으로 전개되었다. 우선 오제를 지킨다는 기본 입장 이외에 다양한 직업 및 연령층으로 구성되었던 '오제의 자연을 지키는 회'가 설립 초창기인 1972년 지도부의 방침에 불만을 품은 일부 회원들이 '오제 자연보호연구회'를 따로 만들어 분리해 나감으로써 와해의 위기에 처했다가 후에 전국자연보호연합의 중재에 의해 1974년 재결합하였다. 이러한 예는 보호론자들간에도 보호와 개발의 균형점에 대한 견해차가 있음을 보여 주는 것이었다. 마찬가지로 주민들 사이에도 점차 당시 진행되

고 있는 방식으로 개발이 진행되어서는 오제는 살아남지 못하며, 따라서 개발을 보다 제한해야 한다는 보호론자들의 주장에 귀를 기울이는 사람들이 나타나게 되었다. 이들 중 일부는 1963년 '오제를 아는 회'(尾瀬を知る會)를 결성하여 스스로 오제 문제에 대한 인식을 높이기 위한 활동을 전개하기도 하였다(毎日新聞 前橋支局 編 1975: 118).

또한 당시에는 서명운동 등을 통하여 가타시나무라 주민들 거의 모두가 도로계획에 찬성하는 것으로 알려져 있었으나 지금은 그들 사이에도 다양한 의견이 나타나고 있다.[7] 도로건설 반대운동에 앞장섰다가 사망한 히라노 조세이 씨의 부인으로 지금까지 오제에서 고야를 경영하며 자연보호운동을 계속하고 있는 히라노 노리코(平野紀子) 씨에 따르면 주민들의 생각이 바뀌게 된 주요 계기의 하나는 1973년의 제1차 오일쇼크였다고 한다.

처음 관광산업이 붐을 타기 시작하였을 때는 모든 주민들이 관광객이 계속 늘 것으로 생각하였으나 오일쇼크 이후 경기가 갑작스레 나빠지면서 그렇지 않을 수도 있다고 생각한 사람들이 생겨났으며, 주민들 중에는 '개발'하지 않아서 잘되었다고 하는 사람들이 생겨나기 시작했다는 것이다.[8] 또한 그녀는 당시는 도로가 생기면 무조건 지역이 발전하리라고 생각하는 사람들이 많았으나 실제 관광산업의 면에서 보더라도 도로를 만들면 가타시나무라의 도쿠라나 후쿠시마현의 히노에마타무라 모두

7. 실상 당시 서명에 참가한 가타시나무라의 주민 대다수는 개인적으로 도로건설을 원하고 지역발전을 생각해서라기보다는 같은 촌의 주민들이 원하는 것(도로를 가장 원했던 것은 도쿠라의 주민이었으며 서명운동도 그들이 주도하였다)을 도와주어야 한다는 의리 때문이었다.

8. 그러나 실제로 오제 관광은 오일쇼크를 전후하여 일시적으로 감소하였으나 곧 다시 늘기 시작하였으므로 오일쇼크의 영향을 크게 받았다고는 할 수 없는 경우였다.

가 통과지가 되어 버려 숙박객 등 관광객은 오히려 줄어들 위험이 있다는 점도 사람들의 태도가 바뀌기 시작한 중요 배경이 되었다고 설명한다. 지금은 양쪽 모두가 막다른 길이라서 오제를 방문하고자 하는 관광객들은 두 곳 중 어느 한곳에 머물지 않으면 안 되며, 그중에서도 히노에마타무라 쪽은 코스가 가깝고 오제의 일부만 보고 돌아갈 경우 하루에 돌아가는 것도 가능하지만, 도쿠라 쪽은 거리상 하루 예정은 어렵기 때문에 도로가 생겼을 경우의 영향도 더욱 컸으리라는 것이다. 지금도 히노에마타무라의 경우 여관이 5개 정도이나, 도쿠라의 경우는 40여 개 정도가 되며 매년 오제에 들어가는 관광객의 70% 이상이 가타시나무라를 통해 들어가는 것으로 알려져 있다.

이처럼 주민들간에 인식의 전환이 나타나면서 처음에 찬성했던 주민들 중에 도로가 났다면 자동차 통행량이 많아 배기가스의 문제가 발생했을 것이라 생각하는 사람들이 있으며, "전기자동차가 나오기 전에는" 도로를 내지 않는 편이 낫다는 사람들도 있다. 또한 주민들은 이제는 오제가 단순히 그들만의 것이 아니라 '세계의 오제'라는 생각에 동의하며 스스로 오제를 지키기 위한 노력들에 적극적으로 협조하는 분위기이다. 예를 들어 가타시나무라의 부인회에서는 1년에 두 차례씩 관광객이 많이 몰리는 봄, 가을에 구별(區別)로 돌아가며 오제에 들어가 쓰레기를 줍는 봉사활동을 펼치기도 하였으며, 1970년대 이후에는 이식(移植)에 의한 나지회복작업에도 대대적으로 참가하였다. 즉 지역의 부인회, 청년회 등의 주민조직 회원들은 촌의 지도 아래 습지에 본래 서식하던 식물의 씨를 받아 관광객들이 밟아서 버려진 곳에 다시 심는 작업을 꾸준히 진행하였다. 오늘날 오제의 경관이 대체로 회복될 수 있었던 데는 주민들의 이러한 봉사활동이 기여한 바가 크며, 당시 참가했던 사람들에 의하면 땅이 회복되는 속도는 오제가하라 쪽이 훨씬 빨랐다고 한다.

지역주민들에 의한 '오제지키기' 활동의 또 한 가지 예로 들 수 있는 것은 오제에 있는 야마고야 조합의 회원들이 7년 정도 전부터 실시하고 있는 숙박업소 정원제이다. 그 이전에는 손님이 있는 대로 다 받고, 많을 때는 다다미 한 장 넓이에 2~3명씩 재우기도 하였다. 그러나 그렇게 할 경우 급작스레 많은 사람이 모여들게 됨으로써 환경오염이 심화될 뿐 아니라 방문한 관광객에게 오제에 대하여 좋은 인상을 줄 수 없다는 점에서, 각 업소마다 다다미 한 장에 한 명씩으로 정원을 제한하고 신청자가 있더라도 정원 내에서만 받을 수 있도록 하는 제도를 도입하였다. 조합원 중에는 처음에 그렇게 하면 손님이 줄고 결과적으로 연간 수입이 줄 것을 염려하여 반대하는 사람들이 있었으나, 초창기부터 고야를 경영해 오던 조조고야 등이 중심이 되어 추진하였다고 한다. 그 결과 손님이 평균화하여 일하는 사람들도 편해지고, 손님들도 여유가 있으며 예약만 하면 잠자리는 확실히 보장될 수 있다는 효과 등이 나타났으며, 특히 환경오염도를 줄일 수 있는 이점들이 인식되어 지금은 대체로 만족하고 있다고 한다(히라노 노리코 씨 면담자료).

숙박시설의 정원제 실천과 같은 활동은 주민들의 합의 도출과 자발적 의식의 고양이라는 점 등에서 매우 소중한 성과의 하나였다고 볼 수 있다. 그것은 오제의 보호지구 안에서 고야를 운영하는 사람들은 들어오게 된 동기가 모두 다르며, 경영

조조고야 내부의 전통적 이로리(필자 촬영).

방침이나 환경 문제에 대한 견해 또한 각양각색이기 때문에 그들간의 합의를 얻어낸다는 것 자체가 매우 힘든 일이었기 때문이다.

예를 들어 오제 안에서 메이지시대부터 고야를 운영해 온 히라노 일가의 경우[9] 비록 상업활동에 종사하고 있기는 하지만 오제의 원주민으로 지역에 대한 애착이 강하며 나무 한 그루, 풀 한 포기도 지켜야 한다는 생각을 가지고 있는 반면, 다른 고야의 운영자들 중에는 단지 상업활동만이 목적인 경우도 있다. 즉 그들 중에는 1950년대 오제에 나무길의 건설이 추진될 때 벤치 삼아 앉을 수 있는 나무길을 오제의 도처에 만들어 놓으면 고야에 들어와 식사를 하는 손님이 줄어든다는 이유로 반대한 사람들이 있었다. 따라서 그런 사람들에게는 나무길이 생기면 관광객이 5배 이상 늘어날 수 있을 것이라고 설득해 겨우 동의를 얻어낸 적도 있었다.

뿐만 아니라 오제의 고야들 중 많은 수는 이 지역에 댐건설 및 발전사업을 추진하고 있는 도쿄전력의 자회사인 오제임업(尾瀨林業)에서 직접 운영하고 있다. 따라서 이들 모두를 설득하여 정원제를 실천할 수 있었던 것은 한편으로는 주민들의 자발적 참여 의식이 높아졌으며, 또 한

---

9. 히라노 노리코 씨는 히라노 조세이 씨를 만나 결혼한 후 1964년 오제에 처음 들어왔으며, 1970년대 초 남편이 도로건설 반대 운동중 사망한 후에도 시부모와 함께 계속 이 지역을 지켜 왔다. 현재는 오제누마의 동쪽 연안에 위치해 있는 본래의 조조고야 이외에 서쪽의 평원 쪽에 새로 지은 제2의 조조고야, 그리고 누마의 서쪽 연안에 있는 휴게소, 오제로 들어가기 전 가타시나무라의 도쿠라에 위치해 있는 '롯지(lodge) 조조'등 4개 업소의 대표이다. 시부모가 사망한 후 혼자서 경영해 왔으나 1997년부터 도시의 기업에서 일하던 장남이 회사를 그만두고 돌아와 대를 잇기 위해 일을 배우기 시작하여 4대째를 맞이하고 있다. 현재의 조조고야는 1934년 조선으로부터 끌려와 있던 이왕 전하(영친왕을 말함)가 오제를 방문하게 되었을 때 100명을 수용할 수 있는 시설이 필요하다 하여 그에 맞추어 서둘러 완공한 건물이다. 당시 이왕 전하를 위해 별도의 화장실을 설치하였으며 지금도 그 건물이 남아 있다.

편으로는 자연보호에 대한 사회적 압력이 작용한 결과라고 할 수 있다.

주민들의 의식변화 과정은 오늘날 오제의 보존과 관광개발 문제를 단순하게 주민들과 주로 외부인들로 이루어진 환경운동단체들 간의 대립으로만 이해할 수 없음을 시사해 준다. 물론 위에서 살펴본 바와 같이 운동의 초창기에 대립의 양상이 있었던 것은 사실이나, 지금은 주민들간에 오제를 보호해야 한다는 인식이 어느 정도 자리잡고 있으며 또한 스스로 자치적으로 관광개발과 오제의 자연을 지키는 노력을 병행해 나가고 있다고 볼 수 있기 때문이다. 그러나 그와는 달리 최근에는 관광업에 종사하면서 동시에 자연보호운동을 계속해 왔던 주민들과 현 정부나 중앙정부의 환경청간에 새로운 갈등의 요소들이 등장하고 있음을 살필 수 있다.

그 사례의 하나로 최근 결성된 오제보호재단을 들 수 있다. 오제보호재단은 환경 문제에 각별한 관심을 가지고 있는 것으로 알려져 있는 군마현, 후쿠시마현, 니가타현의 지사들의 합의 하에 주로 기업으로부터의 모금을 통하여 1996년에 결성한 단체이다. 초창기에 공동으로 도로건설을 요청했던 것과는 달리 이제 3현이 협동하여 오제의 보존을 위해 노력한다는 취지에서 설립한 재단이다. 자연보호사업으로 재단에서는 오제 지역 내에 2개의 '방문객센터'(Visitor Centre)를 설치하여 두고(하나는 후쿠시마현에서, 다른 하나는 군마현에서 운영하고 있다)하여 두고, 직원 및 볼런티어들을 파견하여 관광객들에 대한 환경교육을 실시하고, 쓰레기 버리는 행위를 감시하며, 이미 버려진 쓰레기를 줍는 일이나 자연관찰 등을 하고 있다. 매년 오제의 방문객센터에는 17~18명의 볼런티어들이 파견되어 이러한 종류의 일을 하고 있으나 재단에 등록되어 있는 전체 볼런티어의 수는 600명이 넘는다고 한다. 이 볼런티어들은 전국에서 모여든 사람들로 오제의 자연보호에 대한 높은 관심을 반영하고 있다.

오제보호지구 내의 방문객센터에서 쉬고 있는 관광객들.

그러나 히라노 노리코 씨 등 주민들의 입장에서는 현재 재단에서 하고 있는 정도의 일은 그간 그 일을 계속해 온 주민환경단체에 일임하였어도 충분히 잘할 수 있었던 일이라고 생각하며, 그것을 위해 필요 없는 인건비 · 시설유지비를 낭비하고 있다고 생각한다. 보호재단의 설립 당시 가장 많은 후원금을 낸 기업 중의 하나가 그동안 오제 지역 댐건설 및 수리권 문제를 놓고 주민보호단체들과 줄곧 대립해 왔던 전력회사라는 사실도 보호재단의 의도가 주민들로부터 의심을 사고 있는 이유의 하나이다.[10]

---

10. 그동안 몇 차례의 합병, 인수 등의 과정을 거쳐 오제의 수리권을 소유하게 된 도쿄전력에서는 결국 여론에 밀려 1997년 최종적으로 오제누마에 댐을 건설하려던 계획을 포기한다는 성명을 발표하였다.

또한 보호재단이나 주민들의 활동과는 별도로 중앙정부의 환경청에서도 환경감시 및 국립공원 관리 등을 명목으로 오제 지역 내에 숙사를 지어놓고 직원을 파견하고 있다. 이들의 일은 보호재단의 일과 중복될 수밖에 없다. 따라서 재단의 방문객센터가 세워지기 전에는 2명의 직원이 파견되어 있었으나, 일이 중복된다는 이유로 그후 1명으로 줄였으며 그나마 시설만 있을 뿐 거의 항상 비어 있다.

이러한 현상들에 대한 주민들의 불만은 국가의 환경정책이 현지주민들의 의견을 청취하고 그들의 참여를 유도해 가면서 추진되지 않는다는 데 있다. 주민들은 오제의 문제는 현지에 살고 있는 그들이 가장 잘 알고 있으며, 도쿄에 있는 환경청의 집무실에서 파악될 수 있는 것이 아니라고 주장한다. 그럼에도 불구하고 다른 선진국들과 달리 일본의 경우 기본적으로 "'나라'의 일을 '민'(民)과 함께할 수는 없다는 생각"을 가지고 있다는 것이다. 주민들은 일본의 관공서들은 "일본을 어떻게 좋게 할까를 생각하기보다는 '아마구다리' 등 각자 자신들이 속한 부서를 살찌우는 데만 관심이 있다"고 생각하고 있다. 그런 점은 현 정부의 경우도 마찬가지로 그처럼 많은 돈을 들여 새로운 시설을 짓고 직원을 고용하기보다는(필자가 조사를 위해 현지를 방문하였을 당시 조조고야 옆에 위치한 재단의 방문객센터에는 2명의 직원과 7~8명의 볼런티어가 있었으며, 관광객을 위하여 오제의 자연을 알려 주는 슬라이드쇼를 열고 있었다) 애초부터 그 기금으로 주민환경단체를 지원하고 그들로 하여금 현재 재단이 목표로 하고 있는 사업들을 추진해 나가도록 하는 방향으로 구상되었어야 마땅하다는 것이다.

오제 안에서 고야를 경영하고 있는 주민들과 환경청이 대립하는 또 하나의 쟁점은 오제에 전기를 끌어들이는 문제이다. 현재 오제누마 쪽에만 전기가 들어가 있고 오제가하라 쪽에는 그렇지 않은데, 환경청 및 외부의 환경운동단체들은 그쪽에까지 전기를 끌어들이면 오제의 전체적인 경관 및 자연이 변한다며 반대하고 있다. 그러나 전기가 들어와 있지 않은 까닭에 오제 내의 고야들은 개별적으로 발전기를 돌려 전기를 쓰고 있으며, 그것을 위해 경유를 날라다 쓸 수밖에 없는 형편이다. 고야의 경영주들 입장에서는 한 고야당 평균 3~4대씩 발전기를 돌리기 때문에 경유를 태워 발전하는 데 따른 환경적 악영향이 훨씬 더 크다고 생각하여 계속 환경청에 전기를 끌어들여 줄 것을 진정하고 있으나, 환경운동가들의 영향력이 너무 커서 성공하지 못하고 있다. 주민들은 이러한 사례가 현지의 실정을 알지 못한 환경정책의 단적인 예를 보여 주는 것이라고 주장한다.

초창기의 오제 관광개발을 둘러싼 문제가 자연보호에 대한 인식 없이 개발을 추진하고자 하였던 지역주민들과 지역주민의 생업을 고려하지 않고 보존을 강조하였던 외부의 운동가들 간의 대립이었다면, 오늘날에는 모든 측에서 보호의 명분을 내세우고 있으나 그들간의 협동체계가 이루어져 있지 않음으로써 나타나는 혼선으로 보인다. 초창기의 보호운동을 주도했던 '오제의 자연을 지키는 회'가 비록 외부 사람들을 중심으로 하는 조직이었다 하나 그중에는 히라노 일가와 같은 주민들이 포함되어 있어 지역의 사정이나 주민들의 의견이 완전히 무시되었다고는 볼 수 없다. 그러나 오히려 오늘날의 상황에서는 현이나 환경청 등 모두 자연보호를 내세우고 있으나, 그들의 정책이 항상 주민들이 생각하는 지속가능한 개발의 방향과 일치하지 않을 뿐 아니라 경우에 따라서는 오제를 지키려는 주민들의 자발적 의지를 감소시키는 방향으로 작용하기도 한다. 즉 부인회 등 지역주민조직을 중심으로 오제를 깨끗이 하기 위하여 펴 오던 쓰레기 줍기 등의 봉사활동들마저 오제보호재단이 생긴 후에는 재단에서 하는 일이라 하여 모두 폐지하게 된 것 등이 그런 예라고 볼 수 있다.

4. 지속가능한 관광개발의 가능성

이 장에서는 일본 국내에서는 메이지시대부터 전국적으로 알려져 있는 유명 관광지이면서, 특히 1970년대 이래 본격적으로 시작된 일본 환경보호운동의 대명사로 알려지게 된 오제 지역의 사례를 통하여 관광개발과 환경보호 간의 갈등적 관계를 극복하고 소위 '지속가능한' 관광개발이 어떠한 방식으로 추진될 수 있는가를 살펴보았다.

관광개발의 가장 이상적인 형태는 문화전통이나 자연환경을 보존하면서 주민들에게 혜택이 돌아갈 수 있는 소위 지속가능한 개발, 즉 '환경+생활+관광'의 공존모델이다. 오제의 경우는 관광지로 개발되기 시작한 이후 개발론자들과 보호론자들간에 많은 갈등이 있었으나 비교적 성공적으로 개발과 보존의 균형을 유지해 올 수 있었던 지역으로 보인다. 그리고 그것이 가능했던 이유는 우선 무엇보다 오제를 두 가지의 큰 위협, 즉 수력발전을 위한 댐의 건설계획 및 오제를 관통하는 자동차도로의 건설계획을 저지하고 오제를 지킬 수 있었던 데 있다. 만일 댐이 건설되었다면 오제 지역의 대부분은 수몰되어 지금의 모습은 완전히 사라져 버렸을 것이며, 자동차도로의 관통 역시 오제의 자연보호에는 치명적이었을 것으로 예상된다. 뿐만 아니라 오제에서는 자연보호단체들의 끈질긴 노력과 주민들의 인식전환으로 1960년대 관광객이 급증하면서 크게 훼손되기 시작했던 자연환경을 회복하는 데도 많은 성과를 거둔 것으로 나타나고 있다.

물론 현재에도 오제의 개발과 보존의 균형점에 관해서는 관련주체들간에 많은 이견이 존재하고 있다. 보다 근본적인 자연보호론자들이나 생태학자들은 오제는 애초부터 관광지로 개발되어서는 안 되는 지역이며,

지금이라도 관광객의 수를 극도로 제한하는 조치들을 취해야 한다고 주장한다. 즉 모두가 모여 재미있게 즐기는 관광지와 연구를 위한 귀중한 자연자원으로서 보존할 곳은 구분해야 하며, 오제는 후자에 해당하는 곳인 까닭에 관광객을 들여보내더라도 근처에 가서 보는 정도로만 허용되어야 한다는 것이다. 일단 관광지로 개방되어 사람이 들어가면 여러 곳으로 이동해 다니며, 쓰레기를 버리게 되고 또 배설물 등이 나오는 까닭에 자연파괴는 불가피하므로 그러한 파괴는 절대로 허용되어서는 안 된다는 것이 그들의 주장이다. 그러나 그와 같은 주장은 관광을 생업으로 하는 지역주민들에게는 그대로 받아들일 수 없는 것이다. 자연보호에 관한 주민들의 의식이 많이 고양된 것은 사실이나, 가타시나무라나 특히 도쿠라 같은 척박한 환경에서 관광산업 이외에는 생업이 불가능한 주민이 많기 때문이다.

결국 양자를 조절하기 위한 안으로 '수용능력'의 개념이 도입되었으나 오제와 같은 공개된 자연환경의 수용능력을 정확하게 측정한다는 것은 매우 어려운 일이었다. 처음에는 숙박객으로 제한하였으나, 그렇게 되자 숙박하지 않고 그날로 돌아가는 '당일치기 손님'이 크게 늘어났다. 이러한 손님들은 또한 오제의 일정 지역에만 집중되는 경향이 있어서 그 폐해 또한 매우 심각하였다. 따라서 이제는 오제 지역으로 들어가는 모든 방문객에게 비싼 입장료를 받음으로써 제한해 보고자 하는 방안 등도 고려중이나 그것은 보존과 동시에 '이용의 증진'을 추구하는 일본의 '국립공원' 관련 이념이나 여러 법조항에 위배되는 까닭에 어려움이 있다.

관광객을 받으면서 폐해를 최소화하기 위한 또 하나의 방법은 관광객을 교육하는 것이다(오제고교 생물학 교사 면담자료). 즉 최소한 오제를 방문하는 관광객들은 다른 곳을 찾는 행락객들과 같이 그들의 행위를 '먹고, 마시고, 즐기는 것'과는 달리 개념화할 수 있도록 교육시켜서 들여보내야 한다는 것이다.

실제로 1970년대 이래 일본 전국에서 일어난 환경보호운동은 국민 전체의 환경의식을 높이는 데 크게 기여하였으며, 오제로 들어가는 관광객들은 그러한 사회 전반의 흐름에 영향을 받아 많이 계몽 · 교육된 것도 사실이다. 이제는 오제의 관광객들도 자신들의 쓰레기는 반드시 가져가야 하는 것으로 알며, 오제에 들어가면 숙박업소에서 비누와 샴푸를 쓰지 않고 더운 물에 들어갔다 나오는 것만으로 목욕을 대신해야 한다는 것 등을 당연하게 받아들인다. 만일 쓰레기를 버리는 것이 발견되면 즉각적으로 그 여행 팀을 인솔해 온 여행사 및 해당 지방자치체의 관광과로 연락이 가며, 만일 학생들일 경우 학교에 연락하여 주의를 주도록 하는 등 감시체제가 철저한 편이다. 이러한 생태환경에 민감한 관광양식이 정착하기까지에는 '오제의 자연을 지키는 회'와 같은 시민운동단체들의 활동이 빼놓을 수 없는 역할을 하였다. 그들의 폭넓은 활동은 매스컴 등을 통하여 자연보호의 중요성을 환기시키고 환경의식을 높이는 데 중요한 기여를 하였기 때문이다. 그러나 개발과 보존의 균형이 앞으로도 계속 유지될 수 있기 위해서는 시민단체들의 활동만으로는 부족하며 지역주민들을 주체적으로 참가시키려는 끊임없는 노력이 요청된다.

그런 점에서 최근 가타시나무라에 접한 도네무라(利根村)에 자리잡고 있으며 가타시나무라의 대부분 학생들이 진학하고 있는 고등학교의 명칭이 1996년부터 호타카고교에서 오제고교로 바뀐 것은 중요한 의미를 갖는 사건이었다. 호타카란 가타시나무라 내에 위치하고 있는 영산(靈山)의 하나로 이 일대에는 호타카 신앙이 널리 퍼져 있으며, 고대의 무사였다는 호타카사마(武尊樣)는 많은 마을신사들에서 수호신[鎭主]으로 모셔지고 그에 관한 다양한 전설들도 남아 있다(문옥표 1994). 따라서 호타카란 곧 이 지역의 전통문화와 역사를 나타내는 말이었다고 볼 수 있다.

그러나 산촌 지역의 과소화가 진행됨에 따라 이 학교는 학생 수가 줄고 활력을 잃어 가고 있는 형편이었다. 이러한 학교의 명칭을 오제고교로 바꾸고 많은 예산을 들여 환경교육시설을 설치한 군마현의 최근 결정은 오제의 자연자원으로서의 중요성을 주민들에게 인식시키고, 그것을 지켜 가는 데 주민들이 주체적 역할을 해야 함을 강조하는 의미를 지니고 있다. 오제고교에는 명칭의 변경과 더불어 환경과가 새로이 신설되어 지역 내에서 오제에 관한 전문가를 양성할 수 있게 되었으며, 학교 측에서는 학생들을 교육시킴으로써 지역주민인 그들 부모의 의식이나 태도에도 영향을 미칠 수 있을 것으로 기대하고 있다. 학교 명칭의 변경은 또한 지역적 한계를 벗어나 현대 일본의 가장 중요한 담론의 하나인 자연보호의 상징으로 알려져 있는 '오제'라는 이름을 취함으로써 지역사회를 전체 사회에 새롭게 자리매김하고 지역의 주민들에게나 외부인들 모두에게 지역 이미지를 쇄신하고자 하는 의도도 내포하고 있는 결정이었다. 그러한 점은 학교의 명칭이 호타카에서 오제로 바뀌고 환경과가 신설된 후 이 학교에 환경 문제에 관심을 가지고 일본 내의 타지역으로부터 찾아오는 유학생들까지 생겨났다는 사실에서 확인된다.

V. 백제마을: 지방자치체와 관광

황달기

1. 지방자치단체와 관광개발

이 글은 일본 국내는 물론 한국에까지 널리 알려져 있는, 일본 규슈(九州) 미야자키현 난고손(宮崎縣南鄕村)이 최근 10여 년 동안 추진해 온 관광개발사업인 '백제마을조성'에 대해, 필자의 현지조사 자료를 바탕으로 그 경위와 전개과정을 몇 가지 관점에서 기술 · 분석한 것이다. 특히, 일본의 지방자치단체가 지역활성화와 과소화(過疎化) 대책으로 관광개발에 적극적으로 개입하게 되는 배경과 과정을 중점적으로 다루며, 아울러 그에 대한 주민의 적극적 대응과 관련된 문화의 문제를 고찰한다. 이를 위해 다음 세 가지 사실을 중점적으로 분석하고자 했다.

첫째, 그들 자신들이 개발의 일방적 대상이 아닌 자발적 주체로서 참가하는 과정을 살펴봄으로써 개발이 자신들의 절박한 생존수단으로 선택되며, 개발로 인해 해당 커뮤니티를 구성하는 미세한 차이가 확대되는 동시에 외부에 대해서는 공통의 정체성이 형성되어 정치적인 각성과 문화의 자각화나 의식화가 동시에 심화되는 과정을 규명하는 데에 있다. 다시 말해 문화의 담당자들이 관광개발을 위해 자신들의 문화를 조작의 대상으로 객체화하고, 그 과정에서 개발된 문화를 통해 자신들의 정체성을 확립해 가는 과정을 살펴보고자 한다.

둘째, 개발의 목적이 주변부 사람들을 산업사회의 균질적인(homogeneous) 도시 문화라는 근대적 시스템에 일원적으로 통합시켜 가는 것이 아니라, 오직 남과 다른 차이를 만들어 냄으로써 대내적으로는 다양성의 융합과 공존을 추구하고, 대외적으로는 개성 있는 '지역관광'(足羽洋保 編 1994: 68～89)을 구축하고자 한다는 사실을 보여 주고자 한다. 셋째, 이러한 관광개발이 고령화와 과소화의 심화로 황폐화된 지역사회 사람들의 정신을 활성화시켜, "지역에 남아 지역에서 살아간다"는 정당한 근거(논리)를 확보하는 과정도 함께 살피게 될 것이다.

2. 난고손

난고손은 일본 규슈 미야자키현 북서 산간지대에 자리잡은 동서 16km, 남북 12km, 총면적 190.23km^{2}로 우리의 면 규모 지방자치단체이다. 지방생활권의 중심도시인 휴가(日向)에서 국도 446호선을 따라 서쪽으로 38km 떨어진 곳에 자리잡고 있다. 따라서 규슈 지방을 남북으로 관통하는 고속도로나 태평양 연안을 남북으로 이어 주는 철도로부터 모두 빗겨나 있어, 접근이 대단히 불편한 이른바 산간오지에 자리잡고 있다.

난고손의 인구는 1954년의 7,800명에서 1998년 1월 말 현재 약 1,000세대 2,700여 명으로 급격히 감소했다. 특히 1970년부터 10년간 21%나 감소했으며, 그후 감소율은 약간 둔화되지만 여전히 과소화는 진행되고 있다(南鄕村 1996: 4). 세대수의 동향을 보면, 초기의 급격한 인구감소와는 달리 둔한 감소 추세를 보이나, 최근 10년간 후계자가 없는 세대가 급

마을 입구에 서 있는 '백제마을'의 안내 입간판. 한국인을 의식한 한글 간판이 눈에 띈다.

증하고 있어, 초기의 거가이촌(擧家離村)과는 근본적으로 성격이 다른 '이에'(家)[1]의 단절로 인한 본격적인 세대수 감소가 예상되고 있다.

난고손의 산업구조는 1차 산업의 취업률이 1965년 68.8%를 기점으로 1990년 36%까지 감소했으며, 2차 산업은 1965년 9.5%에서 1990년 30.4%로 완만한 증가세를 보이고 있다. 3차 산업 또한 1965년 21.5%, 1990년 33.6%로 조금씩 증가하고 있다. 이는 난고손의 산업구조가 임업, 농업에서 건설업이나 3차 산업으로 이동했기 때문이다(南鄕村 1995: 6~7).

난고손의 행정조직은 현재 7과 22계로 되어 있으며, 7과에는 총무과와 세무과, 주민복지과, 농정과, 임정과(林政課), 건설과, 기획관광과가 있다. 여기서 우리가 주목할 점은 백제마을조성을 계기로 급증하는 한일교류에 대비하기 위해 총무과에 '국제교류계'를 신설하고 한국인 국제교류원을 두고 있다는 점과, 본격적인 난고손 관광을 위해 기획관광과 내에 '관광계'를 두어 관광행정의 전담부서로 활용하고 있다는 점이다.

3. 백제마을조성의 경위와 전개

1) 과소화와 고령화에 대한 대응

난고손의 백제마을조성은 기본적으로 1980년대에 들어 일본 전국에

---

1. 일본에서 이에(家)란 가업과 세대의 영속성을 기본이념으로, 가장 및 그의 가족(하인이나 머슴과 같은 비혈연자도 포함)으로 구성되는 거주와 재산의 단위이다.

서 활발하게 전개되고 있는 '무라오코시'(村起し, 마을 일으키기)와 '무라즈쿠리'(村づくり, 마을 만들기)라는 과소화 대책의 지역활성화 운동에 해당된다. 지역활성화는 각 지역의 자연이나 문화자원, 지역 고유의 산업에서 주민의 생활양식에 이르기까지 개성 있는 지역 문화의 창조와 육성을 목표로 하고 있다. 이미 우리 학계에도 일본 농촌의 지역활성화에 대한 종합적 검토와 사례연구가 보고된 바 있다(김일철 · 이문웅 1994: 145~213).

일본 정부는 과소화 대책으로 1970~1999년까지 30년 동안 세 차례에 걸친 국가적 프로젝트를 시행해 왔다. 여기에 쏟아 부은 예산이 무려 60조 엔을 넘는다. 그러나 이 거대한 국가적 프로젝트가 그 종료시점 1년을 앞두고 크게 성공했다는 평가를 받지 못하고 있다. 왜냐하면 아직도 대부분의 과소 지역에서 과소화가 진행되고 있기 때문이다.

전국적 규모로 전개된 농 · 산 · 어촌의 과소화는 규슈의 산간오지 난고손에도 어김없이 찾아왔으며, 1965년 이후 급격한 인구감소를 억제하기 위해 여러 가지 방안이 강구되었다. 그러나 이러한 노력에도 불구하고 지역의 활기는 되살아나지 않았다. 과소화로 인해 고령화라는 새로운 문제가 발생했으며, 주민들은 난고손에서 살아갈 의욕과 자신감마저 잃어버리고 말았다. 다시 말해 젊은 층의 역외유출과 고령화, 출생률의 저하, 농림업의 쇠퇴, 이에의 단절 등으로 인한 과소화는 좀처럼 치유하기 어려운 정신의 쇠퇴나 심리적 빈곤감을 수반하고 있었다.

이에 대한 대응으로서 무라오코시가 촌 행정의 최대 과제가 되었다. 1980년대는 전국적으로 오이타현(大分縣)의 '일촌일품운동'(一村一品運動, 한 마을에서 특산품 하나씩 만들기), 구마모토현(熊本縣)의 '일본최고운동'(日本一運動, 일본에서 제일 가는 것 만들기) 등 지역활성화 운동이 최대의 붐을 맞은 시기였다. 난고손에서도 구체적 시책이 검토되고 있었는데, 마침 그때 미야자키현에서 '새 히무카만들기 운동'(히무카는 미야자키현의 옛 지명)의 일환으로, 각 시 · 정 · 촌마다 한 가지 볼거리를 선정하여 지원 · 육성한다는 '일정일관'(一町一觀, '한 마을, 볼거리 하나'의 의미로서 일종의 관광진흥운동)을 모집하고 있었다.

그해 새로 취임한 다바루(田原正人) 촌장의 지시에 따라 기획된 것이 '백제마을조성' 사업이다(南鄕村 1996: 383~384). 과소화와 고령화에 대한 대책이나 무라오코시에 대한 별다른 묘안도 없이 탄식만 하다가 바로 촌민들의 일상적 삶 속에 묻혀 있던 유 · 무형의 문화재와 전설, 그리고 지금도 풀리지 않는 수많은 백제왕족에 관한 수수께끼에 눈을 돌린 것이다. 1986년 11월의 일이었다.

2) 전통문화의 재인식과 '혼모노'(진짜)에 대한 집착

난고손에는 예부터 다음과 같은 전설이 전해오고 있다.

> 백제는 660년 나당연합군에 의해 멸망하게 되는데, 그후 많은 왕족과 무관들이 당시 친밀한 관계에 있었던 일본으로 망명하게 되었다. 이들은 한동안 당시 일본의 정치 중심지였던 나라에서 상당한 대접을 받으며 살다가 일본 국내의 권력다툼에 휘말리게 되었다. 이를 피하기 위해 두 척의 배를 타고 쓰쿠시(筑紫, 규슈의 북부 지방)를 향해 길을 떠났으나, 혼슈와 시코쿠 사이의 세토나이카이(瀨戶內海)에서 풍랑을 만나 표류하다가, 지금의 미야자키현 해변가에 도착했다. 정가왕(禎嘉王)과 그의 아들 복지왕(福智王) 일행이었다. 정가왕은 첩첩 산속에 있는 난고손 미카도(神門)에서, 아들 복지왕은 해변에서 가까운 기조초(木城町)에서 한동안 평화롭게 살고 있었다. 그러나 마침내 이들의 소재를 파악한 토

벌군은 미카도를 향해 진격해 오고, 이 소식을 들은 아들 복지왕은 원군을 보내 대항했으나 모두 패퇴하여 전사하고 말았다. 그후 정가왕은 미카도신사, 아들 복지왕은 히키신사(比木神社)의 제신으로 모셔지게 되었다(土田芳美 1989: 4～11).

그러나 위의 내용은 구전으로 전해지는 것과 상당한 차이를 보이는데, 이는 한 향토사학자에 의해 역사적 사실에 가깝게 재구성(재창조)되었기 때문이다. 이 점에 대해 당사자인 쓰치다(土田芳美) 씨는 다음과 같이 주장했다.

예부터 전승되는 '미카도전설'은 바보 같은 이야기이다. 전설에 의하면, 백제에서 왕족이 750년경에 망명한 것으로 되어 있으나, 이는 백제 멸망 후 90년이나 지난 이야기가 된다. 그래서 다시 만들었다. 아무리 근거 없는 전설이라 해도 어느 정도 역사적 사실에 접근시킬 필요가 있었기 때문이다. 멸망했다면 반드시 오사카나 나라 쪽으로 올 것이다. 백제에서 오는 사람들은 그 당시 조정의 고위직에 오를 자격이 있었다. 천황의 조상이 백제 출신이니까. 나라에 가서 고위직에 올라가면 반드시 본의 아니게 권력투쟁에 말려들게 될 가능성이 있다. 이 투쟁에 패한 백제 왕족 일가가 규슈의 북부 지방이나 어떤 지방의 관리로 추방되는 것은 흔히 있었던 일이다.

백제마을조성이라는 목표를 달성하기 위해서는 아무리 근거 없는 신화나 전설이라고 하더라도, 역사적 사실에 가깝게 비판적으로 재창조하여 '관광'이라는 실용적이면서도 현실적인 가치에 접근시켜야 했던 것이다.

이러한 '혼모노'(本物, 역사적 사실이나 진품과 동일한 것)에 대한 '고다와리'(집착)를 통한 백제와의 관련 찾기나 관계 맺기 작업은 이후에 전개되는 여러 관광개발에도 일관되게 유지된다. 문화를 조작 가능한 대상으로 삼아 새로이 만들어 내는 문화의 '객체화'(objectification)나 '실체화'(sub-stantiation) 과정이라고 할 수 있다.

여기서 무엇보다도 중요한 것은 난고손민들이 이 전설을 사실로 여기고 있으며, 그 증거로 1,300여 년간 지속되어 온 시와스마쓰리에 주목하고 있다는 사실이다. 이미 우리 학계에 보고된 바 있는 시와스마쓰리(이종철 · 정승모 · 김상기 1992: 323~365)는, 장남 복지왕의 신체(神體)가 90km나 떨어진 난고손 미카도신사의 제신인 아버지 정가왕을 방문하는 의례이다.

그리고 왕족의 유품이라고 하는 동경(銅鏡) 33개와 말 장식품, 스에키(須惠器),[2] '정가왕의 묘'로 전해지는 고분 등도 남아 있어 이 지역 주민들은 백제왕족에 관한 전승을 단순한 전설 이상의 것으로 인식하고 있다. 특히 미카도신사의 동경에 관한 이야기는 쇼와 초기에 문부성의 의뢰로 실시된 조사에서 최초로 공개되었으며, 그후 1955년 나라국립박물관의 연구자에 의해 두 번째로 학계에 발표되었다. 이 보고서에 의하면, 미카도의 동경은 모두 전래품(傳來品)으로, 나라시대의 것만 해도 그 수가 일본에서 열 손가락 안에 들어가며, 게다가 나라 정창원의 '교부쓰'(御物)[3]나 도다이지(東大寺) 출토경(出土鏡)과 똑같은 것이 포함되어 있다는 것이다. 또한 일본 고대의 고분시대와 나라시대의 동경이 24개나 한곳에 전래품으로 남아 있는 것은 대단히 보기 드문 예라는 것이다(南鄕村 1996: 387

---

2. 고분시대 후기에서 나라시대에 대륙계 도래인(渡來人)의 기술로 만들어진 토기. 주로 식기나 제구로 사용되었다.

3. 일반적으로 일본 황실의 소지품을 교부쓰라고 하나, 여기서는 나라의 정창원에 소장되어 있는 수많은 교부쓰 중에서 특히 나라시대의 동경을 가리킨다.

~389).

미카도의 동경은 이 보고서에 의하여 비로소 그 역사적 · 문화적 가치가 높이 평가되었다. 1987년 이후 다행히 많은 학자들의 미카도신사에 대한 조사가 이어져 동경에 숨겨진 비밀을 밝히는 작업이 활발하게 이루어졌다.[4]

그러나 아직까지 누가 왜 미카도신사에 고분시대와 나라시대의 동경을 24개나 가져다 놓았는지는 밝혀지지 않고 있다. 다만, 백제왕족 관련설이 아직은 추론의 단계이지만 조심스럽게 제기되고 있을 뿐이다. 중요한 것은 전설을 뒷받침할 확실한 역사적 증거는 없지만, 촌민의 마음속에는 그러한 믿음이 오래전부터 있어 왔다는 사실이다. 이 믿음이 백제마을조성 사업을 가능하게 한 원동력이 된 것이다.

한편 백제왕족 전설을 뒷받침하는 시와스마쓰리에 대한 조사도 진행되었다. 1990년 1월 문화청의 조사관이 이곳을 찾아 시와스마쓰리에 대한 민속학적 조사를 실시했다. 이 조사보고서에 의하면, 시와스마쓰리는 일본 국내에서 아주 오래된 형태에 속하며, 좀 더 면밀히 조사해 보면 일본 마쓰리의 기원을 밝히는 데에 중요한 실마리를 찾을 수 있다고 했다. 한편 시와스마쓰리에 대한 민속학과 고고학 분야에서 한일간 비교연구도 행해졌으며, 이들은 한결같이 시와스마쓰리에는 고대 백제의 풍습이 전해지고 있으며, 대륙의 영향을 크게 받은 것 같다고 했다(南鄕村 1996: 390~392).

또한 백제왕족의 전설을 여러 각도에서 검증하기 위해, 보다 실제적

---

4. 예를 들면 나라국립박물관과 나라국립문화재연구소의 전문가를 비롯하여, 오사카시립대학과 교토대학, 도쿄대학, 심지어 한국의 전문가까지 가세하여 동경의 비밀을 밝히는 작업이 어루어졌다.

인 방법도 동원되었다. "세토나이카이에서 폭풍을 만나 표류하다가 휴가국에 도착했다"는 전설의 내용에 대해, '과연 세토나이카이에서 풍랑을 만나 표류하면 조류를 따라 규슈의 남쪽까지 내려올 수 있을까' 하는 의문이 제기된 것이다.

세토해상보안서를 찾아가 자문을 구한 결과, 충분히 가능성이 있다는 것이었다. 이 사실을 증명이라도 하듯, 1994년 3월 9일 NHK가 조류와 전설의 관계를 규명한 「역사발견—규슈산지의 베일에 가려진 백제전설」이라는 다큐멘터리 프로그램을 전국에 방영하기도 했다(南鄕村 1996: 392).

지금까지 백제왕족 관련 전설이나 동경, 시와스마쓰리에 대해서 자세히 살펴보았는데, 이는 앞으로 다루는 백제마을조성이라는 행정 주도형 관광개발을 이해하는 데에 중요한 자료가 될 것이다. 이는 지역의 잠자고 있던 역사나 문화에 대한 재인식과 평가를 통해 지역주민들의 삶의 가치를 실현하고 공동체적 유대를 다지며, 궁극적으로는 무라오코시의 논리나 근거를 획득해 나가는 과정이기 때문이다.

이상에서 살펴본 백제왕족 관련 전설과 축제, 동경에 관한 새로운 인식을 바탕으로 백제마을조성사업의 세 가지 기본구상이 마련되었다. 첫째 백제 관련 전통문화의 가치를 재인식하여 관광자원화함으로써 지역의 새로운 정체성을 확립하는 것이고, 둘째 지역특산품을 개발하는 '지바산업'(地場産業, 지역 산업)을 육성하는 것이고, 셋째 한국의 백제 문화권과의 활발한 교류를 통해 우선 지역주민들에게 이문화 접촉기회를 제공하여 세계를 보는 안목을 넓히고 침체된 마을 분위기를 일소하고자 하는 것이다.

그럼 이제 위의 기본구상을 구체적으로 어떻게 실현했는지 살펴보기로 하겠다.

3) 전통문화의 볼거리화와 새로운 문화의 창조

(1) 백제관과 백화정(百花亭)

백제왕족 관련 전설과 유물, 마쓰리에 대한 학술적 검증을 마친 후, 볼거리화 대상으로 처음 손을 댄 것이 '백제관'이다. 이 건물은 부여국립박물관 앞의 '객사'를 모델로 한 것으로, '백제마을'이란 지역의 새로운 이미지 확립에 결정적 영향을 미쳤다. 또한 난고손의 물산관과 관광 · 문화교류의 자료관으로서 중요한 역할을 하고 있다. 현재 이 건물 안에는 김종필 씨가 보내 온 29점의 백제시대의 국보와 중요 문화재 복제품이 전시되어 있으며, '혼바'(本場, 본고장)의 전통공예품이나 라면, 김치 등 한국산 식품이 직접 수입 · 판매되고 있다.

이 건물이 완성되기까지 주일한국대사관을 비롯하여 총영사관, 부여

부여국립박물관 앞의 객사를 그대로 재현한 백제관. 난고손의 특산물 전시와 한국과의 문화교류를 위한 자료관으로 이용되고 있다.

국립박물관의 지원과 한국에서 온 건축기술자의 직접 시공이 있었다. 특히 기와와 받침돌은 한국에서 직접 수입한 것을 사용했으며, 단청무늬는 한국의 단청사가 직접 그린 것으로, 그들이 자주 말하는 '혼모노'를 재현했다. 그 밖에 촌 입구에 서 있는 장승은 1990년 8월 당시 민주자유당 최고위원으로 있던 김종필 씨가 난고손을 방문한 기념으로 기증한 것이다. 또한 '연인의 언덕' 위에 있는 '인연의 종'은 1992년 11월 한국의 방송작가이며 범종연구가이기도 한 이경재 씨가 시와스마쓰리를 보러 왔다가, 백제마을조성에 감동한 나머지 한일협력위원회를 통해 보내온 것이다. 이러한 난고손의 '백제색깔 내기'에는 한국의 공적 · 사적 지원이 한몫을 한 것이다.

백제마을조성으로 난고손의 새로운 명소가 된 연인의 언덕 위의 백화

난고손 미카도신사 앞의 조롱박 에마(繪馬). 한국의 민간전승에 착안하여 조롱박으로 바뀐 에마에는 '합격충원'이나 '연애성취' 같은 소원이 적혀 있다.

정은 부여 낙화암 위의 백화정을 그대로 모방한 것이다. 연인의 언덕은 마을 중심부를 한눈에 내려다볼 수 있는 해발 400m의 산을 깎아, 면적 1ha의 부지 위에 백화정과 야외무대, 벤치, 산책로 등을 갖춰 백제관보다 조금 앞선 1990년 10월에 완공했다. 연인의 언덕에서는 "연인이나 부모, 자식, 형제자매들이 종을 치면서 유대와 정리(情理)를 더욱 돈독히 한다"는 한국의 전승에 착안한 '연인 페스티벌'이 매년 개최되고 있다. 이곳은 예부터 난고손의 유명한 전망대였으나, 연인의 언덕이라는 새로운 유래와 이름으로 사랑의 결실을 기원하는 관광명소로 재창조된 것이다. 이러한 '만들어진 명소'는 새로운 생활양식과 사회적 욕구의 변화를 반영한 것이며(김양주 1997: 143~162), 백제 문화의 복제와 유용을 통해 조작가능한 대상으로서 문화를 객체화한 것이라고 할 수 있다. 2년 전부터 등장하기 시작한 미카도신사 앞의 '소원성취 조롱박'[5]도 같은 맥락에서 해석될 수 있다.

백제관과 백화정의 완성으로 난고손 관광시대의 막이 올랐다고 할 정도로, 이 두 건물이 관광촌 백제마을을 이미지화하는 데 미친 영향은 결코 무시할 수 없다. 이 두 건물에 단청을 그린 단청사의 활약상과 1990년 5월에 있었던 백제관 상량식은 한국에도 크게 소개되어, 이후 수많은 한국인 관광객이 난고손을 찾는 계기가 되었다.

(2) 난고차야(南鄕茶屋)와 백제골목(百濟小路) 1호관

'백제의 전통문화 21세기로의 계승사업'으로 건설된 난고차야와 '백제

---

5. 원래 일본인들은 신사나 절에 기도할 때나 그 기도가 이루어졌을 때 사례로서 말 그림이 그려진 작고 얇은 목판 액자를 바치는데, 이것이 백제마을 난고손에서는 조롱박이 된 것이다.

골목 1호관'은 난고손의 식문화를 중심으로 한 생활 문화를 표현하는 곳으로, 백제관과 함께 중요한 관광편의시설이다. 건축양식은 난고손의 전통민가인 '가야부키'(억새지붕)를 그대로 재현했으며, '이로리'[6] 주변에 식탁을 배치한 레스토랑, 난고손 식품의 전시와 판매를 위한 물산관, 주차장, 휴게소 등의 부대시설을 갖추고 있다. 일본의 전통적 가야부키 작업은 억새의 관리와 수확, 분배 등을 조직적으로 관리하는 촌락공동체의 대표적 공동노동이었다. 현재는 거의 기능하지 않는 이러한 공동노동을 통해 가야부키를 완성하게 함으로써, 촌민의 긍지와 자부심을 고양하고, 자신들의 생활 문화를 재인식하고 창조적으로 계승하는 귀중한 기회로 삼았다.

난고차야와 백제골목은 '난고크리에이션'에 의해 운영되고 있으며, 지배인과 핵심관리자들은 민간의 활력과 창의성을 활용한다는 취지에서 외부인을 채용했다. 난고크리에이션은 난고손이 1995년 5월에 자본금 2,000만 엔을 전액 투자하여 설립했으며, 경영만 민간에 위탁한 형태이다. 또한 서정창원과 난고차야, 백제관은 모두 난고손 소유이며, 입장료는 모두 난고손의 수입이 된다. 그러나 운영은 난고크리에이션에 위탁되어 있어 매점의 매상은 난고크리에이션의 몫이다. 이는 행정과 민간의 소유와 경영의 분리로, 행정의 경직성을 극복하고 민간의 유연성과 창의성을 효과적으로 활용할 수 있는 방식이라고 할 수 있다.

백제골목 1호관은 1995년 7월에 준공된 2층 목조건물로서 지붕에 한국산 기와를 덮어 고풍스러운 맛을 냈으며, 내부는 일본 전통의 다다미

---

6. 방바닥의 일부를 네모나게 잘라내고, 그곳에 재를 깔아 취사나 난방용으로 불을 피우는 장치. 현대 주택에는 거의 사라지고 없지만, 지금은 과거에 대한 향수와 동경의 대상으로 관광객들에게 인기가 높다.

백제마을의 대표적인 관광편의시설 난고차야. 외관은 전통민가의 양식을 빌렸지만 내부는 편의성과 쾌적성을 최대한 추구한 것으로 평가받고 있다.

를 깔아 외관과 내부를 한국과 일본의 양식을 조화시켜 새로운 건축 문화를 표현했다. 이 건물은 메이지 초기에 농산물의 집산지로 번영을 구가했던 거리를 하나씩 복원하기 위한 것으로, '한일 문화의 조화와 융합', '아름다운 기와지붕의 고도(古都) 창출'이라는 관광개발의 기본이념을 상징적으로 표현하고 있다. 1층은 주민이 직접 임대하여 손수 만든 전통과자를 판매하며(實演販賣), 그 외에 라면과 토종닭구이를 파는 식당이 있고, 2층은 난고크리에이션이 운영하는 식당으로, 한국의 전통차와 김치라면, 김치우동 등 백제마을을 효과적으로 이미지화하기 위한 특이한 음식들이 판매되고 있다.

한편 위에서 언급한 관광개발의 기본이념은 1992년에 신축된 촌 사무소의 새 청사에도 충실하게 반영되었다. 지붕을 기와로 덮어 고풍스러운 맛을 냈으며, 특히 청사 내부에는 한국인 관광객을 의식한 한글안내문을 비롯하여 중앙홀 천장에는 두 마리의 용과 다섯 마리의 봉황이 그려진 직경 10m 크기의 단청화를, 그리고 현관 입구에 백제고도 부여의 황란천(皇蘭泉)을 모방한 우물을 마련하는 등, 백제 문화를 발신하는 중심기지로서의 기능이나 디자인을 위해 세심한 주의를 기울였다. 이는 모두 관광에 의해 촉발된 '이종혼교화'(異種混交化, creolization)라는 문화변용(acculturation)의 한 현상이며, 또한 자신들의 생활 문화를 박물관적 전시를 통해 종래와는 달리 전시품을 제공하는 쪽의 사람들이 타자에 대해 자신들의 정체성을 주장하는 방법이기도 하다.

(3) '서정창원'(西正倉院) 건설

앞에서 살펴본 바와 같이 일본 고대사의 귀중한 유물인 미카도신사의 33개의 동경을 보관하기 위해 인구 3,000명도 채 안 되는 작은 지방자치단체로서는 감히 상상하기 어려운 '엄청난' 계획이 시도된다. 즉 일본 고대사의 상징적 유물인 나라의 정창원과 똑같은 세기적 명물을 만들어, 그 안에 미카도신사의 유물들을 보관 · 전시함으로써 대단한 문화재를 가진 마을로 알리려는 '작은 마을의 큰 도전'이 시작된 것이다. 이 건물은 나라의 정창원(동정창원)의 서쪽에 있다는 이유로 '서정창원'으로 명명되었으며, 1987년 6월 그 기본구상이 발표되어 1996년 5월의 준공까지 8년간의 대역사를 거쳐 완공되었다.[7]

이제 백제마을조성에 중추적 역할을 한 서정창원이 어떻게 건설되었는지 그 발자취를 더듬어 보기로 하겠다. 여기서 우리는 난고손이 헤쳐나가는 여러 가지 장벽들을 중심으로 중앙의 관계기관에 대한 지방자치단체의 위상이 어떤 것인가를 살피게 될 것이다. 이 계획의 중요한 요점

7. 서정창원 건설의 의의와 성격, 건물의 설계와 시공 등에 대한 참고자료에는 「서정창원 건축사업 보고서」(南鄕村觀光企劃課, 1997)가 있다.

일본 나라시에 있는 도다이지 정창원을 그대로 재현한 서정창원. 난고손에서 출토된 고대 유물들의 전시관으로 이용되고 있다.

은 백제관이나 백화정 건설에서도 나타났듯이, 어디까지나 '나라의 정창원'과 똑같은 '혼모노'를 끝까지 고집하고 있다는 사실이다. 그러나 막상 실현단계에 들어가자 예상치 못한 난관에 부딪히게 된다. 이것을 흔히 난고손에서는 '다섯 가지 장벽'이라 하는데, 필자가 촌장과 전 기획관광과장(현 교육위원장)을 상대로 한 인터뷰 내용을 중심으로 정리하면 다음과 같다.

〈서정창원 건설의 다섯 가지 장벽〉

첫 번째 장벽은 나라의 정창원과 똑같은 혼모노를 만들기 위해서는 일본 고대건축에 관한 한 최고의 권위를 자랑하는 나라국립문화재연구소(이하 '연구소'라고 함)의 학술적 지원을 얻는 것이었다. 난고손 기획과에서는 1987년 11월부터 연구소에 서정창원 건설의 배경이나 활용법 등에 관해 설명한 결과, "연구소에서 검토위원회를 설치하기로 했으니 담당자로부터 구체적 계획에 대해 설명을 듣고 싶다"는 답을 얻어냈다. 11월 1일 연구소에서 설명회를 가졌는데, 연구소에서는 "정창원 건설은 기술적으로는 그렇게 어렵지 않으나, 건축재료의 조달과 건축기준법상의 문제가 있다"는 자문을 해 주었다. 이때가 1988년 6월이었다.

연구소에서 학술지원을 검토하는 과정에서 궁내청이 '문외불출'(門外不出)로 하고 있는 '정창원 실측도의 입수'라는 이른바 두 번째 장벽에 부딪힌 것이다. 이에 촌장이 직접 도쿄의 궁내청 정창원사무소와 궁내청 교토사무소를 방문하여 협력을 요청하기에 이른다. 그러나 "아직까지 아무에게도 보여 준 적이 없기 때문에 어려울 것 같다"는 반응이었다. 다시 촌장이 도쿄의 궁내청에 가서 재차 지원을 요청했으나 "촌장 당신이 요구하고 있는 것이 얼마나 엄청난 일인지 알고 얘기하시는 겁니까?"라며 아주 놀라는 반응이었다. "과소화로 피폐된 마을에 활력을 불어넣으려고 하는 것이니 부디 도와주십시오"라고 간청하듯 부탁했다. 얼마 뒤 "난고손의 계획이 연구소의 학술적 지원을 받고 있고, 연구소가 학술연구를 위한 열람을 신청하면 공개할 수 있다"는 연락이 왔다. 1988년 2월부터 나라정창원사무소(3회), 궁내청 교토사무소(2회), 도쿄의 궁내청 정창원사무소 서릉부(3회)를 오가며 벌인 끈질긴 요청과 협의 끝에 정창원 실측도를 손에 넣은 것이다.

세 번째 장벽은 700m^{3}에 달하는 엄청난 양과 크기(직경 1m 20cm, 수령 500～600년)의 히노키(檜, 노송나무)의 조달이었다. 임업 현으로 알려진 미야자키현을 비롯하여 오이타와 구마모토, 멀리는 아오모리(青森)와 나가노(長野), 나라현의 영림서(營林署) 등을 찾아다녔지만 구할 수 없었다. 한편 과거 임야청(林野廳) 장관이었던 현 지사에게도 협력을 요청했지만 쉽게 해결되지 않았다. 그는 "만약 조달이 불가능하다면, 아오모리현의 '히바'[8]로 대체하는 것이 어떠냐?"는 타협안을 제시했으나, 촌장의 혼모노에 대한 집착으로 받아들여지지 않았다. 그러나 전국의 목재상에 정창원 건설에 필요한 히노키 견적서를 우송해 놓은 것이 적중해, 1992년에 나가노현의 한 목재상으로부터 수령 400~500년 되는 히노키가 있다는 연락이 온 것이다.

네 번째 장벽은 가장 어려울 것이라고 생각했던 건축기준법의 통과였다. 건축기준법에 의하면, 일본에서 목조건축물은 3층 이상, 높이 13m 이상 지을 수 없으며, 또한 정창원 건물은 기둥이 없고 못도 사용하지 않아 강도나 소방 등의 안전성의 문제로 허가할 수 없다는 것이었다. 토목사무소와 미야자키현 주택연구과, 건설성 주택과 등 4년간 30회 이상의 방문과 협의를 거쳤으나 모두 허사였다. 결국 마지막에는 건설성의 용단을 촉구하는 것 외에는 다른 방도가 없다고 판단되어, 건설성 쓰쿠바(筑波) 연구소에 탄원하게 된다. 쓰쿠바연구소에서는 일본건축연구협의회에 마지막 결정을 위임한 결과, 협의회에서 내린 "1,200여 년간 보존되고 있는 현재의 정창원이 모든 것을 증명하고 있다"는 평가를 바탕으로, 1992년 7월 건설대신특별허가(건축기준법 제 38조)를 내 주게 되었다.

다섯 번째는 건설재원을 확보하는 문제였다. 건설자금은 당초에 자치성의 '마치즈쿠리 특별대책사업비(起債)'[9]를 지원받도록 예정되어 있었

8. 학명은 히노키아스나로이며 히노키와 품종이 비슷한 것으로, 히노키보다 병충해에도 강하며 잘 썩지 않는 것으로 알려져 있다. 무엇보다 가격이 히노키의 1/3에서 1/2 정도밖에 되지 않는다는 점이 유리한 조건이었다.

9. 이 기금은 '마치즈쿠리 특별대책사업'(보통 '맛사쿠'로 줄여서 말함)의 일환으로 지방자치단체가 한꺼번에 돈을 빌려, 빌린 돈의 35~50% 범위 내에서 정부에서 매년 조금씩 지방교부세로 갚아 주는 제도이다.

지만, 사업비가 지원기준을 훨씬 넘게 되어 정부와의 교섭이 난항에 부딪혔다. 정부의 입장은 재정이 취약한 난고손에 4억 이상은 곤란하다는 것이었다. 여기서 촌과 현은 혼연일체가 되어 '개성 있고 매력적인 지역 만들기를 위해 불가피한 계획'이라며 끈질긴 협상을 거듭한 끝에, 총 예산 16억 3,300만 엔 중 16억 엔에 가까운 예산을 자치성으로부터 지원받게 된다. 이른바 제5의 관문을 돌파한 것이다.

서정창원 건설은 과소화를 극복하고 활기 넘치는 관광촌을 조성하기 위한 핵심사업이었다. 여기서 우리는 첫째 정창원 건설을 추진한 행정관계자들의 '개성 있고 매력적인 지역 만들기'를 위한 혼모노에 대한 집요하고 끈질긴 집착, 둘째 이를 실현하기 위한 현과 정부, 학술연구소, 궁내청을 상대로 한 협의과정에서 보여 준 지방자치단체의 주도면밀한 문제해결 능력과 중앙관계기관의 적절한 대응, 셋째 다섯 가지 장벽을 뛰어넘음으로써 산골 지방자치단체의 관광개발을 언론이나 학계, 국가기관을 포함한 국가 차원의 무라오코시로 발전시킨 점 등은 주목해야 할 것이다. 다시 말해 이른바 주변부 '지방'의 작은 행정촌과 권위와 권력의 중심기관인 '중앙'의 관계에서 나타난 지방의 위상, 지방에서 중앙으로의 하의상신형 의사결정 메커니즘(浜口惠俊 1977: 176~177)에 관한 일본적 면모와 특성이 잘 드러나고 있는 것이다.

4) '국제교류'란 이름의 한일 국제관광

일본 지방자치단체의 국제교류는 주민들의 국제적 시야와 감각을 넓히고, 국제화시대에 능동적으로 대처할 수 있는 인재를 양성하며, 지역의 활성화를 꾀하고자 오래전부터 실시하고 있는 공공사업이다. 그러나 난고손의 국제교류는 이러한 국제교류의 일반론적 성격과는 달리, 백제왕 전설과 시와스마쓰리의 비밀을 밝히기 위한 자신들의 뿌리찾기에서 시작되었다. 처음에는 난고손의 일방통행적 교류였지만, 백제왕족을 제신으로 모셔 온 난고손 주민들의 전통문화가 한일 양국에 널리 알려지자(양쪽 모두에게 대단히 '놀라운 사실'로 받아들여짐), 한국을 방문하여 백제왕족의 유래를 더듬어 보고자 하는 난고손민과 백제왕족을 제사지내는 난고손을 찾아보고 싶다는 한국인들에 의해 양국간 교류의 국제관광이 급속도로 확대되었다.

촌 총무과 국제교류계에서 직접 입수한 자료(『한국교류일람: 총괄』)에 의하면, 1986년 1차 방한조사단부터 1997년 7월 한국 부여 여행단의 난고손 관광까지 모두 117회(난고손 사람들의 방한 46회, 한국 사람들의 방일 71회), 4,103명(방한 960명, 방일 3,143명)의 관광교류가 있었다. 이것을 좀 더 자세히 살펴보기로 하겠다.

1986~1987년 사이에 백제와의 관련성을 찾을 목적으로 두 차례의 조사단이 부여에 파견되었는데 이것을 계기로 양국간 교류가 시작된다. 특히 1~2차 방한 때 여러 가지로 신세를 진 부여군 부군수와 문화원장을 사절단으로 초청하여 대대적으로 환영했다. 이에 크게 고무된 촌민들 사이에서 한국의 역사나 문화에 대한 관심이 고조되었다. 주민들 스스로 비디오에 의한 한국어교실을 열자, 촌에서는 1990년 4월 전국에서 최초로 한국으로부터 국제교류원을 초청하여 주민들에게 한국어뿐만 아니라 역사나 문화, 습관 등을 손쉽게 익힐 수 있는 기회를 제공하기 시작했다.

한편 난고손이 추진하는 한일교류를 널리 홍보하고 부추기기 위한 민간의 자발적 모임도 결성되었다. 바로 난고손의 사물놀이패인 '남사당'이다. 이는 1990년 11월 백제관 낙성식에 김종필 씨가 보내 준 김덕수 사물놀이패에 매료된 난고손 젊은이들에 의해 결성된 예능단체이다. 이들은 1991년 7월 한국국악원 부여지부에서 지도자를 초청해 4주간 연수를 받았으며, 촌의 공식 축하행사나 정기축제, 한일간 교류, 한국단체관광객의 난고손 방문 때에 주로 활동한다. 또한 이들은 사물놀이를 난고손의 전통예능으로 계승하기 위해, 1995년부터 미카도초등학교 4~6학년생(15~20명)을 대상으로 클럽활동 시간을 통해 전수하고 있으며, 그 이듬해에는 미카도중학교 전 남학생(30여 명)을 대상으로 정기적으로 지도하고 있다. 난고손에서는 백제 문화가 아무런 저항 없이 수용되어 자신들의 것으로 재창조되고 있는 것이다.

백제마을조성은 우선 한국의 사회나 문화를 이해하는 것에서 출발해야 한다는 취지 아래, 1990년부터 중학교 3학년 전원이 참가하는 한국연수가 시작되었다. 1994년 8월에는 부여의 임천중학교와 난고손의 두 중학교 사이에 자매결연이 있었으며, 1996년부터 임천중학교 학생들도 난고손을 방문하는 등 본격적인 상호교류가 시작되었다. 1990년 1월에는 한국청소년연맹에서 184명의 청소년을 보내오자, 난고손에서는 그 준비와 대응에 부산한 움직임을 보였다.

이때 모든 인원을 수용할 수가 없고 의사소통에도 문제가 있어 대단히 불안한 마음으로 이들을 맞이하게 되었다. 그때 겪었던 여러 가지 문화충격은 자신들의 삶의 방식을 되돌아보고, 한국이라는 타자를 새롭게 인식하는 계기가 되었다.

1989년 이후부터 조선일보사가 역사탐방단으로 교원 817명을 보내오거나 전주시 기전여자전문대 학생들이 난고손에서 세 차례의 민박관광을 실시하는 등 대형 여행단과 시찰단이 끊임없이 난고손을 방문하게 된다. 특히 앞에서 언급한 김종필 씨는 1990년 8월에 민주자유당 최고위원자격으로 난고손을 방문하게 되는데, 이것을 계기로 한국 정부의 중요인사들의 방문이 이어지게 된다. 난고손의 백제마을이 한국에 상당한 폭과 깊이로 알려진 증거로 볼 수 있다.

한편 난고손민의 한국 방문도 유행하게 되는데, 1987년 촌 사무소 직원들의 해외연수 여행지로서 서울과 부여가 선정되었으며, 이듬해인 1988년 4월에는 촌장을 비롯한 의회의원 전원이 부여를 방문했고, 이어 구장회(區長會)와 농업위원회, 민생 · 아동위원, 사회교육관계자 등이 방문, 상호교류의 물꼬를 트기 시작했다. 부여의 백제문화제에도 1990년부터 매회 초청되고 있으며, 1993년 대전엑스포에 일본의 지방자치단체 중에서는 유일하게 난고손이 초대되어, '백제왕족 1,300년 만의 고국방문'이라는 이벤트로 한국에서도 크게 화제가 되었다. 이러한 상호교류가 진행되는 중에 1991년 9월 부여읍과 자매결연이 성사되어 보다 체계적이며 지속적인 교류가 가능해졌다.

백제왕족 전설과 시와스마쓰리 등 백제 관련 전승 문화의 재인식으로 시작된 한일간 교류가 국내외에서 화제가 되자, 일본 국내의 백제 관련 문화유적이 있는 정 · 촌들이 난고손과의 교류를 제의해 왔다. 시가현 가모초(滋賀浦生町)는 백제의 석공이 만들었다는 일본에서 가장 오래된 석탑(국보)이 있는 곳으로 유명한데, 이 가모초에서 개최되는 '석탑 페스터벌'에 초대되는가 하면, 오사카부(大阪府)의 '시텐노지(四天王寺), 왔소', 가나가와현 가와사키(神奈川縣川崎)의 '일본의 마쓰리'에도 초대되어 이들 지역과도 활발한 교류가 이루어지고 있다.

이들에게 있어서 백제와 한국은 더 이상 터부와 관심 밖의 대상이 아니라, 현실적 삶을 재조명하고, 자신들의 정체성을 형성하는 중요한 매개변수로 등장한 것이다. 나아가 백제와 한국을 매개로 한 한일간 교류나 일본 국내 교류의 네트워크 형성에도 크게 기여한 것이다. 그 결과 그들의 문화는 '난고손'이라는 지역적 의식을 넘어, 일본 속의 백제 문화라는 보다 보편적인 인식체계 속에 자리매김된 것이다.

5) '백제'와 한국에 집착하는 이유

1998년 1월 16~18일까지 거행된 시와스마쓰리에 한국으로부터 140명의 관광객이 오기로 하였으나, 갑자기 불어닥친 IMF위기로 모두 취소되는 사태가 발생했다. 필자는 마침 이 기간중에 시와스마쓰리를 조사하고 있었는데, 여기에 온 각종 신문이나 잡지, 라디오, 텔레비전 기자들의 집중 취재대상이 되었다. 외국(한국)에서 온 유일한 관광팀(?)이었기 때문이다. 그들은 우리들에게 한결같이 한국의 IMF위기가 언제쯤 끝날 것인가에 대한 질문만 반복했다. 140명의 관광객이 한꺼번에 예약을 취소하는 예기치 못한 사태에 굉장한 충격을 받은 것이다. 자신들의 삶이 보다 큰 세계적 시스템에 연결되어 있다는 것을 인식하게 된 것이다.

여기서 난고손이 왜 그토록 '백제'(한국)에 집착하는지, 그 이유를 살펴봐야 할 것이다. 난고손이 일본 사회에서 일반적으로 금기시되고 있는 고대사의 비밀(자신들의 문화의 뿌리가 백제라는 것)을 공적 담론화하는 위험을 무릅쓰고, 한국 사람들의 일본에 대한 특별한 '민족주의'에 호소함으로써 한국인을 불러들이는 전략을 구사했다고 할 수 있을까? 필자는 난고손을 방문하기 전부터 이런 의문을 가지고 있었다.

이 부분에 대해 집요하게 접근했으나 대답은 한결같이 처음에는 '아니요'였다. 백제마을조성 사업에 핵심적 역할을 한 전 기획관광과장 하라다 씨의 의견을 요약하면, 우선 백제마을조성 사업은 처음부터 의도적으로 한국을 상대로 한 것이 아니었으며, 둘째 자신들이 오랫동안 지켜온 백제왕족과 관련된 삶의 양식 일부를 공적 담론화하는 과정을 통해 현대적 의미로 재창조한 것이며, 셋째 이것이 한국과 일본에서 동시에 주목을 받게 되자 '백제 문화'를 이들의 관광개발과 지역활성화에 전략적 수단으로 활용한 것이라고 할 수 있다. 앞으로 '관광'이란 창을 통해 새로운 백제 문화가 난고손은 물론 다른 지역에서도 보다 적극적으로 연출될 것으로 예상된다.

6) 관광상품의 개발과 육성

(1) 백제왕 김치

행정 주도의 백제마을조성 사업이 본격적으로 시작되자, 1988년 민간에서도 난고손의 특산물을 만들어 보자는 의견이 대두되었다. 마침 상공회 부인부가 이웃 정 · 촌에 없는 것을 만들어 봐야겠다고 생각한 것이 '백제왕 김치'이다.

부인부의 임원이었던 나가타 다쓰코 씨를 중심으로 한국 방문과 한국요리사 초청을 통해 '혼바'의 김치제조법을 익혔다. 그후 1989년 미야자키에서 열린 '요리페스티벌'에 김치를 출품시켰으며, 난고손을 찾는 관광객을 대상으로 임시매장에서 판매하기도 했다. 이제 백제왕 김치는 촌 밖으로 널리 알려져 미야자키시의 한 호텔에 정기적으로 납품하며 연간 약 1,000만 엔 정도의 매상을 올리고 있다.

촌의 관광시설에서 판매되고 있는 식료품을 조사해 보면, 배추김치를 비롯하여 무김치, 죽순김치, 우엉김치 등 다양한 형태의 김치류 외에도 '김치'라는 이름이 붙어 있는 것을 많이 볼 수 있는데, 모두 매운 맛을 그 특징으로 하고 있다. 예를 들면 '김치우동'을 비롯하여 '김치라면', '김치메밀국수' 등 김치는 백제와 매운 맛을 이미지화하는 중요한 매개변수인 셈이다. 앞으로도 지역에서 나는 농산물을 이용한 다양한 매운 음식이 개발되어 백제와의 관련성 속에 널리 유통될 것으로 보인다. 그러나 관광상품 개발을 둘러싼 주민과 행정, 주민간의 경합과 갈등이 없는 것은

난고손에서 자체 개발한 죽순김치와 우엉김치.

아니다. 공무원 부인들로 이루어진 시키사이 그룹의 김치와 백제왕 김치 간의 지나친 경쟁을 우려하는 목소리가 있으며, 이 밖에도 백제마을조성 사업이 4개의 '오아자'(大字, 자치단체 안의 행정구역) 중 미카도 중심으로 이루어지고 있는 것에 대해, "각 오아자마다 신사와 마쓰리가 있는데 미카도만을 위한 것인가?", "미카도신사 입구 주변의 가게만 혜택을 보고 있다"는 등의 불만의 목소리가 있다.

이는 관광에 의해 촉진된 여러 형태의 문화창조과정이 그 대상이나 방법을 둘러싼 논쟁으로부터 모두 자유로운 것이 아니라는 사실을 말해 주고 있다. 다시 말해 관광을 개발하는 과정에서 커뮤니티를 구성하는 여러 요소들에 미세한 차이가 발생하여 외부에 대해서 연대적 정체성이 형성된 결과, 정치적인 각성이나 문화의 자각화(의식화)가 진전된 것으로 볼 수 있다.

(2) 토종닭 숯불구이와 온천개발

1988년 4월부터 나가오(長尾勇) 씨를 대표로 3명이 공동으로 출자하여 토종닭을 사육하기 시작했는데, 현재 숯불구이나 통닭구이용으로 연간 약 4,000마리를 생산하고 있다. 1995년부터는 횟감과 냄비요리를 세트로 한 새로운 닭고기 요리를 개발해 관광객을 상대로 선호도를 조사하고 있는 중이다. 특히 백제마을 여름축제 때는 특별판매소를 설치하여, 난고손을 찾은 관광객을 대상으로 적극적인 홍보활동을 전개하고 있다(南鄕村 1996: 574).

이 외에도 여러 민간 그룹에서 촌의 지원 사업으로 난고손 특산품 개발과 육성에 힘을 기울이고 있다. 예를 들면 1981년에 설립된 시미즈 그룹을 비롯한 총 11개 그룹에서 30여 가지의 특산품을 개발하여 판매하고 있다. 특히 이 지역에서 개발되는 농·임업산품을 원료로 한 식료품이 주류를 이루고 있어, 지역의 경제기반을 굳건하게 할 수 있는 지역특산물 산업으로 성장이 기대된다.

한편 백제마을을 찾는 관광객들의 요구에 따라, '후루사토창생자금'(故鄕創生資金, 1억 엔)[10]을 활용하여 자연이 잘 보존된 주변부에 '백제숲'이라는 이름의 캠프장을 설치하게 되었다. 백제마을조성 초기에는 아무래도 미카도신사나 백제관 주변인 촌의 중심부에 투자가 집중되는 것이 바람직하나, 골짜기 마을이 활기를 잃어버리게 되면 주변마을로 파급될 것이라는 우려에서 실시한 것이다(南鄕村 1994: 194). 또한 한국인 관광객들이 온천을 즐긴다는 점에 착안하여 1990년부터 새로운 관광산업으로

---

10. 1987년에 출범한 다케시타(竹下登) 내각이 '일본열도 후루사토(故鄕) 창조 사업'의 일환으로 전국의 3,057개의 시·정·촌에 지급한 기금으로 1988년 2,000만 엔, 이듬해에 8,000만 엔이 지원되었다(地方自治政策硏究會編, 1989).

서 지열개발이 검토되었다. 이듬해 규슈대학의 기술지원으로 타당성조사가 이루어졌으며, 1992년 8월에 미카도의 서쪽 지구에 개발가능지역이 보고되었다. 1998년 1월 현재 굴착공사가 모두 끝난 상태이며, 1998년 10월에 개업 예정으로 부대시설 공사가 진행되고 있다. 이 공사가 끝나면 백제마을 만들기와 관련된 새로운 지역산업으로 성장할 가능성이 크다. 벌써부터 피부미용에 좋다는 이유로 최근 일본 주부층에서 폭발적인 인기를 모으고 있는 한국식 '때밀이'(아카스리)를 도입하는 문제가 검토되고 있어, 새로운 관광수요가 창출될 것으로 기대하고 있다.

4. 관광개발과 전통문화

1) 관광자원으로서의 전통문화

백제마을조성이란 시와스마쓰리를 통해 전승되어 온 전통문화(백제왕전설)를 관광자원화함으로써 지역활성화를 꾀하려는 것이다. 전통문화를 관광자원화하는 움직임은 전국적인 현상이며(야마시타 신지 편 1997: 207~217), 또한 지역활성화를 성공적으로 이룩하는 데에 크게 기여하고 있는 것으로 평가되고 있다. 그러나 한편으로는 무라오코시를 위한 이벤트 활동의 대부분은 일회성이나 일과성 행사로, 실제 어느 정도 지역활성화에 영향을 미치고 있는가에 대해 부정적인 견해도 있다(松崎憲三 1991: 58). 난고손의 사례연구는 분명 전자의 입장을 지지하고 있지만, 이에 대한 보다 진전된 논의를 위해서는 전통문화를 활용한 관광개발에 대한 보다 많은 사례연구가 필요하다고 본다.

여기서 전통문화에 대한 일반적 정의나 해석은 논의의 밖으로 하고, 무라오코시를 전제로 한 전통문화에 대해 생각해 보기로 하겠다. 여기서 말하는 전통문화란 지역 문화의 일부로서, 지역이란 일정한 공간과 시간적 제약 속에 형성되어 오랫동안 지역주민들의 풍요로운 삶의 가치를 실현하고 공동체적 유대를 다져 온 신앙이나 풍습, 의례 등의 생활양식을 의미한다. 특히 지역에 남아 지역에서 살아가는 사람들의 정체성 인식과 확립에 중요한 매개 구실을 하며, 시대와 지역에 따라 독특한 역할과 의미를 획득하며 발전적으로 해체되거나 재창조되어 온 것을 의미한다. 이렇게 하여 전통문화는 몇 세대에 걸쳐 그 형태와 의미가 변화되어 왔지만, 지역주민들이 온갖 정성을 다해 이를 계승해 온 것에 중요한 의미가 있다고 하겠다.

최근 '전통'의 이러한 재창조나 발명의 측면을 강조하는 연구가 눈에 띄는데, 특히 한 집단이 위기상황이나 급격한 변화 중에 있을 때 창조에 대한 욕구가 더욱 강해진다는 것이다(エリック ホブズボウム/テレンス レェンジャー 編 1992: 9~28; 권숙인 1996: 219~234). 전통은 이러한 상황에서 기존의 부정적인 분위기나 이미지를 개선하는 데에 중요한 자원으로 동원된다. 이 점에 관한 한 난고손의 전통문화도 예외일 수는 없다. 난고손 사람들은 지금 과소화로 인한 지역 문화의 총체적 위기에 직면하여, 전통문화의 재인식을 통한 자신들의 정체성 확립과 형상화를 통한 관광개발을 시도하고 있다.

외부인이 자신들의 지역에 함부로 들어오는 데에 대한 저항감, 외부인을 의식한 전통문화의 서툰 연출 가능성에 대한 염려, 생활을 위해서는 경제적 이익을 조금이라도 더 챙기기 위한 여러 가지 경합과 갈등이 예상된다. 그럼에도 불구하고 난고손에서는 자신들의 전통문화를 객체화함으로써 관광상품으로 재창조한 것이다. 이들에게 있어서 전통문화의 관광상품화는 자신들의 삶의 양식 일부를 스스로 현대적 의미로 재창조하려는 것이며, 이것이 바로 전통문화의 새로운 인식과 발전적 계승이라고 할 수 있다. 따라서 백제왕족 관련 전통문화를 매개로 한 관광개발은 그들의 생존을 보장하는 문화의 의식화나 정치적 각성의 계기가 되었으며, 경제적 수단(보증)이 된 것이다.

난고손에서는 '문화관광'이란 말을 자주 듣게 된다. 이들은 '관광'이나 '지역활성화'라는 창을 통해 확실한 실체로서 문화를 발견한 것이다. 말하자면 그들에게 문화의 변화(의식화)가 일어난 것이다. 그들이 의식하지 않은 채로 그들의 의식과 행위를 이끌어 내는 전제로서의 문화에서, 그들 자신이 의식하고 적극적으로 이야기하며, 또한 그것을 통해 정치적 · 경제적 힘을 손에 넣으려는 문화로의 변화인 것이다. 이면에서 전면으로 문화의 자리가 바뀐 것이며, 이는 다름 아닌 문화의 전경화(前景化)라는 위치변환일 것이다.

2) 관광에 의한 문화의 객체화

백제왕족 관련 전통문화를 발판으로 한 새로운 관광문화의 창조는 자신들의 문화와 백제 문화를 조작의 대상으로 객체화한 결과이며, 이 과정을 촉진한 사회적 요인이 관광이라는 점에서는 이론의 여지가 없을 것이다. 이러한 관점은 관광이 문화의 고유성이나 순수성(authenticity)의 빈껍데기만 보여 준다고 하는 비판에 대해, 문화담당자인 호스트 측의 주체성에 바탕을 둔 문제제기이다. 현대사회는 표준적이고 전형적이며, 지배적인 규범이 퇴조하고 자신들을 규정하는 방법과 내용을 대단히 다양화하고 있다. 이 시대를 살아가는 사람들은 누구나 의식적으로 자신을 의미 있는 형태로 성형할 필요를 느끼게 될 것이다. 난고손이 시행한 일련의 관광개발과정도 따지고 보면 문화의 주체적 성형화 과정이나 다름없다. 특히 백제마을을 이미지화하기 위한 백제관이나 사물놀이, 백제왕김치, 백화정과 연인의 언덕, 사물놀이패 등 백제 문화의 철저한 복제(혼모노 재현)와 유용을 통해 개성 있는 지역의 관광문화를 창출한 것이다. 난고손은 이제 이러한 한일 문화의 이종혼교(異種混交)의 무대를 마련한 것이며, 이 무대에 올려진 백제 문화는 아직 극히 일부에 지나지 않는다. 어차피 '백제마을 난고손'이란 이미지의 형성과 유포를 목적으로 시작한 개발인 만큼 장차 사회적 요구와 가치관의 변화에 따라 한일 문화의 다양한 형태의 이종혼교화의 길을 걸을 것이 예상된다. 그 추이를 지켜볼 필요가 있다. 따라서 이들이 지금까지 추진한 관광개발은 이른바 '지속가능한' 개발로 평가할 수 있다.

난고손의 관광개발과정에서 확인된 '문화의 객체화'나 '문화의 유용'은 문화가 관광에 의해 소멸되어 가는 것이 아니라, 새로이 생성되어 간다는 새로운 문화이론을 검증하는 데에 적절한 예가 될 수 있다. 다만, 여기서 강조되어야 할 점은 오타(太田好信)가 지적했듯이, 해당 사회 구성원들이 '본격적으로'(本氣で) 벌이는 관광개발에 관한 실천을 문화의 창조과정으로 파악하고, 그 주체성을 부정하지 않는 자세와 시각이 전제되어야 한다는 것이다(太田好信 1993: 388; 山下晋司 1992: 1~33). 또 한 가지 중요한 사실은 지금까지 인류학에서 다루어진 관광은 주로 관광이 토착문화에 미치는 영향이라는 문화변용에 관한 논의가 대부분이었으나, 관광개발에 필수적으로 수반되는 개발을 둘러싼 경합이나 갈등, 전략과 같은 정치적 변수를 고려한다면, 오히려 관광의 대상이 되는 사회에서 생활하는 사람들이 관광이라는 피할 수 없는 사회적 맥락 안에서 어떻게 자신들의 정체성을 구축해 가는가 하는 문제야말로 보다 현실적이며, 시급히 해결하여야 할 사안이라고 할 수 있다.

난고손의 백제 관련 전설이나 축제, 형상화된 건축물은 관광개발에 의해 난고손 지역 문화의 하나의 상징으로서 객체화된 것이다. 이제 이 지역주민들은 백제관이나 전설, 축제 등을 빼고는 자신들의 문화를 이야기할 수 없게 되었다. 그들에게 있어서 관광은 과거나 미래를 연결해 주는 현재의 문화창조를 위한 중요한 맥락인 것이다.

VI. 아이즈복고회: 민간 주도의 관광기획

권숙인

1. 관광생산과 문화분석

관광현상은 관광대상과 그것을 공급하는 측, 그리고 소비하는 측(관광객)이 서로 연결되어 이루어지는 시스템이라고 할 수 있다. 관광현상을 분석함에 있어 '생산'이라는 측면에 초점을 맞추는 것은, 관광을 단순히 관광객들이 관광지나 관광상품을 감상하고 즐기는 것이 아니라는 그런 행위 이전에 진행되는 과정까지 그 범위를 확대하여 고찰할 수 있게 해준다.

일찍이 맥켄넬이 "무대화된 고유성"(staged authenticity)이라는 개념으로 적절히 포착했듯이(MacCannell 1989), 관광객들이 추구한다고 흔히 지적되는 고유성이란 많은 경우 "무대화된", 혹은 연출된 고유성이다. 특히 현대처럼 이미지가 중요시되는 시대에 관광산업이 성공하기 위해서는 관광자원 그 자체보다 그것을 어떻게 매력적으로 연출하여 특별한 이미지를 부여할 수 있는가가 매우 중대한 문제이다. 그런 의미에서 그 어느 때보다 관광을 생산이라는 개념을 통하여 분석할 필요성이 크다고 할 수 있다.

물론 관광의 생산에 주목하는 것이 단순히 실용적 관심에 국한된 분석을 의미하지는 않는다. 특정의 관광생산 사례를 통해 우리는 관광개발 혹은 관광마케팅상의 방법이나 효율성을 분석할 수 있겠지만, 여기에서 더 나아가 관광생산과정에 개입하는 여러 사회문화적 역학을 읽어낼 수 있다.

예를 들어 비슷한 관광자원도 맥락에 따라 다양한 방식으로 생산될 수 있고, 상이한 의미나 기호학적 이미지가 부여될 수 있다. 또한 생산된 관광상품의 성공 원인은 단순히 개발 자체의 우수함에만 기인하는 것은 아니다. 그 관광상품이 소비되는 시대적 · 사회적 맥락과 잘 맞지 않는다면 성공을 보장받기란 매우 어려울 것이다. 아울러 관광의 생산과정에는 리더십의 성격이나 행사방식, 의사결정과정 등 사회조직적인 측면이 반영되어 있으며, 특정 관광상품 생산이 해당 지역사회에 가져온 영향 등을 통해 해당 사회에 대한 의미 있는 분석을 시도할 수 있다. 이 장에서는 필자가 실시한 현지조사 사례를 통해 관광생산의 방법, 과정, 전략, 평가뿐만 아니라 보다 포괄적인 사회문화적 의미들에도 주목하고자 한다.

2. 아이즈복고회

구체적으로 이 장에서는 '아이즈복고회'(會津復古會: 아이즈홋코카이. 이하 아이즈복고회 혹은 복고회로 칭함)의 사례를 살펴본다. 아이즈복고회는 1971년 일본 후쿠시마현 아이즈와카마쓰(會津若松)를 중심으로 18개 점포가 모여 전통을 계승하고 지역진흥을 도모한다는 목적으로 발족된 단체이다. 이후 30여 년 이상 존속하며 다양한 활동을 전개해 전국으로부터 주목을 받고 아이즈 관광에도 커다란 영향을 끼쳤다.

아이즈복고회는 관광생산이라는 주제와 관련해 특히 다음의 몇 가지 면에서 유용한 분석사례를 제공한다. 첫째, 1970년대 이후 일본 국내관광에서 한 가지 커다란 유형은 전통관광 혹은 향수(노스탤지어)관광이라 할 수 있는데, 복고회의 사례는 이런 유형의 관광이 어떻게 생산되고 어떤 배경 하에서 유효한 상품으로 연출되는가를 보여 줄 수 있다.

둘째, 이 단체는 오랫동안 성공적으로 관광생산을 담당해 오며 지역사회의 구성원들뿐만 아니라 이 지역을 찾는 관광객들에게 상당한 지명도를 확보해 왔다. 어떤 요인들이 이 단체의 장기적인 성공을 가능케 했는가는 그 자체로 흥미로운 주제이다. 예를 들어 지도자의 성격과 의사결정과정, 자원의 개발과 연출방식, 마케팅 전략, 사회문화적 맥락과의 조응 등을 분석해 볼 수 있을 것이다.

셋째, 보다 최근의 변화와 갖는 관련성이 있다. 최근 세계화 경향의 가속화와 1990년대 이후 장기화된 불황은 일본의 지역사회로 하여금 향후 존재방식과 생존전략에 대해 진지한 재고를 요구하고 있다. 이런 상황과 관련해 아이즈복고회는 특히 최근 몇 년 사이 그 목표나 '철학'이 지역 내외에서 상당한 호응을 받으며 재조명되고 있다. 뒤에서 살펴보겠지만

'복고회 방식'의 관광개발 · 지역활성화가 결국 지역사회가 앞으로 나아가야 할 방향이고 향후 관광유형의 큰 맥이 될 것이라는 평가가 널리 공유되고 있다. 그런 점에서 이 단체의 사례는 앞으로의 일본 국내관광의 한 방향을 전망해 볼 수 있게 할 뿐만 아니라, 향후 지역사회의 존재방식과 가치관의 변화를 예측할 수 있게 해 준다.

넷째, 복고회의 성공과 이들의 업적에 대한 평가는 관광생산이 단순히 관광상품의 개발이나 '상술'에 그치는 것이 아니라, 지역사회의 가치관이나 문화형성에도 영향을 끼칠 수 있음을 시사한다. 이 글에서는 복고회의 사례가 지역사회에 가져온 영향을 함께 분석하도록 한다.

1) 세팅: 아이즈와카마쓰

아이즈복고회 활동의 근거지인 아이즈와카마쓰시는 일본 후쿠시마현의 서쪽을 차지하고 있는 아이즈 지방의 중심도시이다. 도쿠가와시대 아이즈번은 23만 석을 자랑하는 전국 유수의 번이었으며, 도호쿠 지방에서는 센다이번(仙台藩) 다음의 규모를 자랑하고 있었다.

지난 수십 년 동안 관광은 아이즈의 핵심 산업이었는데, 이는 주로 아이즈가 강력한 번이었다는 점과 메이지유신(明治維新, 1868) 미명(未明)에 경험한 보신전쟁(戊辰戰爭, 1868~1869)이라는 역사적 사실 때문이다. 메이지유신 당시 아이즈번은 쓰러져 가는 도쿠가와막부 편에 서서 왕정복고를 내세우는 '신정부군'에 대항해 끝까지 싸웠다. 아이즈는 여기서 참패하고 수개월간 지속된 전투는 유명한 '백호대(白虎隊) 비극'[1]을 비롯

1. 보신전쟁 당시 아이즈번은 상황이 위급해지자 평소 예비군으로 편성된 16~19세 사

해 많은 비극을 낳았다. 130여 년의 세월이 지난 지금도 보신전쟁과 백호대의 비극은 흔히 이 지방을 나타내는 가장 대표적인 상징이자 소위 '사무라이 정신'의 정수를 보여 준다고 간주되고 있다. 이 특수한 역사는 아이즈 관광에서 가장 매력적이고 극적인 자원으로 기능하고 있다. 이 외에도 아이즈의 오랜 역사는 불교미술을 비롯하여 주목할 만한 문화적 · 역사적 유산을 풍부하게 남겼고, 훌륭한 자연환경도 좋은 관광자원으로 활용되고 있다.

특히 에도시대 줄곧 성하도시(城下町, 봉건시대 영주의 성이 위치하던 곳으로 정치적 · 경제적 · 행정적으로 전체 번의 수도였다)였던 아이즈와카마쓰시는 아이즈 관광의 중심지다. 칠기제조업이나 양조, 농업 등 이 지역의 '전통적 지방산업'과 많은 다른 산업들이 경기후퇴나 정체를 경험해 온 것과는 대조적으로, 관광은 1990년대의 불황 전까지는 지속적으로 성장했으며 현재 이 도시의 가장 중요한 산업 중 하나이다. 아이즈와카마쓰시에는 사실 온천 등 다른 관광자원도 있지만, 이곳을 '관광도시'라고 부르는 것은 역시 유명한 '역사와 전통의 도시'인 까닭이다. 성하도시로서의 오랜 전통과 보신전쟁과 같은 극적인 역사는 관광자원으로 활용할 수 있는 역사적 · 문화적 유산을 풍부하게 제공하였다.

그러나 '역사와 전통의 도시'라는 특징은 단순히 주어진 것이 아니라 공적 · 사적 노력에 의해 지속적으로 (재)구성된 것이다. (재)구성된다는 측면은 와카마쓰 성하의 대부분이 보신전쟁 중에 소실되었던 점을 고려할 때 더욱 부각된다. 이 과정에는 지역정부뿐만 아니라 사적 부문, 관련

이의 소년 무사들로 구성된 백호대까지 전장에 내보내게 된다. 백호대 비극이란 이렇게 전쟁에 나갔던 한 무리의 대원들이 전투에서 패한 후 퇴진하다가 멀리 화염에 휩싸인 성을 보고는(실제는 성 앞의 민가가 불타는 것이었다) 19명이 집단으로 할복자살한 사건이다.

단체들, 관심 있는 개인들의 공동 노력이 경주되었다. 오늘날까지 이 도시의 관광개발에서 공과 사의 구분은 모호해질 때가 많거나 흔히 협조와 공동보조를 취한다. 여기서 고찰하는 아이즈복고회의 경우도 와카마쓰를 오늘날의 관광도시, 역사와 전통의 도시로 생산해 내는 데 중요하고도 독특한 기여를 해 왔다.

2) '전통문화의 파수꾼', 아이즈복고회의 역사

관광생산의 주체는 국가, 지방자치체, 사기업, 주민단체, 개인 등 매우 다양할 수 있는데 아이즈복고회의 경우는 특히 민간주체에 의한 성공적인 사례를 보여 준다. 복고회의 역사는 1970년대 초로 거슬러 올라간다. 1971년 9월 당초 18개 점포가 회원이 되어 아이즈복고회가 결성되었다. 1970년 아이즈에는 '경제흑선'(經濟黑船)[2]이라고 불리는 대형상점들이 진출하면서 현지 상점가에는 위기의식이 높아지고 있었다. 토착 백화점이었던 와카마쓰백화점이 후쿠시마시에 본점을 둔 체인 백화점인 나카고(中合)에 매수되었고, 다이젠(大善)백화점 역시 대형 체인유통점으로 흡수되고 또 다른 대형 체인 유통점이 와카마쓰에 점포를 여는 등 현지 소매업자를 곤경으로 몰아넣고 있었다.

지역중소상점가의 일반적인 반응은 너도나도 점포를 근대화시켜 대형점포에 대항한다는 것이었다. 그중에는 창업된 지 200년이 넘는 칠기전문점 스즈키야리헤이(鈴木屋利兵衛)와 1624년에 창업된 죽세공품과

2. 1859년 미국의 페리 제독이 '흑선'을 타고 나타나 일본의 개항을 요구한 것에 빗대어 한 표현.

민예품 가게인 다케토(竹藤)도 포함되어 있었다. 스즈키야리헤이는 흙 회벽으로 지어진 점포건물[3]을 부수고 근대적 빌딩으로 개조할 계획이었고, 다케토 역시 오래된 점포를 부수고 주차장을 만들 생각을 하고 있었다. 차후 복고회의 창립과 활동에서 줄곧 지도자 역할을 하게 되는 이가라시 다이스케(五十嵐大祐)는 이 이야기를 듣고 직접 두 점포 주인을 만나 반년에 걸친 설득 작업을 벌였다.

결국 스즈키야리헤이는 마음을 바꾸어 이미 설계도까지 만들어진 빌딩 건설을 단념하고 흙벽을 수리 · 복원하고, 칠기뿐만 아니라 아이즈 민예품도 취급하는 점포로 재출발하기로 하였다. 곧이어 시작된 개조 작업 중 원래의 흙벽에 나중에 덧붙인 것들을 제거해 가다 보니 느티나무로 된 굵은 기둥에 칼자국이 남아 있는 것이 드러났다. 조사해 보니 보신전쟁 당시 이곳을 숙소로 삼아 머물고 있던 조슈번(長州藩, 당시 아이즈번의 적군)번 병사가 칼이 잘 드는지 보기 위해 베어 본 자국이었다. 그후 아이즈복고회 팸플릿에 게재된 이 가게의 소개 난에는 항상 이 사실이 명시되었으며, 이곳을 찾는 관광객들 중 이 기둥과 칼자국을 확인하는 사람들이 적지 않다고 한다. 이 가게는 당시엔 이미 전통이 끊긴 '아이즈에'(會津繪)라고 불리는 '진짜' 아이즈 칠기를 발굴 · 복원시켰으며 점포 안쪽에 민예품 전시관을 갖추고 있다. 이렇게 해서 복고회의 제1호점이 만들어졌다.

이가라시는 계속해서 백호대 기념과자를 팔고 있는 혼케나가몬야(本

---

3. 흔히 '구라즈쿠리'(藏造り)라고 불리는 건축양식으로, 두터운 흙벽으로 지은 건물에 외벽은 흰색 회칠이나 흑색을 칠한다. 습도나 온도를 비교적 일정하게 유지할 수 있어 예전부터 아이즈 지방의 특산물인 칠기를 제조하는 공방은 거의가 이런 식으로 지어졌으며, 점포나 창고 건축에도 쓰였다. 현재는 향수와 낭만을 불러일으키는 복고풍의 '특별한' 건축양식으로 여겨지고 있다.

외벽에 검은 옻칠이 되어 있는 스즈키야리헤이 전경(위)과 에도시대 건축물인 다케토 전경(아래).

家長門屋)를 설득하기 시작했다. 이 가게는 1852년에 발간된 직종별 '아이즈 베스트 화이브'(會津五副對)의 과자 부문에 선정되었던 노점포(老店鋪)인데, 이가라시는 이곳의 주인에게 '그리운 옛날의 손맛'을 느낄 수 있는 아이즈 전래의 막과자들을 부활시킬 것을 설득하였다. 다케토도 계획을 바꾸어 예전의 점포를 그대로 살리고 아이즈에 전해 내려오는 이 지방 고유의 민예품 등을 복원 · 제조하면서 오히려 '옛날 것' 지향으로 방향을 바꾸었다. 이 일들을 계기로 아이즈복고회가 결성되었다.

1971년 9월 이가라시 다이스케와 스즈키야리헤이, 혼케나가몬야, 다케토를 포함해 서로 다른 업종의 18개 점포가 모여 전통을 계승하고 지역진흥을 도모한다는 목적으로 '아이즈복고회'를 발족하였다. 대형점포의 공격이 거세지던 당시 상황에 대한 이들의 대책은 대형점포와는 반대 방식이었다. 즉 옛날 식으로 점포구조를 갖추고, '진품'을 진열하고, 고객과는 직접 대면하면서 대화를 통해 고객의 필요에 가장 잘 부응하는 상품을 판매하고 서비스에 만전을 기한다는 상법(商法)이었다.

그후 복고회의 소문이 퍼져 나갔고 "오래된 가게를 활용해서 상품을 팔고 있는 복고회를 보고 싶다"는 신청이 관광객들로부터 끊이지 않았다. 현재까지 복고회에 가맹해 있는 가게들을 방문하면서 시내를 걷는 것을 즐기는 관광객이 꽤 많이 있고 연수를 위해 단체로 방문하는 경우도 있다고 한다. 1991년에는 전국경관보존연맹과 공동으로 '전국경관세미나'를 개최하기도 하였다. 이런 과정을 통해 복고회는 전국의 주목을 받으며 아이즈 관광에 커다란 공헌을 해 왔다. 1993년에는 전통계승과 지역진흥을 간판으로 하여 전국에서도 특이한 협동조합 형태로 조직을 바꾸어 신용강화를 꾀했다. 복고회는 그동안의 공로를 인정받아 1996년 마치오코시(지역진흥)상으로 국토청장상을 받았다.

3) 아이즈복고회와 이가라시 다이스케

아이즈복고회의 관광생산 사례는 '단체'에 의한 활동이지만 복고회는 사실 이가라시 다이스케라는 '개인'을 떠나서는 생각할 수 없는 단체이다. 살펴본 것처럼 1971년 복고회가 발족되는 데 핵심적인 역할을 한 것이 그였으며, 그 뒤에 이 단체가 벌여 온 여러 활동의 아이디어를 제공하고 추진해 온 중심인물도 바로 그였다. 지역주민이나 언론은 복고회를 '이가라시 사숙(私塾)', 복고회가 실천해 온 핵심이념을 '다이스케학(學)'이라고 칭하기도 하는데, 이는 모두 복고회에서 그가 가지는 무게를 지칭하는 말이다. 최근 복고회의 분열(뒤에서 상술)에 대해 논하면서 다음과 같이 평하고 있는 한 지역잡지를 통해 이가라시 다이스케란 인물에 대한 지역주민들의 평가를 읽을 수 있다.

> 아이즈복고회는 창립 25주년. 이가라시 씨의 상업철학에 찬성하는 사람들이 가업을 복고풍으로 바꾸고 독자적 스타일을 만들면서 "불황을 모르는" 발전을 해 왔다. '다이스케학'이라고도 불릴 만한 이 상업철학은 근대화 노선 만능의 상황에서 이가라시라는 한 개인의 "특별한 재능"이 발휘되고 이에 찬동하는 사람들이 증가함에 따라 시내의 경관 자체가 변할 정도의 영향을 가져왔다. 사실 25년간의 복고회 활동을 통해 이가라시 씨는 '전국경관보존연맹' 회장에 선발되어 한층 더 전국의 '경관보존' 운동에 공헌하고 있으며 늙었다는 느낌도 전혀 주지 않는다. '경관보존연맹회장'이라는 직책은 어떤 의미에서는 시장보다도 훌륭하다. 그 발상과 식견이 발명가의 그것처럼 참신하여 "무에서 유를 창조할" 정도로 사물의 가치관을 전환시키는 힘을 가지고 있다. 현(縣)청사에 관광부장이 있지만 이가라시 씨는 그 지위 이상의 역할을 해왔다…. 33개의 점포가 소속된 이 단체는 관광 아이즈의 메카로 존재해 왔다(福島政經, 1997.12.5).

이가라시가(家)는 대대로 아이즈번 성하도시에서 니지야지로자에몬(二字屋治郎左衛門)이란 이름으로 어용(御用) 다상(茶商)을 하고 있었는데 보신전쟁 후에 와카마쓰시 인근의 고리야마(郡山)로 이주했고 이가라시 다이스케는 그곳에서 태어났다.

그는 니지야지로자에몬 9대를 이으며 과자점 아이즈아오이(會津葵)[4]를 창업 · 운영하고 있다. 1920년 출생한 이가라시는 1997년 현지조사 당시 80을 바라보는 나이에도 불구하고 나이보다 훨씬 젊어 보이고 아직 왕성하게 활동하고 있었다.

더군다나 복고회뿐만 아니라 1993년부터는 전국적으로 68개 단체가 회원으로 있는 전국경관보존연맹의 회장이 되어 아이즈 지역을 넘어서도 역할과 기여를 인정받고 있다. 필자와의 두 차례에 걸친 인터뷰에서 그는 자신이 복고회를 조직하고 활동을 지속해 온 뿌리에는 민예운동과의 연관이 있음을 지적하였다. 아이즈복고회 창립 25주년을 맞아 한 뉴스레터에 쓴 이가라시의 글은 자신의 철학적 배경에 대해 다음과 같이 설명하고 있다.

> 태평양전쟁이 끝나고 패전의 쇼크로 망연자실 암담한 시기를 겪었다. 그러던 와중에 마음을 받쳐 준 것은 미야자와 겐지(宮澤賢治)의 "비에도 굴하지 않고"란 사상이었으며, 손으로 하는 일의 미학을 역설한 야나기 무네요시(柳宗悅)의 민예운동이었다. 민예란 민중공예를 의미하는

4. 일본어로 '오카시야'라 칭해지는 가게는 우리말로 '과자점'이라 번역이 되겠지만 실제론 다양한 종류의 가게들, 예를 들어 서양식 케이크 전문점에서부터 전통막과자나 사탕류를 주로 파는 가게 등 여러 가지로 구분이 가능하다. '아이즈아오이'는 주로 차를 마실 때 곁들일 수 있는 작게 포장된 일본식 케이크나 정식 다도 때 쓰이는 고급 일본식 과자를 전문으로 한다. 또한 '접시꽃 문양'을 의미하는 아오이(葵)는 도쿠가와시대 도쿠가와 가문을 상징하는 문양으로, 아이즈번 영주인 마쓰다이라가(松平家)는 도쿠가와가의 친척인 관계로 이 무늬 사용이 허락되어 있었다. 즉 이가라시의 가게 상호가 '아이즈아오이'인 것 자체가 아이즈의 역사를 담은 것이다.

것으로 직인의 손일에는 꾸밈없는 미가 존재한다는 것이다. 그것은 유럽에서 일어난 산업혁명, 기계화에 의한 대량생산에 대해 손으로 만든 민중공예의 미학을 역설한 사상이었다. 실용생활도구를 열심히 만드는 무명의 직인에게 감사하고 그것을 애용하는 풍요로운 라이프스타일을 제안했던 최초의 사람이 야나기였다.

역사는 항시 '승자는 패자의 민족적 문화, 습관과 언어, 풍속까지 말살한다'는 사실을 보여 준다. 보신전쟁의 참담한 기억이 남아 있는 아이즈에 사는 나는 민예운동에 촉발되어 1953년 후쿠시마현 민예협회를 설립, 나아가 '아이즈 맛있는 집 모임'을 발족, 전통 공예와 향토요리 등 지방문화를 지키고 육성하는 활동을 전개했다. 1970년 경제흑선의 내습이라고도 할 유통 대형점포의 진출에 직면해 아이즈 현지 백화점 두 곳이 무너지는 것을 눈앞에서 지켜보았다. 그런 위기 속에서 살아남기 위해 일어선 것이 아이즈복고회였다. 목표로 한 것은 아이즈 이외의 곳에서는 구할 수 없는 가치 있는 것을 전승한다는 자부심 강한 노점포를 결속하고 집단으로 만드는 것이었다. 당시는 농촌 · 산촌 · 어촌에 자연환경과 전원풍경의 소박함이 농후하게 남아 있던 시절이었다. 그러나 일본은 공업입국, 경제대국을 목표로 열도개조의 목소리와 함께 도시계획의 이름 하에 오래되고 아름다운 것들을 부수어 버리고 조악한 새것으로 대체해 왔다. 그런 과정이 전후 50년 동안 계속되면서 이 나라는 대변모를 겪어 왔다. 일본인이 일본인이 아니게 되었고 아름다운 일본은 사라져 가고 있다.

아이즈복고회가 결성된 후 이가라시는 실질적으로 복고회 활동의 아이디어를 내고 여러 가지 독창적인 활동을 벌여 갔다. 예를 들어 그가 운영하는 과자점의 가장 대표적인 상품으로 '카스테안, 아이즈아오이'라는 것이 있다. 이것은 카스텔라 속에 붉은 팥이나 과일로 만든 속(안코)을 넣어 가로 · 세로 각각 5cm 정도의 사각형 모양으로 만든 것인데, 보통의 카스텔라와 달리 속을 넣은 것이 특이한 것으로 간주되고 있다. 이가라시 자신은 이것에 대해 일본 것(안코)에 서양 것(카스텔라)을 합쳐 구미인들이 생각지 못한 독창적인 것을 창조해 낸 것으로 의미를 부여한다. 이런 식으로 미의식을 가미하며 독자적인 상품을 창작하는 것은 단순히 장사에 도움이 될 뿐만 아니라 생활 문화에도 공헌할 수 있는 일이라고 말한다. 실제 그는 복고회 결성 직후 복고회 소속 점포를 대상으로 일점일품(一店一品)운동을 시작하였다. 이는 선조로부터 전수한 좋은 상품을 더욱 갈고 닦고, 나아가 새롭고 독창적인 상품을 한 가지씩 개발하자는 것으로, 오이타현의 유명한 일촌일품운동보다 훨씬 전의 일이다.[5] 이렇게 개발된 훌륭한 상품을 예전의 점포들이 했듯이 정성을 다해 손님에게 소개하고 팔면 반드시 성공하게 되어 있다는 것이 이가라시의 믿음이었으며, 그는 이런 방식이야말로 대형점포에 대응할 수 있는 가장 좋은 방법이라는 확고한 신념을 견지하고 있다. 그의 이념과 철학은 복고회를 통해 실천되었고 아이즈 관광에 커다란 공헌을 했다고 평가되고 있다.

현재 복고회는 분열 위기에 처해 있고 탈퇴자들은 탈퇴의 이유를 이가라시의 '독선'으로 돌리고 있지만 탈퇴자까지 포함해 대부분의 사람들은 그가 "선구자적 존재"이며 분명한 철학을 지닌 "개성 강한 사람"이라는 점, 그런 까닭에 그동안 많은 공헌을 해 왔다는 점을 인정한다. 그의 개성과 선견지명을 보여 주는 에피소드는 여러 가지가 있으나 필자가 현지조사시 묵고 있던 집 주인 아저씨가 들려준 이야기도 이가라시란 인물의 특징적인 단면을 잘 보여 준다. 지금으로부터 약 20여 년 전에 이

5. 일촌일품운동은 1979년 규슈 오이타현에서 시작되어 무라오코시운동의 효시로 전국적으로 영향을 끼친 유명한 캠페인이다. 기본발상은 각 지자체가 한 가지씩 특산물을 개발하여 지역활성화의 근거로 삼자는 것이었다.

가라시는 자기 가게 앞을 흐르는 수로의 복개 계획에 반대해서 개인적으로 시를 상대로 재판을 걸었다. 아름다운 도시경관을 망친다는 것이 그의 주장이었다. 결국 그는 재판에서 졌고 수로는 복개되었다. 그러나 20여 년이 지난 지금 이 이야기를 해 준 시청 직원은, "지금 생각해 보니 그가 맞았다"는 말을 털어놓았다고 한다. 현재는 예전에 복개했던 수로를 원상 복귀시키는 시대인 것이다. 또한 와카마쓰시 행정당국을 비롯해 관련 민간단체가 현재 가장 힘을 기울여 추진하고 있는 것이 도시경관을 중심으로 한 체험관광인데, 이것이야말로 이가라시가 오래전부터 주장하고 실천해 온 것이었다.

4) 아이즈복고회의 관광생산

발족 당시 아이즈복고회는 위에 언급한 아이즈아오이, 스즈키야리헤이, 혼케나가몬야를 비롯해 총 18개의 특색 있는 점포들로 구성되었다. 이후 회원전원일치의 찬성이라는 까다로운 심사를 거쳐 1996년경 회원 수가 33개로 증가한다. 이 중에서 위의 3개 점포 외에 지역 내외로부터 인기가 높은 몇 점포를 살펴보자. 물론 이런 소개는 잘 준비된 팸플릿이나 관광가이드북을 통해 관광객들이 반복적으로 접하는 정보이다.

1624년 창업된 다케토는 죽세공품을 중심으로 한 민예품을 전문으로 하고 있다. 옛날부터 아이즈는 술을 많이 먹는 곳으로 대나무는 술통으로 대량 소비되고 있었다. 현재의 점포는 아이즈에서 가장 오래된 상업 건축물로 약 160년의 성상을 겪어 낸 것이다. 그 옛날 에도시대의 점포 건축 모습을 잘 보여 주는 이곳에서 흥미로운 것은 기둥의 한 곳이 마모되어 둥그렇게 패인 자국이 남아 있는 것이다. 예전에 손님들이 가게 일

을 보는 동안 소와 말을 묶어 놓았던 기둥이라 하며, 옛날 에도시대의 풍정을 떠올리게 한다. 이 가게가 위치한 이치노마치(一之町) 거리는 에도시대 아이즈 전체에서 가장 번화가로 아이즈 상인들은 이곳에 가게를 내는 것이 소원이었다고 한다. 죽세공을 비롯해 민예품, 주인이 직접 만드는 아이즈 전래의 연 '도진타코'(唐人たこ)를 판다

시부카와돈야(渉川問屋)는 원래 메이지시대에 창업한 해산물 도매상이었다. 그후 유통계의 변화로 폐점 상태로 버려졌던 건물을 현재의 주인이 향토요리점과 여관으로 재개업하였다. 여성전용여관으로 운영하다가 1994년 별관을 지어 남성도 숙박할 수 있게 되었는데 이곳을 찾는 사람들은 메이지시대 대점포의 흔적과 역사를 여러 구석에서 느낄 수 있다. 쓰루이쓰쓰(鶴井筒)는 메이지 30년대에 지어진 대지주의 저택을 1972년에 이축한 아이즈 요리점이다. 제대로 갖추어 만든 주현관과 신분에 따라 사용이 구분되었던 이로리가 3개나 있는 호쾌한 이 건조물은 그것만으로도 감상거리를 제공하며, 2층과 3층 일부를 이용해서 일본에서는 드문 네팔 박물관을 병설하고 있다. 에비야라는 이름의 장어요리 음식점은 4대째 이어져 내려오는 전문점인데 뛰어난 장어요리로 역시 호평받는 가게이다. 그 외에 개성 풍부한 향토요리 전문점, 아이즈 목면을 전문으로 취급하는 직물가게, 메밀국수 전문점, 된장가게, 주조장 등 다양한 업종의 점포들로 구성되어 있다.

복고회에 의한 관광생산의 핵심은 '전통적인' 상업 문화의 창조와 다른 곳에서는 찾을 수 없는 특징적인 상품, 그리고 이런 가치를 효과적으로 표현한 연출력 등으로 요약될 수 있다. 복고회가 강조하는 전통적인 상업 문화란 이들의 중요한 슬로건 중의 하나인 '사혼상재'(士魂商才)라는 표현으로 집약된다. 과거 아이즈번 사무라이들은 "안 되는 것은 무슨 일이 있어도 안 된다"는 정신 하에 끝까지 타협을 거부한 채 도쿠가와

막부에 충성을 다함으로써 사무라이 정신의 정수를 보여 주었다. 마찬가지로 복고회도 '본래의' 상업도덕에 기초하여 "돈 계산보다 신용을 중시하고, 아이즈 상인의 미학인 진선미(眞善美)를 추구하는 상업의 왕도를 천하에 보여" 일본의 훌륭한 상인 문화전통을 현대에 살려 나가야 한다고 강조한다. "오래되고 좋은 것(古き良き物)을 귀중하게 여기자. 상업을 통해 그것들을 활용해 가자"는 것이 복고회 정신이었다.

위에서 언급한 일점일품운동은 이 정신을 실천하는 한 방법으로 제시된 것이다. 전국 어느 곳에도 없고 "아이즈에서만 찾을 수 있는" 오리지널 상품을 만들자는 것이었다. 아이즈아오이의 '안코가 든 카스텔라'는 과학기술청 장관상을 받았고, 옛날 이 지역 서민들이 즐겨 먹던 전래의 막과자를 부활시키기도 했으며, 칠기나 민예품 등에서도 명맥이 끊긴 '진짜'를 여러 가지 복원시켰다. 이런 것들은 지역민들과 관광객들의 호평 속에 꾸준히 팔려 나갔다. 특히 1970년대와 1980년대를 거치면서 '리트로 붐'이나 '전통지향', '개성중시' 등이 새로운 시대조류로 자리함에 따라 복고회의 상품은 그 독특한 가치가 새롭게 인식 된다. 예를 들어 아이즈의 전통산업의 양대 축은 칠기산업과 주조(酒造)인데, 복고회가 활동을 시작할 무렵은 주로 값싼 플라스틱 칠기가 주류를 이루고 있었다. '진짜' 칠기는 제조에서 판매까지 최소 1년은 소요되기에 제조업체도 꺼려하고 상대적으로 높은 가격에 수요가 아직 그리 많지 않았다. 그러던 것이 스즈키야리헤이가 복고회 활동을 시작하면서 그동안 취급하던 플라스틱 칠기를 전부 팔아 버리고 '진짜' 칠기를 본격적으로 복원하기 시작하였다. 이후 칠기에 대한 수요는 일상용품으로서가 아니라 특별한 경우를 위한 고급품 중심으로 형성되었다. 즉 스즈키의 가게는 '진짜'를 지향함으로써 남들보다 한 발 앞서 새로운 수요에 대응할 수 있었다. 특히 관광과 여행의 핵심은 "진귀한 것들을 만나는 기쁨"이며, 따라서 "남들이

하지 않는 것"을 해야만 살아남을 수 있다고 이가라시는 말한다.

독자적이고 좋은 상품을 개발하는 데서 나아가 복고회는 장사방식에서도 새로운 연출을 시도하였다. 단지 상품을 파는 데서 그칠 것이 아니라 손님을 감동시키는 것이 진정한 상법이라는 것이다. 일종의 무대장치인 셈이다. 무대장치의 기본주제는 '역사와 전통'이었다. 아이즈와카마쓰를 찾는 관광객들은 대부분 이곳이 유서 깊은 성하도시였고 보신전쟁과 백호대 비극의 무대였다는 점을 알고 온다. 따라서 이들의 기대에 부응하기 위해서는 점포의 모습을 에도시대, 메이지시대, 혹은 다이쇼시대의 모습으로 유지하는 것이 좋을 것이라는 발상이었다. 그래서 이들은 빌딩과 근대적 점포가 급증하는 상황에서 오히려 '옛날 식' 점포를 도입하였다.

복고회 회원의 점포는 대개가 검은색 혹은 흰색 등의 무채색으로, 목조나 흙 회벽의 구라즈쿠리로 되어 있다. 그중에는 다케토나 시부카와돈야, 스즈키야리헤이 등과 같이 본래 유서 깊은 건물도 있지만 새로 전통 양식으로 지어진 점포도 있다. 내부도 가능하면 옛날 점포의 내장을 복원시켰다. 예를 들어 상품은 유리진열장 등을 쓰지 않고 다다미나 마루 바닥에 커다란 목기 그릇을 놓고 거기에 담아 진열하거나 다케토처럼 그냥 마루바닥에 전시하든지 흙으로 된 바닥에 놓아두는 방식을 택했다. 주인이 다다미 바닥에 앉아 손님을 받는 가게도 있다. 물론 의식적으로 아이즈 사투리를 사용할 것이 권장되었다. 조명은 너무 밝지 않게 하고 형광등 대신 자연광에 가까운 백열등을 중심으로 하였다.

이들 점포는 모두 외부에서는 가게의 안을 들여다볼 수 없는 폐쇄형이다. 게다가 요즘 흔히 볼 수 있는 식으로 상품을 전시해 놓은 쇼윈도도 없어 외부인들은 사전 정보가 없이는 무슨 물건을 파는지 감을 잡기 힘들다. '복고'를 지향한 이상, 옛날 식의 폐쇄형이 손님들의 호기심을 불러일으킬 것이라는 생각이었다. 그 이면에는 어차피 복고회 소속 점포를 찾는 고객은 대부분 사전 정보를 갖고 굳이 특정 가게를 찾는 경우일 것이란 자신감도 배어 있었을 것이다(그러나 자동출입문이 설치된 곳이 몇 군데 있다). 여기에다 가게 외부에는 그 옛날 노점포, 명점포의 신용과 자부심을 상징했던 '노렌'(暖簾)을 드리웠다. 노렌은 점포의 이름(屋號)을 전통염색기법으로 두드러지게 표현한 목면 휘장으로, 가게 출입구에 드리운다. 근대화 이전 시기에는 상가(商家)에서 자기 점포의 전통과 자부심, 신용을 나타내는 그 점포의 가장 중요한 얼굴 노릇을 하고 있었으며 옛 상가(商街)의 독특한 풍경을 구성하는 핵심 요소이기도 하였다. 점포들이 근대적 건물로 바뀌어 감에 따라 노렌을 드리운 가게들은 거의 사라진 상황이었다.

이런 '하드웨어'에 친절함과 교류를 중시하는 상법이라는 '소프트웨어'를 가미하였다. 복고회에서는 손님들을 극진히 대하며 차를 대접하고 상품의 유래와 특징을 설명하고 또 손님의 이야기를 듣도록 노력하고 있다. 진정한 상인의 미학을 추구하는 복고회는 단지 물건을 파는 것이 아니라 파는 사람과 사는 사람의 교류를 중시한다는 것이다. 대화상법은 이를 위한 한 방법이다. "오래된 격조 있는 가게 건물에 바람에 나부끼는 긴 노렌을 열고 들어가면 차를 내오고 손님을 마음으로부터 정성스럽게 대하는 대화상법, 그것은 인간소외의 근대경영에 의해 상실된 일본 고래의 따뜻한 상 습관을 부활시키는 것이다"라는 이가라시의 말 속에 그가 지향하는 "진선미의 미학"이 담겨 있다. 결국 이들은 손으로 하는 작업의 미학, '진짜' 맛, 지방의 독특성, 오래되고 좋은 것 등을 중시함으로써 대형점포와 동업자가 흉내낼 수 없는 것을 하자는 전략이었으며, 이런 이념을 전개할 무대장치로 점포구성이나 독특한 상법을 시도한 것이다.

복고회 소속 점포에 작은 박물관이나 자료관이 많은 것도 한편으로는

아이즈 전래의 건물에서, 아이즈 전래의 그릇에, 아이즈 고유의 음식을 접대한다는 시키노의 외관과 전통식 실내, 음식. 건물은 에도시대 지방관리의 처소를 이축했다.

'무대장치'로 연출된 것이라 할 수 있지만, 다른 한편으로는 복고회가 지향하는 "손님에게 감동을 줄 수 있는 상법" 혹은 "다른 곳에 없는 것을 찾는 기쁨"이 여행의 핵심이라는 인식을 실천하는 것이라 할 수 있다. 복고회 회원수가 33개 점포로 증가한 1996년 현재, 복고회 안에는 사설 박물관과 미술관이 11곳이나 된다. 이런 상업단체는 일본 안을 다 찾아도 없을 것이라는 게 이가라시 회장의 자평이다. 각각 칠기나 차 도구, 과자, 주조도구, 민예품 등 특색 있는 물건을 모아 전시하고 있는데, 특정 점포에서 파는 상품 외에 이런 미니 박물관이 관광객들의 흥미를 불러일으키는 것은 당연하다. 복고회는 이런 시설과 가맹점을 소개한 독특한 스타일의 팸플릿을 만들어 회원 가게, 주유소, 숙박시설 등에 비치해 두고 있다. 1996년판 팸플릿 한쪽에는 "신기한 발견. 아이즈복고회의 박물관 · 미술관 · 자료관 순례"라는 제목 하에 "복고회에는 조상들의 미의 유산을 모아 놓은 박물관, 미술관, 자료관, 그리고 갤러리가 11곳이나 있습니다. 아이즈의 풍부한 문화를 둘러보지 않으시겠습니까"라고 쓰여 있다. 실제 이들 시설은 아이즈와카마쓰시 관광에서 꽤나 지명도가 있는 것으로, 필자의 개인적 경험으로도 귀중한 전시물도 많고 아주 독특한 것들로 이루어져 있었다.

특히 이가라시는 이 방면에서도 선구적이었다. 그는 1975년 아이즈성 바로 옆에 매물로 나온 오래된 무사 주택을 구입하여 찻집 아이즈아오이 서유관(西遊館)을 열었다. 1층은 흙바닥으로 된 공간으로 과자점 아이즈아오이의 분관으로 쓰이며, 2층은 차를 마실 수 있는 공간과 미니전시관을 만들었다. '실크로드 문명관'이라는 이름의 이곳엔 그가 수십 년 동안 수집한 육상 및 해상 실크로드 관련 유물들이 전시되어 있다. 일견 맥락을 벗어난 것 같은 '실크로드' 박물관에 대해 이가라시는 기회가 있을 때마다 아이즈의 역사 · 문화와 실크로드의 관련성을 강조한다. 즉

1590년 도요토미 히데요시로부터 아이즈를 하사받아 그때까지 구로카와(黑川)라 불리던 지명을 와카마쓰로 바꾼 것은 다이묘 가모 우지사토(蒲生氏鄕)였다. 그는 기독교인으로 봉건시대 나가사키 등을 통해 들어오는 실크로드 관련 문화에 관심이 많았으며, 실제로 그에 의해 남만(南蠻) 문화[6]가 아이즈에 유입되었고 그중의 하나가 카스텔라였다는 것이다. 즉 이가라시가 남만 문화에 집착하는 것은 결국 그의 가게의 대표상품인 남만과자 '카스테안, 아이즈아오이'의 계보를 추적하는 것에 다름 아니라고 설명한다. 어떻게 보면 크게 특별할 것도 없어 보이는 이 카스텔라가 이런 식의 의미부여를 통해 '특별한 것'으로 자리매김하는 것이다. 요컨대 이가라시에 의하면 '실크로드 문명관'의 많은 유물들은 아이즈의 역사와 문화와 결코 인연이 없지 않다는 것이다. 그는 1983년 아이즈아오이 서유관에서 50m쯤 떨어진 곳에 구운 벽돌과 구민가건물에서 가져온 기둥 등을 이용해서 '실크로드 문명관'이라는 독립된 전시관을 신축하였다.

복고회 소속 점포들의 미니 전시시설을 간단히 소개하면 〈표 1〉과 같다. 이들 미니 박물관은 무료인 곳도 있고 100~300엔 사이의 입장료를 받는 곳도 있다. 대개가 집안에서 조상대대로 물려 내려오는 유품이나 본인이 수십 년간 발로 뛰며 수집한 것들을 전시하는 까닭에 주인은 전시품에 대한 애정이 대단할 뿐만 아니라 기꺼이 관람객들에게 가이드를 해 주며 전시물들과 관련된 흥미로운 이야기를 해 주곤 한다.

아이즈복고회는 자신들의 상행위뿐만 아니라 지역 전체의 진흥을 위해서도 여러 가지 활동을 펼쳐 왔다. 오래된 건물과 고유 경관을 보존하는 운동을 중심으로, 유서 깊은 행사를 부활시키고 눈축제를 개최하기도

6. 무로마치시대에서 에도시대에 이르는 동안 해외무역의 대상이 된 동남아시아, 혹은 그 시대에 건너온 서양 문화를 일컬어 남만 문화라 한다.

했다. 지금까지 해 온 활동 중 아이즈 철도에 증기 기관차를 다시 달리게 하기, 인근 도시인 기타카타시(喜多方市)의 '흙회벽 건물을 이용한 도시 만들기운동'(藏の町造り)을 가이드하고 협조한 일, 와카마쓰 겨울 축제인 '눈축제'를 기획하고 시행해 온 일, 제9회 전국경관보존연맹 심포지엄(1991년) 개최, 옛날 역참 마을이었던 오우치주쿠(大內宿)의 경관복원을

아이즈복고회 지도자 이가라시의 아이즈아오이의 전경과 대표 상품인 카스테안의 포장. 순서대로 벗겨 본 포장과 함께 들어 있는 많은 안내 자료들.

〈표 1〉 아이즈복고회 소속 전시 시설

박물관 · 자료관 이름	전시품의 내용 및 특징
아이즈 주조(酒造)박물관	옛날의 주조도구를 중심으로 고문서, 생활도구 등을 전시. 과거 아이즈번의 술 창고도 복원
아이즈 막과자자료관	에도시대부터 전해져 온 과자제조 도구와 향수를 불러일으키는 장난감 등을 전시
아이즈 민예관 우루시노야	마키에(옻칠을 한 표면에 금분을 뿌려 그리는 그림) 작품과 '아이즈에'라 불리는 귀중 칠기제품 전시
가이슈이치 보물관	300년 이상 된 주조장 '가이슈이치'가 집안에 전해 내려오는 다도구나 서화 등의 보물을 전시
갤러리 모차르트	음악을 들려주며 술을 빚는다는 한 주조업체가 현지의 공예가와 도예가들에게 개방한 술 창고풍의 갤러리로서 수시로 기획전을 개최
금 간판 사료관	유서 깊은 한 약국이 개설한 것으로 메이지시대 약국 간판부터 시작해 서화, 생활용구 등을 전시
실크로드 문명관	고대 페르시아의 채문토기와 유리 그릇, 항아리 등 아름다운 유물을 다수 전시
즈치기 토기 공예관	유서 깊은 도예점에서 개설한 것으로 손으로 만든 유리제품과 젊은 도예가들의 작품을 전시, 판매
네팔 박물관	농촌의 대지주 저택을 이축해서 개업한 전통요리점이 개설한 것으로 네팔의 불상과 생활 용구 등을 전시
노구치 히데요(野口英世) 청춘관	빈한한 농가에서 태어나 각고의 노력 끝에 뱀독, 매독 스피로헤타의 연구, 황열병 병원체의 발견 등으로 세계적인 의학자가 된 아이즈 출신 노구치 히데요 관련 유품
백호대 기념관	보신전쟁 당시 집단으로 할복자살한 소년 사무라이 백호대 및 보신전쟁 관련 자료를 전시

가이드하고 협력한 일 등을 들 수 있다.

이 중에서 특히 오우치주쿠의 복원은 귀중한 업적으로 여겨지고 있다. 이곳은 아이즈와카마쓰 남쪽에 있는 작은 산촌으로 에도시대에는 아이즈번의 성하와 닛코도추를 잇는 도로변의 숙장 역할을 했던 곳이다. 도로 양쪽으로 연이어 있는 민가의 모습에서 당시 숙박촌으로서의 면모를 볼 수 있는 이곳은 에도시대 역참의 모습이 남아 있는 전국에서 드문 집락의 하나이다. 과거 산킨코타이로 이동하던 다이묘 행렬과 여행자들이 여독을 풀곤 했던 곳이다. 국가의 '중요전통적건조물지구'로 지정을 받고 있었지만 아이즈복고회가 관심을 갖기 시작하던 1980년대 초반만 하더라도 색깔 있는 함석지붕이 늘고 자동판매기도 증가하는 등 전통 숙장으로서의 경관이 손상되고 있었다. 그러다가 현지주민도 옛날 모습을 유지 · 복원할 필요성을 느끼게 되었고 여기에 이가라시 회장을 비롯한 아이즈복고회는 적극적으로 조언과 협조를 하였다. 현재는 옛날 숙장의 민가 모습으로 완전히 복원되어 도로 연변에 늘어선 40여 채의 민가가 모두 새띠지붕을 이고 있다. 그후 이곳은 '에도 붐'을 포함한 복고 붐과 맞물리면서 관광객들의 관심을 끌었고, 현재는 유명한 관광지로 자리매김하고 있으며 전국경관보존연맹의 구성원으로 되어 있다.

나아가 아이즈복고회의 활동은 그 영향이 와카마쓰시에만 국한되지 않고 이 지역 외부에도 미쳤다. 예를 들어 이들의 활동에 자극을 받아 와카마쓰시 북쪽의 기타카타시에는 '기타카타 노렌의 모임'이, 야마가타현 요네자와(山形縣米澤)에 '요네자와 복고회', 이바라기현(茨城縣) 이바라기시에 '이바라기 흙회벽건물의 도시 노렌의 모임' 등이 발족되는 등 '복고'를 기조로 하는 단체상법의 영향이 각지로 퍼져 나가고 있다.

5) 복고회의 분열과 '보통명사'로서의 복고회운동

필자가 복고회에 대한 현지조사를 할 무렵(1997년 12월 초) 아이즈와 후쿠시마의 관련 언론은 일제히 아이즈복고회의 분열위기를 크게 다루고 있었다. 그간 복고회가 주도해 온 활동과 공헌, 지역 내외에서 이들에 대한 높은 지명도, 특히 거품경제 붕괴 이후 '복고회 방식'에 대한 긍정적인 재검토가 그 어느 때보다 진지하게 이루어지고 있는 상황이었기 때문에 이들의 분열 소식은 더욱 놀라운 '사건'으로 여겨지고 있었다. 왜 분열을 할 수밖에 없었는가에 대한 원인추적, 그동안 아이즈 관광에 대한 공헌과 앞으로 점점 어려워질 관광산업에 대비해 오히려 이제부터 복고회가 할 일이 많을 것이니 누군가 나서서라도 이들을 재결합시켜야 할 것이란 훈계조의 호소까지, 복고회 분열은 지역 언론과 주민들의 커다란 관심을 끌며 다양한 각도에서 분석되었다. 그러나 이 글의 관심은 어떤 '사회조직론적' 주제나 갈등현상 자체라기보다 관광의 생산에 있으므로 여기에서는 복고회 분열이 특히 관광과 연결되는 부분만을 중심으로 살펴보도록 한다.

분열과 탈퇴의 과정을 간단히 정리해 보면 다음과 같다. 1997년 당시 33개 점포가 회원으로 있던 복고회에서 같은 해 8월 9개의 점포가 탈퇴를 한 데 이어 11월에도 또다시 7개의 점포가 탈퇴하였다. 특히 탈퇴한 멤버 중에는 복고회의 핵심멤버들이 대거 포함되어 있어 더욱 충격적으로 여겨졌다. 이렇게 분열로 귀결된 배경에 대한 탈퇴한 측의 입장은 "이가라시 독선체제로부터의 독립"이란 것이고, 이가라시는 자신의 철학을 이해하지 못하는 "젊은이들의 쿠데타"라 주장하였다.

특히 분열과정에서 중요한 계기로 거론되는 것은 4년 전인 1993년, 당시까지 임의조직이었던 복고회가 협동조합으로 바뀐 것이다. 이가라시 회장은 복고회가 임의단체인 까닭에 행정 측에 대해 입지가 약하다는 판단 하에 사회적 신용도 높일 겸 협동조합으로 바꿀 생각을 했던 것으로 전해진다.

그러나 임의단체와는 달리 협동조합은 공익법인격을 갖게 되며, 이는 이전처럼 이가라시라는 개인 주도 방식이 아니라 이사회를 중심으로 의사결정과 활동을 해 나가야 한다는 것을 의미한다. 즉 과거처럼 이가라시 한 사람의 목소리에 의해 결정되던 운영방식이 더 이상 통하지 않게 된 것이다. 이것이 이가라시에게는 "이제 더 이상 내 말을 듣지 않겠다는 것인가" 식의 반응을 불러일으켰고, 회원 각자가 모두 동일하게 한 표의 자격을 갖는 것에 대해서도 이해하기 힘들어하는 것 같다고 한 탈퇴 회원은 표현하였다(財界ふくしま 1997. 11). 다시 말해 이전부터 이가라시의 "1인 체제"에 불만이 누적되었고, 여기에 이가라시 이사장과 젊은 층 사이에 복고회의 존재방식과 활동방침에 대한 인식의 차이가 확대되어 온 것으로 해석된다. 그것들이 협동조합방식으로 바뀜에 따라 불거져 나왔다는 해석이다. 예컨대 지역의 한 언론지는 다음과 같이 정리하고 있다.

> 복고회는 워낙 이가라시 씨의 '사숙'이었다…. 그에 비해 '협동조합'은 운영상이나 지도 면에서 전혀 다른 것이 당연하다. 다이스케 씨는 그 연령을 고려한다 해도 '가부장적' 인물인 것은 분명하다. 회원이 늘어나는 것은 '도시경관' 형성이라는 다이스케 씨의 이상실현에 보다 가까이 가는 것이지만 '숙장'적인 방식으로는 무리가 있다는 것이 분명해진 것 같다. 이가라시 씨는 농협이나 노조 같은 조직운영의 프로는 아닌 것이다…. 사상가가 곧 조직가는 아니다. 한 개인이 두 가지를 양립하기는 어렵다(福島政經 1997. 12. 5).

필자와의 인터뷰에서 이가라시 본인은 탈퇴사태에 대해 다음과 같이 해석했다. 자신이 전국경관보존연맹의 회장이 된 것을 계기로 젊은 층은 이가라시가 그쪽 역할에 전념해 줄 것을 요구하는 등 자신들이 중심이 되어 복고회를 해 나가고 싶어했다. 즉 탈퇴사태는 젊은이들의 쿠데타이며, 그 이면에는 복고회의 정신인 '사혼상재', '진선미' 등에 대한 젊은층의 이해 부족이 있다는 것이다. 덧붙여 갑작스런 회원수 확장에 따른 혼란을 지적한다. 복고회 발족 후 오랫동안 18개의 가맹점으로 활동을 하다가 최근에 갑자기 회원수가 33개로 늘어났는데 이러다 보니 회원간에 여러 차이가 커졌다는 것이다.[7] 자신은 "떠나고 싶어하는 자는 잡지 않겠다"는 생각이며 이번 일을 복고회가 재정비되는 것으로 여긴다고 답변했다.

탈퇴자의 입장을 대변하고 있는 시부카와돈야의 시부카와 씨는 역시 이가라시 이사장의 독선을 이유로 꼽고 있었다. 분명 지금까지의 공적은 지대했으나 새로운 역할로 대체되는 것이라고 한다. 과거에는 관광에 대해서 감각과 인식이 낮았던 시기인 만큼 이가라시의 존재가 중요했고 개인이 혼자서 조직을 운영해 올 수 있었지만, 지금처럼 모두가 인식수준이 높아진 상황에서 여전히 그런 식의 방법이 통할 수는 없다는 것이다. 어쩌면 시대의 흐름으로 설명될 수 있으리란 것이 그의 입장이었다.

반면 필자가 인터뷰한 또 한 명의 주민은 이번의 분열을 단순히 조직이나 의사결정과정을 둘러싼 갈등뿐만 아니라 이들을 둘러싸고 있는 보다 넓은 맥락 속에서 설명했다. 요컨대 최근 일본 경제의 불황으로 인해 관광형태가 근본적으로 변했다는 것이다. 예전의 관광이 주로 "온천에

7. 예를 들어 각 점포는 협동조합회원으로서 1년에 약 20만 엔의 회비를 내야 하는데 특히 거품경제 붕괴 이후의 불황으로 이것을 낼 수 없을 정도로 상황이 나빠져 자진 탈퇴한 경우(4개 점포가 이에 해당)도 있다는 것이었다.

들러 맛있는 것을 먹고 돌아오는 것" 혹은 "대형 관광버스로 유명 관광지에 들러 정해진 일정에 따라 관광명소를 보고 관광기념품을 사서 돌아오는 것"이었다면 거품경제 붕괴 이후의 관광은 "체험하는 관광, 학습하는 관광"으로 바뀌었다는 것이다. 사람들은 가능하면 돈을 적게 쓰면서 즐거움을 찾을 수 있는 방법을 강구하고 이에 따라 서비스를 받는 것이 아니라 자기 스스로 시가지를 걸어 다니면서 그 지역에 대한 공부도 하며 체험도 하며 현지인들과 교류를 즐기는 식으로 바뀌었다는 것이다. 그리고 이런 것이야말로 복고회 방식과 가장 잘 맞아떨어지는 것이다.

아이즈와카마쓰시 당국은 실제로 이런 새로운 수요에 맞추기 위해 전통적인 경관을 보존하는 데 힘을 기울이고 시내에 주민과 관광객이 교류를 할 수 있는 공간을 확충하여 관광객들을 끌어들이려 애쓰고 있다. 이것이 복고회 분열과 연결되는 지점은, 이런 식으로 '복고회의 생각'이 널리 퍼지고 이들의 방식이 인정받게 됨에 따라 복고회 내의 젊은 층들도 시민들과 행정당국으로부터 인정을 받게 되고 그 결과 이가라시를 통하지 않고도 자신들의 의견을 개진하는 것이 가능해졌다는 것이 그 주민의 분석이었다.

즉 예전에는 복고회가 소수자였기 때문에 행정 등과의 관계에서 이가라시라는 '대장'(親方, 오야가타)이 있어야 했지만 발언권이 높아진 지금은 이가라시에 대한 불만을 참아 가면서까지 굳이 그의 그늘에 있지 않아도 되게 되었다는 것이다. 이를테면 어떤 의미에서는 이가라시가 주도하는 복고회 방식이 성공을 거둔 바로 그 사실 속에 갈등과 분열의 씨앗이 있다는 해석이다.

복고회 분열의 원인이 무엇이었든 탈퇴한 사람들을 포함한 대부분의 사람들은 그동안 아이즈 관광에 대한 이가라시의 커다란 공적과 '다이스케학'이라 표현되기도 하는 복고회 방식의 가치를 인정한다. 그런 의미에서 하나의 조직으로서 아이즈복고회 자체는 분열을 경험하며 과도기를 거치고 있는 상황이지만, '보통명사'로서 복고회운동은 그 어느 때보다 긍정적인 평가를 받으며 확산되고 있다. 여기에는 우선 아이즈복고회가 30년 가까이 보여 준 '불황을 모르는 성업'이라는 성공이 있었고, 보다 최근에는 장기불황에 따른 관광환경 자체의 변화가 그 배경이 되고 있다.

현재 와카마쓰시는 다른 지방도시들과 마찬가지로 불황의 여파와 시장개방으로 지역 상점가가 피폐 일로에 있고 관광객 수도 현저히 줄고 있다. 이런 상황을 타개하고 도시를 다시 활성화시키기 위해서는 '복고회 방식'밖에 없다는 인식이 널리 공유되고 있다. 특히 시의 외각에 거대 주차시설을 갖춘 대형점포의 진출이 두드러지면서 시내 중심상가는 손님이 점점 끊어지고 폐점포가 속출하고 있다. 그동안 와카마쓰시의 주요 기간산업이었던 관광의 경우도 거품경제 붕괴 후의 하락 국면이 확실하게 나타나고 있다.

와카마쓰 시청의 상공관광과가 매년 발행하는 『관광객 수와 그 실태 조사』에 나타난 자료를 분석해 보면 불황이 본격화되는 1990년대 들어 와카마쓰를 찾는 관광객 수는 1992년 381만 6,000명을 정점으로 감소하고 있다. 또한 관광객 수뿐만 아니라 관광유형 자체도 변하고 있다. 즉 종전처럼 주요 관광지점을 짧은 시간 안에 둘러보는 대형버스관광 스타일에서 점차로 가족이 한가롭게 시간을 갖는 여행과 소그룹으로 취미와 관심사를 찾는 방식으로 바뀌고 있다.

실제 최근 몇 년 사이 와카마쓰를 찾는 관광객의 유형 중 가장 감소가 두드러진 것이 대형버스 단체관광객이라는 것이 와카마쓰시 상공관광과 직원이나 다른 관계자들의 분석이었다. 또한 '보고 · 먹고 · 노는' 것을 중심으로 한 관광에서 '듣고 · 알고 · 배우고 · 땀을 흘린다'라는 새로운 요소를 관광객이 추구한다고 분석되고 있다(會津若松觀光協會 1997). 이런 새로운 수요에 대한 대응은 '복고회 방식'이라는 공감대가 다양하게 형성되게 된 것이다.

실제 '복고회 방식'의 시도는 여러 영역에서 관찰된다. 우선 와카마쓰시 당국의 지역진흥 기본방침도 '시가지 내부관광'과 '만남과 교류관광'을 핵심 개념으로 관광진흥책을 추진하고 있다. 필자와의 인터뷰에서 시 상공관광과 직원은 이런 방향 설정을 하게 된 배경 중 하나로 그동안 이가라시가 보여 준 성공이 있음을 인정했다. 행정당국 외에 시내 곳곳의 여러 주민단체도 불황 타개를 위한 자구책으로 '복고회 방식'을 시도하고 있다. 차이가 있다면 복고회는 가맹 점포가 시내 각지에 산재해 있는 반면, 현재 시도되는 활동들은 한 지역에 사는 주민들이 '점보다는 선'을 기본 개념으로 경관을 복원 · 보존하고, 개성 있는 거리로 만드는 과정을 통해 그 지역의 활성화를 도모한다는 점이다. 대표적인 예로는 '바쿠로마치 경관보존회', '노구치 히데요 청춘거리사업', '나누카마치(七日町) 경관협의회' 등의 활동을 들 수 있다. 이 중 특히 주목받고 있는 것이 '나누카마치 경관협의회'의 활동이다. 이들은 근대화 과정을 통해 활력을 많이 상실한 유서 깊은 나누카마치 일대를 옛 정취가 느껴지는 개성 있는 거리로 복원 · 정비하고, 관광객과 주민이 교류할 수 있는 공간과 이벤트를 만들어 활성화를 꾀한다는 목표 하에 여러 노력을 하고 있다(상세한 것은 이 책의 IX장 참조). 이곳의 실질적인 지도자는 그동안 아이즈 복고회의 핵심 멤버로 있다가 1997년 탈퇴한 시부카와돈야의 사장 시부카와 씨이다.

이런 의미에서 복고회 탈퇴자 한 사람은 복고회 분열이 아이즈 관광에 가져올 영향을 묻는 질문에 대해 "영향은 없을 거라고 생각한다. 왜냐하면 복고회에서 수업을 받은 사람들이 자신들의 지구에서 활약하고 있기 때문이다. 복고회를 통해 성장한 사람들이 각자의 지역에서 새로운 싹을 틔우고 있다"고 답한다. 복고회를 그만둔 것이 아니라 '졸업했다'고 생각한다는 것이다. 또한 소위 '보통명사'로서 '복고회 방식'은 단지 아이즈 지역에 국한된 것이 아니라 일본 전역에 걸쳐 새로운 관광의 한 흐름을 이루고 있으며, 앞으로 중요한 관광개발방식이 될 것으로 평가되고 있다. 그 새로운 흐름이란 "단체관광에서 체험관광으로"라는 식으로 표현될 수 있으며, 이런 면에서 복고회의 시도에는 상당한 선견지명이 있었다고 평가되는 것이다.

3. 아이즈복고회의 관광 전략과 성공 요인

일본에서 전통적인 관광명소는 무엇보다 자연경관이 수려한 곳, 온천지, 유적지 등이었다고 할 수 있다(김양주 1997). 반면 이 장에서 고찰한 아이즈복고회의 경우는 오랜 역사와 전통이라는 비가시적 가치를 관광생산에 적극적으로 활용하여 성공한 경우이다. 또 다른 분류를 따르자면 지역관광 혹은 생활문화관광의 사례로도 볼 수 있다(足羽洋保 1994). 전통적인 관광명소관에 비추어 보면 '아무것도 없는 곳'으로부터 말 그대로 관광을 생산해 낸 경우라 할 수 있다. 그러나 이처럼 예전에는 그저 평범하고 일상적인 생활의 일부였던 것이 관광대상으로 주목을 받게 되는 데는 당사자들의 기획능력과 그것이 전체 사회와 시대의 요구에 적합했기 때문이며, 이 점은 관광을 하나의 포괄적인 문화적 현상으로 고찰할 수 있는 중요한 이유이기도 하다. 여기에서는 결론에 대신하여 아이즈복고회의 관광생산전략상의 특징과 이들이 성공할 수 있었던 요인들을 정리해 본다.

아이즈복고회의 관광생산전략은 지역의 고유성에 대한 강조, 전통의 부각, 향수(노스탤지어)에의 호소 등으로 정리될 수 있다. 복고회(더 정확히는 이가라시 다이스케)는 맥켄넬이 지적한 점(MacCannell 1989), 즉 관광과 여행은 '고유성' 혹은 '진짜됨'(authenticity)을 추구한다는 점을 분명히 인지하고 있었으며 이런 인식에 맞추어 자신들의 상품에 아이즈의 고유성이란 의미를 부여하였다.

따라서 "아이즈 이외의 곳에서는 구할 수 없는 것"을 개발하지 않으면 관광객들에게 호소력이 없다는 인식 하에 아이즈의 전통, 아이즈의 고유성을 강조하는 전략을 취하였다. 지역고유성의 구체적인 내용은 아이즈의 전통, 특히 전통적인 상인 문화를 추구한다는 것이었다. 물론 여기서 전통의 상당 부분은 연출된, 혹은 부활된 전통이다. 에도시대 및 그 이전의 아이즈 전통상법을 잇는다는 표방에도 불구하고 몇몇 가게를 제외하고는 대부분의 점포가 새로 시작한 것이고 전통적인 양식의 점포건물이나 인테리어도 복고회 활동 이후에 복원되거나 새롭게 만들어진 것이다.

이렇게 전통과 고유성을 전면에 내세울 수 있었던 배경에는 근대화 과정을 통해 누적된 일본인들의 향수를 복고회가 읽어 냈기 때문이다. 따라서 복고회는 당시의 시대적 대세인 근대화와는 정반대로 전통적 방식을 강조했고, 이 전통성이야말로 관광객들의 향수를 달래고 소외를 해소할 수 있다는 측면을 적극 부각시켰다. 복고회 가맹점을 찾은 관광객들은 예전 식의 점포 모습과 어두컴컴한 다다미 카운터, 그리고 손님 개개인에게 차를 대접하는 정성스런 마음씀씀이에 감동을 받을 것이며, 현대의 획일화된 점포 및 익명의 상거래와 대비되어 무언가 '본래의' 혹은 '고유의' 경험을 하는 것으로 느낄 것이라는 가정이 복고회 '전략'의 근저에 있었다.

실제 아이즈아오이 점포 안에는 복고회 활동 초기부터 손님용 낙서장을 비치해 두고 있다. 오일쇼크 때쯤 중년의 부부가 왔기에 아이즈에 대한 이야기와 좋은 가게를 소개해 주었더니 나중에 다시 찾아와서는 그 낙서장에, "친절과 인정에 감동해 다시 시작할 기운을 얻었다"고 써 놓고 갔다고 한다. 이 부부는 경영하던 회사가 도산해서 실의에 찬 여행을 하던 중이었다. 이런 이야기는 분명 '진실'을 담고 있겠지만, 다른 한편 구전으로 혹은 이가라시가 활발하게 써 내는 에세이를 통해 유포됨으로써 관광객들에게 또 다른 향수를 자아내고 '유사체험'에 대한 욕구를 만들어 냈음에 틀림없다.

아이즈복고회가 장기간에 걸쳐 큰 성공을 거둔 데에는 우선 독창적인 발상과 확실한 철학을 가진 이가라시 다이스케라는 지도자의 존재가 있었다. 그가 분명 시대를 앞서 읽는 선견지명을 가진 사람이라는 점에는 현재 반대편에 선 사람들까지 동의한다. 지금 일본 전역에서 새로운 '붐'으로 등장하고 있다는 '경관 중심의 관광', '체험과 만남 · 교류를 중시하는 관광'은 그가 이미 30여 년 전에 주장하고 실천해 온 것이다. 이가라시는 복고회를 시작할 당시 시대의 대세와는 정반대의 방법을 택했다. 많은 지방도시의 상점들이 오로지 근대화를 추구하고 있는 상황에서 아이즈의 역사와 전통문화야말로 가장 중요한 자산이라고 생각하고 그것을 활용한 상법을 시도하였다. 시대를 앞서가는 이가라시의 아이디어는 그대로 적중하여 복고회 가맹점은 모두 번성하였다.

당시 그는 '유통'은 대형점을 위한 것이고, 중소 상점으로서는 자기 가게에서 정성스럽게 만든 것을 직접 판매하는 방법만이 대형점에 대응

아이즈복고회 안내지도 앞면과 만화풍으로 그려진 안쪽의 안내 지도.

할 수 있는 가장 좋은 방법이라 생각했다. "필시 그런 물건을 찾는 시대가 올 것"으로 확신하였다고 한다. 1970년대 초 이런 이가라시의 모습을 보고 주위에서는, "이가라시가 약간 돈 것이 아니냐", "이가라시가 좀 이상하지 않느냐"는 식의 이야기를 했었다고 그는 유쾌하게 말했다. 그러나 1970년대 당시 와카마쓰 시내에서 근대화된 상가의 상징이었던 신메이토리(新明通り)는 현재 "이빨이 빠진 것 같은 상태"로 하루가 다르게 폐점포가 속출하고 있으며, 반대로 이가라시 방식은 행정당국이나 주민들로부터 그 가치를 인정받게 되었다. 한편 이가라시의 탁월한 지도력은 분명 그의 남다른 재능과 개성 때문에 가능한 것이었겠지만, 여기에 덧붙여 20세기 초반에 일종의 '문화운동'으로 전개된 민예운동의 영향력을 보여 준다는 점도 흥미롭게 볼 만하다.

이들의 성공을 가능하게 한 또 하나 중요한 요인은 복고회 방식의 시도가 당시의 시대적 배경과 사회 분위기에 잘 부합했기 때문이다. 아이즈복고회의 입장에서 볼 때 행운이었던 점은, 일본 국철(國鐵)의 '디스커버 저팬' 캠페인을 시작으로 '고향'과 '옛것'을 지향하는 복고 여행의 붐이 일었고, 그 과정에서 복고회가 매스컴을 통해 전국에 알려지게 되었던 점이다. '디스커버 재팬'은 1970년 10월부터 일본 국철이 대대적으로 전개한 여행캠페인이었다. 이 캠페인은 그해 3월부터 9월까지 반년간 성황리에 개최되었던 오사카 '일본만국박람회' 이후 감소가 예상되는 국내관광을 계속 유지하려는 목적으로 시작된 것이었다. 특히 주목표 대상을 대도시의 젊은 여성들에게 맞추고 단체관광으로부터 탈피하여 개인의 창의와 모색을 통해 풍부한 경험이 가능한 여행을 만들어 내고자 하였다.

구체적인 관광지와 여행의 정보는 전혀 주지 않으면서 여행의 방식, 여행의 의미 등을 제안하는 식으로 캠페인이 전개되었지만, 이 캠페인에 사용된 포스터나 팸플릿 등에는 시라카와고(白川鄕)나 다카야마(高山) 등 '전통 일본'과 '옛 풍정'을 상기시키는 사진이 많이 사용되었다. '일본의 발견'이란 다름 아니라 '오래되고 좋은 일본의 재발견'으로 연결되면서, 이 캠페인을 통해 전통적인 경관을 간직한 지역들이 관광지로서 각광을 받게 되었다. 그런 점에서 '디스커버 재팬' 캠페인은 구래의 명소와 관광지를 전혀 의식하지 않고 역으로 새로운 여행수요를 만들어 내면서 국내 여행지를 재발견하는 역할을 했다(溝尾良隆 1994; 白幡洋三郎 1996; Ivy 1988, 1995). 복고회가 강조한 '일본 전통으로의 복귀'야말로 '디스커버 재팬'이 호소한 것과 잘 맞아떨어지는 것이었다. 이런 분위기 속에서 아이즈아오이를 비롯해 복고회에 가맹한 아이즈 향토요리 전문점이나 민예품 가게 등이 인기를 몰아 성업을 이루고 아이즈의 관광진흥에도 커다란 기여를 할 수 있었다.

6년이나 지속되었던 이 캠페인이 끝난 후에도 '복고 붐, 리트로 붐'이 일본 사회에 확산되면서 옛것에 대한 향수를 찾는 여행이 국내관광의 주요 흐름의 하나로 1980년대 이후까지 계속되었다. 이것이 아이즈복고회의 장기적인 성공에 중요한 배경이 되었음은 물론이다. 1996년판 아이즈복고회 발행 관광지도의 제일 위쪽에는 다음의 캐치프레이즈가 큰 글씨로 부각되어 있었다.

"DISCOVER JAPAN, AGAIN."

VII. 하우스텐보스: 테마파크형 관광

황달기

1. 테마파크와 현대 일본 문화

'테마파크'는 넓은 의미에서, 각종 유희와 레크리에이션 시설을 혼합한 종합레저시설인 레저랜드에 속한다. 이런 시설은 일본 전국 4,000여 곳에 있으며, 이 중 대부분은 '라이드파크'(ride park)와 여기에 테마성을 가미한 '어뮤즈먼트유원지'(amusement park)가 차지하고 있다. 1993년 당시 이 시설들에는 연간 8,200만 명 정도 입장했으며, 매년 100만 명 이상을 수용한 곳이 30개소나 되었다(伊藤正視 1994: 115～116). 최근에는 이러한 단순한 놀이시설과의 차별화를 위해 종래의 유원지와는 전혀 다른 특정의 테마를 집약적으로 표현한 테마파크가 지역진흥의 수단으로 주목받고 있다(日本國總理府 1995: 209).

여기서 말하는 테마파크란 "종래의 '어뮤즈먼트 유원지'와는 성격을 달리하는 것으로 어떤 특정 테마에 따라 건축이나 조경, 오락의 내용, 등장인물에서 레스토랑의 메뉴나 종업원의 제복, 쓰레기통의 형태와 색깔에 이르기까지 모든 요소가 조화를 이룬 세계"로(能登路雅子 1990: 42) 정의해도 무방할 것 같다.

다시 말해 과학기술이나 외국 문화, 일본의 전통문화 등 어떤 특정의 주제를 치밀하고 일관되게 연출한 관광시설로서, 일본관광협회의 자료에 의하면 2000년 4월 현재 1983년에 개장한 도쿄디즈니랜드를 비롯하여 하우스텐보스와 캐나디언월드(홋카이도), 도에이영화촌(교토), 스페이스월드(기타큐슈시) 등 전국 27개 도·도·부·현(都道府縣)에 56개의 테마파크가 영업중에 있다(www.nihon-kankou.or.jp). 이들은 모두 지역의 핵심적 관광레크리에이션 시설로서 일본인들로부터 대단한 인기를 모으고 있다.

이러한 현상은 제조업을 바탕으로 한 자본주의의 경제성장체제에서 본격적인 탈산업사회와 소비사회, 정보화사회로 특징지을 수 있는 후기자본주의사회로의(Jameson 1991) 진입이라는 시대적 상황과 깊은 관련이 있다고 하겠다. 여기서 현대 일본 문화는 이러한 새로운 사회경제체제의 당연한 귀결인 문화의 상품화나 무국경화, 탈지역화 등과 분리해서 생각할 수 없다. 다시 말해 관광은 바로 이러한 후기자본주의사회의 문화논리를 검토하기 위한 좋은 예가 될 수 있다는 말이다.

지금까지 인류학자들은 문화를 명확한 경계를 지닌 내부에서만 기능하는 것으로 생각해 왔다. 그러나 사회와 문화의 경계가 희미해지는 후기자본주의사회에서의 문화는 지금까지 인류학의 문화에 대한 인식태도를 재검토하게 한다. 여기서 말하는 문화는 이제 더 이상 '무의식의 관습'이 아니라 오히려 의식적으로 조작되고 정치적으로 거래되며(田村克己 1999: 13~14), 관광의 맥락에서 연출되어 대중적으로 소비되는 것으로서 나타난다.

한편 우리의 관광학계에서는 관광개발이나 이용에 대한 사례들이 기존의 이론들을 검증하거나, 또는 새로운 실천가능한 방안들을 제시하기 위한 보조적 수단으로 이용되고 있다. 그 결과 사례 그 자체에 대한 현장론적 맥락에서 종합적으로 기술하거나 분석하는 연구가 거의 보이지 않는다.

관광현장의 정확한 이해와 분석이 뒷받침되지 않은 수많은 '관광활성화방안'은 개발주체나 대상, 특히 개발과 관련된 이해관계에 대단히 민감하게 반응하는 대상 지역주민들에게 효과적으로 환류되지 않을 가능성이 크다. 관광개발이나 이용에 대한 성공사례에 대한 정확한 이해는 그 자체가 그와 유사한 상황에 놓여 있는 여러 사람들에게 실천 가능한 방안들을 내포하고 있다. 일본의 난고손 사례에 대한 민족지적 연구(황달기 1999a: 27~55)가 대구시의 우록동개발에 벤치마킹으로 적극적으로 검토되고 있는 것이(황달기 1999b: 60~70) 이를 증명하고 있다. 따라서 관광개발이나 이용의 전 과정을 분석적으로 기술하는 작업은 이론의 검증이나 가설의 정립, 실천방안의 제시 등에 못잖게 중요한 의미를 지닌다고 할 것이다.

이 글은 이러한 문제의식에서 현대 일본 사회에 존재하는 다종다양한 테마파크 중에서 크게 성공을 거둔 것으로 평가되었던 하우스텐보스를 예로 들어, 그것이 일본 사회에 인기 있는 관광상품으로 생산되어 널리 유통되었던 현상을 필자의 현지조사 자료를 바탕으로 관광인류학적 시각(황달기 1999a: 29), 다시 말해 개별 문화의 서술적 연구를 시도하고자 한 것이다.[1] 우선 기존의 관광학 분야에서 많이 보이는 가설검증이나 일반화를 지양하고, 실제 일어나고 있는 관광개발의 전 과정을 현장론적 맥락에서 실체적으로 파악하며, 둘째 이것을 바탕으로 일본 사회에 각종 테마파크가 생산되어 널리 소비되는 사회적 · 문화적 배경을 규명하고자 한다.

본론으로 들어가기 전에 먼저 다양한 테마파크가 현대 일본 사회에서 인기 있는 관광대상으로 자리잡게 된 문명사적 배경을 살펴보고, 이 글의 이론적 토대를 마련하고자 한다.

2. 테마파크의 관광문화사적 의미

현재 지구상에 존재하는 여러 형태의 도시들은 다카다(高田公理)의 지적처럼, 그 지역에 사는 사람들의 생활양식이 집약된 하나의 거점이면서 또한 도시가 소속된 '문명의 자기표현장치'라고 할 수 있다(高田公理 1991: 2). 여기서 도시의 활력은 도시의 집객력(集客力)에 비례하며 보통 '번화가'라는 형태로 시각화된다. 이 번화가는 시대적 정신이나 가치, 정치적 권위를 표현하거나 상징하는 문화체계가 각인된 물품이나 서비스를 상품으로 교환할 수 있는 시장의 형태를 띠고 있다. 또한 시장으로서의 번화가는 이곳을 찾는 수많은 사람들의 축제공간이기도 하다. 이러한

1. 이하 기술되는 내용 중 특별히 주를 달지 않은 부분은 필자가 하우스텐보스 관계자와의 직접 인터뷰에서 얻은 것임을 밝혀 둔다.

번화가의 상업적이며 축제적인 성격이야말로 집객의 원동력이며 도시의 관광매력인 것이다.

일본에서는 근세 후기와 근대에 들어오면서 '삼도'(三都)라 일컬어진 에도와 오사카, 교토와 같은 도시 자체를 한눈에 알아볼 수 없는 거대도시가 성립된다. 여기서 일본의 근세도시들은 전체 모습을 시각적으로 파악할 수 있는 보다 작은 '도시 안의 도시공간'을 만들기 시작했다. 예를 들면 아사쿠사지를 중심으로 가게나 유곽, 소극장, 술집, 음식점 등의 유흥시설이 모인 사카리바(번화가)가 등장했으며, 이 번화가는 메이지시대의 긴자를 거쳐, 현재의 가부키초나 롯폰기로 이어지게 된다(高田公理 1991: 5). 이렇게 해서 성립된 도시의 번화가는 도시주민의 일상생활에 유흥의 기회를 제공하며, 지방의 주민을 도시와 수도 관광으로 유인하는 역할을 했다(황달기 1997: 164).

여기서 주목해야 할 것은 과거에 도시의 특정 구역 중심이었던 한 번화가가 현재는 도시의 중심에서 주변부까지 광범위하게 분포한다는 사실이다. 더구나 1980년대 후반에는 매스컴이나 교통 · 통신의 발달로 정보의 대중화가 진전됨에 따라, 일본 전체에 도시적 생활양식이 보급되었으며, 이제 도시와 농촌이라는 공간의 이분법적 구분은 중요한 의미를 가지지 못하게 되었다(황달기 1997b: 51~97). 여기서 도쿄나 오사카와 같은 전체상을 파악하기 힘든 거대도시들과 지방의 거점도시들은 도시의 중요한 기능을, 그것도 일시적으로 최소화하여 시각화하는 '도시 안의 유희적 도시모형'이라는 새로운 디자인을 모색하게 된다. 이를테면 1970년의 오사카엑스포를 시작으로 전국 각지에서 개최된 수많은 박람회가 여기에 해당된다.

1985년과 1986년에는 전국에서 무려 28회의 박람회가 개최되었다(伊藤正視 1994: 134). 1991년 거품경제의 붕괴로 잠시 주춤하다가 최근 다시 지역활성화라는 명목 아래 각종 박람회나 이벤트가 끊이지 않고 있다(週刊SPA 1997: 26~29). 1990년대가 되면, 이러한 박람회에 의한 유희적 집객공간의 일시적 연출을 항구적으로 시설화하는 움직임이 일어나는데, 바로 이 글의 논의의 대상인 테마파크의 기획과 건설 붐이다. 테마파크의 건설 붐은 '주휴(週休) 2일제'로 대표되는 노동시간의 단축에 따라 일본 사회의 여가 유형이나 가족관계, 개인의 가치관 등이 크게 변화한 데서 비롯되었다. 즉 여가시간이 증가하면 시간의 활용이나 삶을 즐기는 방식 등에서 큰 변화가 일어난다.

이를 바꾸어 말하면, '제안수용형 생활양식'에서 스스로 생각하고 결정하는 '생활디자인'의 시대로의 변화라고 할 수 있다(伊藤正視 1994: 26). 이러한 변화에 따라 다양한 지적 · 감성적 욕구를 충족시켜 줄 문화활동이나 테마성 관광을 유치하기 위한 지역간 경쟁이 치열해지면서, 일본 전국에 다양한 테마파크가 기획 · 건설되거나 각종 이벤트가 개최되고 있는 것이다.

한편 17세기 유럽에서는 뱃놀이나 스포츠 등을 즐길 수 있고, 야간에는 재미있는 볼거리를 제공하는 '플레저가든'(pleasure garden)이 나타나 자연감상을 목적으로 하는 도시공원과 유흥이나 쾌락을 위한 유원지로 분화되었으며, 유원지는 다시 철저한 상업주의에 근거한 스릴과 흥분 등의 대중적 요구를 수용한 본격적인 '유원지'로 진화했다고 한다(伊藤正視 1994: 110~111). 미국에서는 이보다 늦은 19세기 초에 뉴욕의 맨해튼섬에 등장한 '조즈의 숲'이라는 일종의 플레저가든이 위락성(amusement)이 강한 '코니아일랜드'와 도시공원인 '센트럴파크'로 분화되어 정착하게 된다(伊藤正視 1994: 113~115). 이후 유럽과 미국에서 서로 다른 성격의 두 가지 공원(park)이 모순과 대립을 안고 각각 자신들의 성격을 더욱 선명하게 부각시키면서 진화되어 갔다.

특히 미국의 코니아일랜드는 최초의 본격적인 유원지로서 상업적 이익만 추구하는 놀이공원이었다. 월트 디즈니는 적당한 주제와 이념, 정책, 교육적 배려 없이 철저한 상업적 경영과 대중적 인기만 좇는 코니아일랜드에 강한 불만을 가지고 있었다. 이것이 곧 세계 최초의 테마파크인 디즈니랜드 탄생의 명분이 된 것이다. 이와 같은 디즈니랜드의 탄생 배경과 앞에서 지적한 도시의 시각화 전략은 테마파크의 관광 문화사적 의미를 이해하고 분석하는 데에 간과할 수 없는 중요한 사항이라 하겠다. 여기서 우리는 테마파크나 테마파크관광이 일본 사회의 중요한 관광 대상이나 유형으로서 정당성을 확보함으로써, 확실한 관광 문화사적 지위를 획득했다는 사실에 주목해야 할 것이다.

이상에서 언급한 테마파크의 관광 문화사적 의미에 주목하면서 도쿄 디즈니랜드와 함께 일본의 대표적 테마파크의 하나인 하우스텐보스의 관광생산과 소비에 대해 기술 · 분석하고자 한다.

3. 하우스텐보스의 관광생산

1) 설립배경

하우스텐보스(HUIS TEN BOSCH)란 네덜란드어로 '숲 속의 집'이라는 의미이며, 자연과의 조화와 공존을 통해 아름다운 숲과 호수 등의 생태적인 환경의 조성과 인간의 쾌적한 주거환경의 창조를 목표로 1992년 3월에 개장했다. 나가사키현 오무라만(大村灣)에 접해 있는 152만m^2(46만

1,000평)에 이르는 거대한 부지에 40만 그루의 수목과 30만 그루의 꽃을 심고, 전장 6km에 이르는 운하를 파 그 주위에 네덜란드풍 건물을 지어 조성했다. 개발의 기본 이념은 '인간과 자연의 공존'으로 이는 400년 동안 간척을 통해 국토의 4분의 1을 조성한 네덜란드의 역사와 경험에서 따온 것이다(하우스텐보스 1996: 2~3).

하우스텐보스가 들어선 부지는 나가사키현이 20여 년 전 다나카(田中角榮) 내각의 '일본열도 개조론'에 자극 받아 공업용지로서 개발한 해안 매립지로서, 예기치 못한 1·2차 오일쇼크로 인해 오랫동안 적절한 용도를 찾지 못한 채 방치되어 있었다. 1980년대 후반 부지조성에 들어간 비용으로 재정적 곤란을 겪고 있던 나가사키현에서는 '나가사키 바이오파크(야외동식물공원)'와 '나가사키 오란다무라(네덜란드 마을)'를 개장하여 크게 성공한 가미치카(神近義邦) 사장에게 부지의 활용을 의뢰하게 된다. 마침 생태환경과 네덜란드를 이미지로 하는 새로운 사업을 구상하고 있던 가미치카 사장은 불모지나 다름없던 이 땅에 '인간의 경제활동(economy)'과 '생태계(ecology)의 공존'을 기본이념으로 하는, 총 투자규모 5,400억 엔이라는 거대한 '하우스텐보스 프로젝트'에 착수하게 된다. 이 프로젝트는 1999년 1월 현재 총 투자액 2,250억 엔이 들어간 제1기 공사를 완료하고 제2기 공사를 진행중에 있다.

위에서 살펴본 설립배경이나 시설개요만으로 하우스텐보스를 제대로 이해했다고 할 수 없다. 그 배후에는 독특한 사고와 경력을 지닌 설립자 가미치카 씨의 인생 이야기가 숨어 있기 때문이다. 가미치카 씨는 1962년 나가사키현 내 농업고등학교를 졸업하고 지방공무원으로 근무하면서, 나가사키현의 토지를 대량으로 구입한 도쿄의 유명 레스토랑의 여주인을 알게 된다. 이 여주인은 자신의 땅을 원예가이기도 한 가미치카 씨에게 활용해 볼 것을 권유하게 된다. 이것이 계기가 되어 1980년 인간과 동

나가사키시의 오란다무라(네덜란드 마을).

식물이 공존하는 생태공원 나가사키 바이오파크가 탄생하게 된다.

가미치카 씨는 1979년 유럽을 돌아보고 네덜란드의 특이한 생태적 환경과 지중해의 풍경에 크게 감명을 받는다. 귀국 후 자신의 고향을 활성화시키기 위해 오무라만의 생태적 환경을 이용한 리조트를 건설해야겠다고 생각한다. 다시 말해 에도시대의 일본과 네덜란드 사이의 긴 교역의 역사를 배경으로 하여, '현대의 데지마(出島)'[2]를 건설해야겠다는 아이디어를 얻은 것이다. 이렇게 하여 4년 뒤인 1983년 하우스텐보스의 축소판인 나가사키 오란다무라가 탄생한다.

---

2. 일본의 에도막부는 17세기 초부터 서양의 열강에 대해 쇄국정책을 펴고 있었다. 그러나 선교활동을 조건으로 하지 않는 네덜란드와는 1641년 포르투갈 사람들을 격리시키기 위해 나가사키 앞바다에 조성된 인공섬(出島, 데지마)에 동인도회사의 상관(商館)을 두게 한 다음 제한적 교역을 허락했다. 그러니까 이 기간 동안 나가사키의 데지마는 서방세계와 통하는 유일한 창구였던 셈이다.

이상에서 살펴본 바와 같이 바이오파크와 오란다무라를 통해 그가 실현하고자 한 비즈니스의 기본이념은 인간과 자연의 공존이며, 이것을 실현하기 위해 '동식물'과 '네덜란드'라는 테마가 동원된 것이다. 하우스텐보스는 가미치카 씨의 비즈니스의 기본이념을 더욱 발전시킨 것으로서, 바이오파크와 오란다무라의 연장선상에 놓여 있다고 할 수 있다. 즉 하우스텐보스는 동식물이나 네덜란드와 관련된 상징물과 테마의 박물관적 전시를 통해 생태공원이나 이국정취를 연출하는 종래의 테마파크에서 한 걸음 더 나아간, 세계에서도 보기 드문 주거와 관광이 조화를 이룬 새로운 관광도시라는 것이다.

나가사키와 관련된 네덜란드의 이미지와 가미치카 씨 개인의 상상력만으로 총 5,400억 엔이라는 막대한 자금이 소요되는 하우스텐보스 프로젝트가 착수된 것은 아니다. 중요한 것은 이 프로젝트에 참가할 기업을 유치하는 데에 성공했다는 사실이다. 결론부터 말하면, 오란다무라를 건설할 당시 자금지원의 핵심적 역할을 했던 일본흥업은행을 중심으로 한 협력융자단이 조직되어 제1기 공사비용인 2,000억 엔이 확보되었다. 이는 가미치카 씨에 대한 금융업과 재계의 신뢰를 바탕으로 나가사키현 지사와 인근 사세보시(佐世保市) 시장의 정치적 계산, 도쿄 주재 나가사키현개발협의회 관련자들의 고향사랑 등 여러 요인이 종합적으로 작용한 결과였다고 할 수 있다. 그러나 무엇보다 중요한 것은 당시의 기업들이 후기자본주의사회의 변화하는 경제구조를 이미 읽고 있었으며, 그에 적당한 투자처를 찾고 있던 때와 맞아떨어진 것이라고 볼 수 있다.

여기에 오란다무라의 건설 당시부터 정부적 차원에서 지원을 아끼지 않던 네덜란드의 각종 정보와 지원도 큰 몫을 했다. 당시 네덜란드 수상이 나카소네 일본 수상과의 회담에 앞서 오란다무라를 방문하는 등 오란다무라를 정부적 차원의 지원과 협의의 대상으로 부각시킨 점은 오란다무라에 대한 네덜란드의 관심을 읽을 수 있는 대목이다. 그들은 모든 건물이나 시설, 조경 등을 오란다무라처럼 네덜란드와 똑같이 만들 것을 요구해 왔다. 물론 전략적이기는 하지만 그들의 요구를 받아들여, 적어도 외관상으로는 네덜란드식 분위기를 철저하게 연출했다. 여기서 우리는 관광이라는 맥락에서 문화가 국경을 넘어(무국경화) 정치적 · 외교적으로 거래되는 상황을 확인할 수 있다.

2) 관광생산의 기법

(1) 경제활동과 생태계의 공존

하우스텐보스에는 총연장 2km나 되는 해안선과 6km에 이르는 운하가 있는데, 이 해안과 운하의 양쪽 제방을 콘크리트가 아닌 자연석으로 쌓아 육지와 바다의 미생물이 함께 살면서 오염을 정화하는 생태적 환경을 보존했다. 또한 지역풍토에 맞는 수종을 골라 숲을 조성했으며, 특히 공원 중심부에는 네덜란드 분위기를 전할 수 있는 낙엽수를, 시설 외곽지역에는 상록수를 심어 하나의 조화롭고 통합된 전체적 이미지를 연출했다.

경제와 생태의 공존을 위한 계절적 환경의 연출도 빼놓을 수 없다. 예를 들면 3월의 튤립축제를 비롯하여 4월의 풍차축제, 6월의 수국축제 등이 정해진 일정에 따라 연이어 개최되는데(シンワバニク社 1997: 1~9), 이는 이곳을 찾는 관광객들에게 많은 볼거리와 감동을 제공하는 것으로 높이 평가할 만하다. 이러한 다양한 이벤트 전략은 인근 지역주민의 재방문율을 높이는 효과뿐만 아니라, 연간 행락 스케줄을 확정함으로써 여행업계의 상품개발을 용이하게 한다는 측면도 있다.

풍차와 운하, 튤립, 유럽 중세풍의 건물 등으로 네덜란드를 철저하게 흉내낸 경관.

하우스텐보스는 오무라만을 매립한 땅에 운하와 호수를 파고 거기에 다시 바닷물을 끌어들여 시가지를 조성했다. 바다는 하우스텐보스의 탄생 무대이며 생명의 원천인 것이다. 하우스텐보스에서는 자신의 생명선이나 다름없는 이 바다를 지키기 위해 오수를 일체 흘러 보내지 않고 있다. 부지 내에 고도처리가 가능한 독자적인 하수처리 시설을 마련하고, 장내에서 사용된 물을 1～2차 처리는 물론 3～4차(의료용 울트라 필터 사용) 처리까지 마친 후 대부분은 재활용하고, 일부는 지하 1.5m에 설치한 토양침투장치를 통해 땅속으로 스며들게 하고 있다. 이러한 생태계의 철저한 순환시스템이 하우스텐보스 부지를 미래의 환경과 생태, 관광의 도시로 탈바꿈하게 한 결정적 역할을 한 것으로 보인다.

전장 6km에 이르는 운하는 오무라만에서 끌어들인 해수로 가득 차 있으며, 이 해수는 약 80cm에 이르는 간만의 차를 이용하여 4～5일에 한 번씩 모두 교체된다. 유람선이 오가고 물새들이 모여드는 운하는 '물의 도시'를 상징하는 경관으로도 인기가 높으며, 이러한 아름다운 생태환경은 하우스텐보스 관광에 있어서 빼놓을 수 없는 요소이다. 도시경영을 위한 생태환경의 조성이 관광지로서의 비즈니스에 밀접하게 관련되어 있음을 알 수 있다.

하우스텐보스는 중세 유럽풍의 여러 건물들과 빽빽하게 들어선 수목, 그리고 이들 사이를 사방팔방으로 흐르는 운하가 어우러져 독특한 분위기와 경관을 연출하고 있는데, 더욱 놀라운 것은 부지 지하에 이들을 지탱하는 대동맥이 숨겨져 있다는 사실이다. 다름 아닌 전장 3.2km의 거대한 지하 공동구(共同溝)를 말하는데, 이 안에는 상하수도를 비롯하여 증기관, 냉수관, 전기, 통신, 광케이블 등이 설치되어 있다. 이 지하터널의 출발지점인 백야드는 하우스텐보스의 외곽에 자리잡고 있으며, 앞에서 언급한 고도하수처리시설 외에 하루 1,000톤의 생산능력을 가진 해수담수화플랜트나 2,000톤의 저수능력을 가진 수수조(受水槽), 천연가스를 사용한 발전시설 등 최신 환경인프라들로 구성되어 있다.

백야드의 최첨단기술이나 생태적 도시환경을 조성하는 데에 동원된 도시디자인과 각종 지혜는 인류사회가 직면한 만성적인 문제들인 공해나 생태계의 파괴 등을 해결하고, 쾌적한 삶의 공간을 확보할 수 있다는 믿음을 주고 있다. 산업화에 수반되는 오염이나 소음, 그리고 혼란 등은 이러한 인간의 지혜나 그들에 의해 개발된 기술에 의해 쾌적한 환경으로 변화한다.

불모지에 가깝던 46만여 평의 매립지가 울창한 숲과 호수, 운하로 탈바꿈된 것에서 보듯이, 자연 또한 이러한 기술에 의해 잘 길들여진다는 것을 보여 주고 있다. 문제는 왜 막대한 자금이 들어가는 이상적 정주공간을 겸한 관광도시를, 그것도 일본의 서쪽 끝인 나가사키현에 건설하려 하는가에 있다.

(2) 관광진흥에 의한 지방의 복권

일본에서 '국제화'와 함께 '지방화 시대'라는 말이 유행한 지 꽤 오래되었지만, 문제는 지방에 사람들을 어떻게 불러모으느냐에 달려 있다. 과거에는 생산기지를 유치해 지방경제의 활성화를 도모했지만, 거품경제가 붕괴된 지금은 이것이 거의 불가능하게 되었다. 이는 한국을 비롯한 중국, 대만 등 아시아 신흥공업국의 등장에서 비롯된 것이다. 일본은 이들과 비교해서 인건비나 토지대, 물류비 등이 상대적으로 비싸 종래의 대량생산형 공업체계가 채산을 맞출 수 없게 되었다. 그 결과 지방을 생산거점으로 한 산업의 공동화 현상이 일어나게 되었으며, 여기서 일본의 지도자들은 21세기의 일본이 공업화 사회로서 계속 발전하는 데에 한계가 있다고 생각한 것이다. 이를 극복하기 위한 방안으로서 가미치카 씨는 관련 산업에 파급효과가 높은 관광산업과 이를 지원하는 제1차 산업의 육성이 무엇보다도 중요하다고 했다(神近義邦 1996: 5). 지역을 살리기 위한 방법으로서 잘 보전된 생태계와 이를 이용한 관광산업에 주목한 것이다.

폭발적으로 증가하는 국제관광에 대한 예측과 이에 대한 적극적 대응을 강조하는 다음의 글도 관광진흥에 의한 지방의 복권이라는 맥락에서 보면 아주 중요한 의미를 담고 있다고 하겠다.

> 21세기는 '환경의 세기'인 동시에 '관광의 세기'가 될 것이다. 이렇게 말할 수 있는 근거는 바로 아시아 경제의 도약에 있다. 과거 일본이 그랬던 것처럼 개인소득이 향상되고 생활이 풍요로워지면 사람들은 해외로 눈을 돌리게 될 것이다. 곧 아시아 전체에 본격적인 해외여행 열기가 일어날 것이며, 그렇게 되면 아시아의 관광시장의 규모는 상상을 초월할 것이다. 21세기에는 전 세계적 차원에서 아시아 관광객 유치경쟁

이 시작될 것이다. 장차 일본의 지방도시는 이러한 아시아의 교류인구를 적극적으로 불러들이는 관광에 의해 유지될 것이다(ハウステンボス社 1998a: 5).

여기서 주목해야 할 것은, 하우스텐보스라는 이름의 관광도시가 실제로 지역활성화에 그대로 연계되어 있다는 사실이다. 우선 하우스텐보스의 종업원 3,400명과 그 가족을 포함한 7,000여 명이 직접 관련되어 있으며, 나아가 연간 1,000만 명분의 식료품이나 토산품, 30만 포기의 각종 꽃의 재배 등 1차 효과의 단계에서 하우스텐보스와 직접 · 간접으로 관련되어 생활하는 사람이 1만 명이 넘는다. 특히 장내의 각종 꽃들은 모두 이 지역 농민들에 의해 재배되어 이곳으로 이식되는데, 이것으로 지역의 침체된 전래의 농업에 새로운 활력을 불어넣는 계기가 마련되었다. 여기서 우리는 거대한 소비시장을 관리하는 조직에 의해 농업도 기술적으로 조직화되고 있음을 알 수 있다.

한편 종업원이 구입하는 일상생활용품에서 자동차, 주택에 이르기까지 2차 · 3차의 경제적 파급효과까지 생각하면, 약 2만 명의 사람들이 하우스텐보스와 어떤 식으로든 관련을 맺고 살아가고 있다고 할 수 있다. 지금까지의 관광개발은 관광객만이 제한된 공간에서 즐길 수 있는 시설을 중심으로 이루어졌다. 그러나 하우스텐보스는 지역활성화가 목적이기 때문에, 그 지역에서 생활하는 주민이 얼마나 쾌적한 삶을 살며 하우스텐보스를 즐길 수 있는가를 개발의 핵심으로 삼아 왔다. 그 결과 지역 고유의 역사나 문화 등을 지역의 독특한 경관이나 디자인을 살린 거리에서 맛볼 수 있게 했으며, 이러한 관광도시여야만 지역주민의 생활에 밀착된 문화로 사람들을 접대한다고 하는 이상적인 구도가 성립되는 것이다.

4. 하우스텐보스의 관광소비

1) 하우스텐보스의 관광매력

일본의 각 지방자치단체는 1980년대 후반부터 지역활성화 수단으로 지역의 자연과 문화를 배경으로 한 각종 이벤트나 리조트, 테마파크 등의 건설을 활발히 추진해 왔다. 그런 움직임의 대부분은 기대한 성과를 올리는 데 실패했으나 하우스텐보스는 예외였다. 앞에서 언급한 주제의 표현기법과 그 배경, 그리고 지역활성화에 대한 장기적 비전도 중요한 요인으로 작용했지만, 그보다 직접적이고 근본적인 요인으로 가미치카 사장이 지적한 다음 두 가지 사항을 들 수 있겠다(神近義邦 1996: 1～8). 하나는 지역의 역사와 문화에 적합한 테마를 설정했다는 것이고, 다른 하나는 나가사키와 후쿠오카를 잇는 관광동선에 인접해 있다는 것이다.

일본 사회에서 나가사키라고 하면 우선 네덜란드와 데지마를 연상하는 이국정서를 비롯하여 항구도시, 야경, 원폭 등의 이미지가 있다. 이 중 특히 네덜란드와의 역사적 관계를 배경으로 한 '현대의 데지마'라는 이국정서가 오란다무라에서부터 이어져 온 테마설정의 원점이다. 이와 같이 특정 지역과 관련된 특정한 이미지와 경관은 관광생산이나 소비를 촉진하는 '상징적 자본'(symbolic capital)이라고 할 수 있다. 게다가 나가사키에는 예부터 히라도시(平戶市)에서 나가사키와 운젠(雲仙), 오바마(小浜)를 연결하는 확실한 관광경로가 구축되어 있었다(神近義邦 1996: 3). 말하자면 이 경로가 바로 연간 수백만 명에 달하는 관광객이 이동하는 관광동선인 것이다. 하우스텐보스는 도쿄디즈니랜드와는 달리 대도시권의 배후인구를 갖고 있지 않다. 따라서 재방문을 기대할 수 있는 일정 수

데지마에 있었던 네덜란드 상관의 축소모형.

준의 방문객을 안정적으로 확보하는 데는 한계가 있게 마련이다. 그러나 이 한계를 극복할 수 있었던 것은 지금까지 수십 년 동안 나가사키를 찾아오는 500만 명의 관광객이 대도시권의 배후인구의 역할을 했기 때문이다.

이상에서 살펴본 바와 같이 하우스텐보스는 나가사키의 특수 이미지와 관련된 주제의 설정과 거대 관광동선상의 위치라는 두 가지 기본적인 요인으로 인해 높은 집객력을 확보하는 데에 성공했다고 할 수 있다. 그러나 이러한 높은 집객력은 항상 그대로 유지되는 것이 아니다. 이것을 일정 수준으로 지속시키기 위한 특별한 경영전략이 필요하다는 말이다. 이러한 의미에서 하우스텐보스가 실시한 다음 두 가지 전략을 주목할 필요가 있겠다.

우선 유용한 정보를 적기에 발신하고 있다는 사실이다. 수도권에서 멀리 떨어진 지방에 사람들을 모으기 위한 최대의 무기는 항상 양질의 정보를 끊임없이 발신하는 일이다. 이러한 정보의 효과적인 발신은 하우스텐보스에 대한 인지도의 향상과 충실한 이해에 크게 공헌한 것이다. 특히 1995년에는 인터넷 홈페이지를 개설하고, 이듬해에 개최된 '인터넷엑스포 1996'에 참가했으며, 같은 해 12월에는 5만 명이 운집한 가운데 열린 '카운트다운쇼'가 하우스텐보스에서 인터넷을 통해 전 세계에 중계되기도 했다.

다음은 적극적인 해외시장의 개척이다(ハウステンボス社 1998b: 1～7). 하우스텐보스가 해외활동을 구체적으로 개시한 것은 개업 2년째인 1993년이었다. 1993년 7월 한국의 여행박람회에 참가한 것을 시작으로, 같은 해 10월 대만에서 여행 에이전트나 매스컴을 대상으로 하우스텐보스에 대한 설명회를 가졌다. 또한 1994년 9월에 '국제세일즈 프로젝트팀'을 조직하고, 10월에 대만에서 개최된 '해외 여행박람회'(OTB)에 참가했으며, 음력설에 맞춰 텔레비전 광고를 내는 한편, 이 기간 중에 새로운 이벤트인 '차이니즈 뉴이어'를 기획 · 시행했다. 이어 1995년에는 국제세일즈 프로젝트팀을 '국제영업부'로 확대 · 개편하고, 1996년에는 '미스홍콩 선발대회'의 로케이션을 유치하여, 1997년 홍콩 관광객의 급증이라는 성과를 얻었다. 그 결과 해외 관광객은 1993년 첫해 4만 7,000명에서 5년 뒤인 1997년 39만 명(8.3배)으로 급증했다.

이와 같이 하우스텐보스가 해외영업활동에 적극적인 이유는 바로 앞에서 언급한 관광진흥에 의한 지방의 복권을 염두에 둔 전략적 사고에서 비롯된 것이라고 할 수 있다. 이들의 최종목표는 1997년 7월 홍콩이 중국에 반환된 것을 계기로 서서히 시장자유화가 진행되고 있는 중국 본토인 것 같다. 21세기에는 중국의 급속한 경제성장으로 야기되는 지구적 규모의 대교류가 아시아 지역의 관광 붐을 조성할 것으로 생각했기 때문이다. 따라서 상하이를 거점으로 한 중국의 연안 지역과 대만을 중심으로 한 아시아 관광객을 100만 명대까지 끌어올리려는 하우스텐보스의 목표는 실현가능성이 높다고 하겠다.

2) 하우스텐보스 관광의 소비적 특성

(1) 입장객의 추이와 성향

하우스텐보스가 개장된 1992년도는 일본의 거품경제가 붕괴되고 급속도로 경기가 악화되어 가던 시기였지만 연간 입장객 375만 명을 기록했다. 이듬해는 새로운 시설의 개장에 힘입어 일반적으로 방문객이 급감하는 '2년째 징크스'를 깨며 390만 명을 기록하는 등 순조로운 진행을 보였다. 400만 명을 눈앞에 둔 1994년도에는 엔고와 가뭄, 고베(神戶) 대지진 등 예기치 못한 사태로 383만 명으로 약간 감소했다. 그러나 1995년도에는 이벤트나 숙박시설의 확충에 따라 방문객 수가 증가하여, 목표했던 대망의 400만 명대를 돌파했다(403만 명). 1996년도에는 아시아 관광객의 급증과 호텔개장의 효과로 425만 명을 기록하며 사상최고치를 달성했다. 그후 1997년도와 1998년도에 각각 413만과 403만 명을 기록(1999년도 상반기는 199만 3,600명), 약간 감소하는 추세를 보였으나 여전히 400만 명의 수준을 유지하고 있다.[3]

이들을 지역별로 나누어 검토해 보면(1998년도 자료), 간사이와 간토

---

3. 이하 1992~1997년까지의 구체적 통계자료는 「개업5주년관련자료」(1997)와 「HUIS TEN BOSCH」(1998)를 참고로 했으며, 1998~1999년도 자료는 사장실홍보과에서 필자가 직접 입수한 것이다.

지역의 41%를 포함한 규슈권 밖이 64%나 될 정도로 전국적인 인지도가 확립되어 있음을 알 수 있다(〈표 1〉). 또한 계절성 이벤트의 충실과 회원제도의 정착으로 전국 평균 재방문율이 31%에 이르고 있다. 아시아 관광객도 급증하고 있어 국제적 관광거점으로서의 지위를 확보했다고 할 수 있다(ハウステンボス社弘報課 1997a: 1~8).

〈표 1〉 입장객 동향

연도	입장객 총수 (만명)	(1) 지역별 입장객 비율 (%, 국내)								(2)지역별 입장객 비율 (%, 국외)				
		후쿠오카	나가사키	그외	간사이	간토	시고쿠 주고쿠	주부	그외	총수(만명)	대만	홍콩	한국	기타
1996	(425)	16	10	10	20	20	10	11	4	(33)	75	12	10	3
1997	(413)	14	11	8	19	23	9	12	4	(39)	65	28	5	2
1998	(403)	16	11	9	15	26	9	9	5	(36)	55	40	2.5	2.5

*위의 표는 하우스텐보스사에서 입수한 '여러 자료'(주3 참조)를 종합하여 재구성.

연령층별로는 20대가 약 30%로 가장 많으며, 30~60대도 각각 15% 전후를 보이고 있으며, 19세 이상이 전체의 90%를 차지하고 있다. 아이들보다는 어른들의 관광지로서 평가되고 있음을 알 수 있다. 또한 입장객의 속성은 크게 '20대의 커플과 여성 그룹', '40~50대의 장년 커플과 여성 그룹'이라는 두 층으로 나뉘는데, 이는 하우스텐보스가 여성들(특히 젊은 여성들)에게 인기가 높음을 보여 주고 있다. 1997년의 예를 들면, 여성이 남성의 2배가 넘는 67%(남성 33%)나 되었다. 이것은 무엇을 의미하는 것일까?

현대 일본 사회의 큰 특징의 하나로 자주 지적되고 있는 것은 미혼 직장여성(보통 'O.L'이라 함)의 수가 급증하고 있으며, 이들 중 상당수가 결

풍차의 모습을 찍은 사진이지만 하우스텐보스의 한가하고 여유로운 이미지가 잘 나타나 있으며, 특히 '젊은 여성그룹과 장년층의 커플'이라는 하우스텐보스의 주고객의 성향을 상징적으로 보여 준다.

혼적령기를 넘기면서까지 전문직업인(커리어우먼)으로 활동하고 있다는 것이다. 이들이 말하자면 현대 일본 사회의 관광소비를 리드하는 새로운 계층으로 부상한 것이다. 한때 온천 관광지로 수많은 유곽과 유녀들로 활기가 넘치던 이웃 사가현의 우레시노초(嬉野町)가 '환락가'라는 이미지를 탈피하고, 보다 명랑하고 밝은 이미지로 탈바꿈하기 위해 안간힘을 쓰고 있는 것도 바로 이러한 미혼 직장여성과 커리어우먼을 겨냥한 새로운 마케팅전략의 결과이다.[4] 또한 이들은 일본인들 중에서 유럽을 가장 동경하는 사람들이기도 하다. 매년 관광시즌이 되면 여성잡지들이 하우스텐보스에 대한 특집을 요란하게 꾸미는 것도 이들의 높은 관심과

---

4. 우레시노초에서 '히젠유메가이도'(肥前夢街道)라는 테마파크를 개장한 고하라(小原健史) 사장과의 인터뷰 내용을 요약한 것이다.

무관하지 않을 것이다. 따라서 하우스텐보스는 이들에게 '동경의 대상으로서의 유럽'을 가벼운 마음으로 즐길 수 있는 대체 관광지로서 자리매김되고 있다고 할 수 있다. 또한 여성은 남성에 비해 감성이 풍부하여 테마파크가 제공하는 경관이나 이벤트 등에 의한 다양하고 세련된 감정 연출에 적극적으로 반응한다는 일반적 인식도 무시할 수 없는 부분일 것이다. 이와 같은 하우스텐보스에 대한 여성들의 높은 선호도는 입장객을 대상으로 한 앙케트조사에서도 잘 나타나고 있다. 이 조사는 A4용지 한 면 정도의 분량에 입장객의 성별이나 거주지, 숙박일수, 재방문 여부, 방문동기, 이벤트에 대한 만족도 등을 조사하는 것으로 입장객 누구나 자유롭게 참가할 수 있다. 이 중 방문동기에 대한 질문에는 복수의 답을 허용하고 있다.

여기서 입장동기에 관한 조사결과(1996~1998년)를 보면, '시가지와 꽃 등의 경관'을 보기 위해 하우스텐보스를 방문한 관광객이 전체의 60%를 차지하고 있다. 이 중 시가지와 꽃을 분리해서 선택하게 한 1997년과 1998년도 조사에는 20~60%로, 선택률에 큰 차이를 보이고 있다. 이는 3월의 튤립축제나 6월의 수국축제와 같은 계절적 영향에 따른 것이다. 이에 비해 시가지 경관은 계절에 관계없이 항상 60%대를 유지하고 있어, 유럽풍 경관이 최고의 관광매력으로 작용하고 있음을 알 수 있다. 바다나 호수, 운하를 배경으로 한 친수성(親水性, 물과 친화적인 환경)은 지금까지 일본인들에게 익숙해진 자연경관이나 도시경관과는 색다른 분위기를 연출하고 있는 것으로 분석된다.

다음으로 '리조트 기분'과 '어트랙션 · 뮤지엄', '쇼핑'이 각각 20~30%대, 이어서 '호텔숙박'(20%), '식사'와 '미술전 관람'(10%), '크루징'(5~10% 이하)의 순으로 이어지고 있다. 특히 '시즌 이벤트'는 5~50%로 큰 편차를 보이고 있는데, 적절한 이벤트의 개최가 관광객의 입장동기에 큰 영향을 미치고 있는 것으로 나타났다. 결국 시가지와 호수, 운하, 다양한 꽃들이 어우러진 유럽풍의 경관이 하우스텐보스의 최대 매력이며, 그 외 여러 다양한 동기들이 부분적으로 작용하고 있다고 하겠다.

(2) 하우스텐보스형 관광의 정착

하우스텐보스는 모든 방문객에게 '여유 있고 한가로운'(ゆったり) 시간을 느낄 수 있는 환경의 연출과 안락하고 쾌적한 리조트생활을 즐길 수 있는 공원도시를 목표로 하고 있다. 입구에서 방문객을 맞이하는 캐릭터도 요란한 음악도 없는 대신 풍부한 물과 울창한 숲, 계절에 따라 피는 다양한 꽃 등 풍요로운 자연환경과 각 건물의 특이한 외관에서 풍기는 유럽의 중세 분위기가 방문객의 눈길을 끌고 있다. 방문객의 연령이나 성별, 취미 등 다양한 기호에 대응할 수 있는 여러 요소들을 종합하여, 실제 시가지와 같은 무대를 마련하고 방문객에게 즐기는 방법을 스스로 선택하게 하고 있다. 제한된 시간에 여러 곳을 분주히 돌아보는 종래의 관광 형태를 지양하고, 한곳에서 즐길 수 있는 보다 여유 있고 한가로운 체재형 라이프스타일을 제안하고 있다. 이른바 '하우스텐보스형 관광스타일'의 창조라고 할 수 있다.

하우스텐보스에서는 사세보와 나가사키 지역의 주민들에게 '모렌클럽'이라는 회원 제도를 운영하고 있는데, 이 클럽에 가입하면 연회비 1만 엔(1999년 조사 당시 일반관광객의 1회 입장료는 6,500엔)으로 하우스텐보스와 오란다무라, 바이오파크를 연중 자유롭게 이용할 수 있다. 현재 5만 명이 넘는 지역주민이 회원으로 가입해 있으며, 연간 4~5회의 높은 이용률을 보이고 있다. 모렌클럽 회원의 이렇게 높은 재방문율(60%)은 지역주민들의 생활양식의 변화에 하우스텐보스가 중요한 역할을 하고 있음을 보여 주고 있으며, 미래의 하우스텐보스 주민의 생활양식을 예측할 수 있는 중요한 지표가 될 수 있다.

하우스텐보스는 테마파크임과 동시에 일본에서 최초로 유료시설 내에 호텔을 둔 체재형 리조트도시이기도 하다. 5개나 되는 장내 호텔들은 개업부터 7년이 경과한 현재까지 연 평균가동률 75%를 유지하고 있어, 업계에서도 주목의 대상이 되고 있다. 특히 유럽호텔은 데이코쿠호텔이나 오쿠라호텔 등 일본을 대표하는 초일류 호텔을 제치고, 개업 이래 4년 연속 객실단가(1일당 매상액)에서 일본 최고를 기록했다(ハウステンボス社弘報課 1997a: 3). 하우스텐보스에 대한 당일 관광객과 숙박 관광객의 평가가 크게 차이가 나는데, 이는 호텔에서 제공하는 최고의 시설과 서비스, 브랜드 전략에다 하우스텐보스가 도시공원이나 시가지로서 가지는 종합적인 매력에 의한 것이라고 볼 수 있다.

도시형 테마파크의 다양한 환경과 서비스에 수반되는 이 같은 풍요로운 시간의 흐름을 보다 많은 사람들이 즐길 수 있도록 하기 위하여, 1995~1996년에 걸쳐 하우스텐보스 바로 옆에 2개의 저가형 대규모 호텔을 개장했다. 개장 첫해의 객실가동률이 여름 성수기에 최고 94%를 기록하는 등 연평균 80%에 이를 정도로 인기가 높다. 이 두 호텔은 온천대욕장이나 일본식 대연회장도 갖추고 있어, 장내 호텔에서는 기대할 수 없는 단체관광객들의 다양한 요구를 수용함과 동시에 JR큐슈와 젠닛쿠(全日空), 닛코(日航)와 같은 여객수송업체와의 연계전략이라는 측면에서 중요한 의미를 지니고 있다.

앞에서 언급한 것처럼 오무라만이나 운하의 수질을 보전하기 위한 고도하수처리나 재활용, 돌 제방을 이용한 자연정화, 해수담수화플랜트 등 획기적인 시설에 의한 수질보전의 노력이 인정되어, 1995년 환경청으로부터 기업으로서는 처음으로 '수환경상'(水環境賞)을 수상했다(ハウステンボス社弘報課 1997a: 5). 이것을 계기로 1996년 '수환경포럼'이 하우스텐

'나가사키 원폭 피해'라는 지역의 이미지를 활용한 평화공원.

보스에서 개최되기도 했다. 하우스텐보스에서는 관광목적으로 찾아오는 사람들 외에 이러한 '수환경'을 중심으로 한 환경설비나 거대한 지하공동구, 열공급시스템 등을 시찰하는, 이를테면 연수여행이 증가하고 있으며, 행정이나 지방자치단체, 기업을 중심으로 연간 1만 5,000명이 다녀가고 있다.

또한 지역의 이미지와 경제적 기반을 적극적으로 반영하여 지역사회의 일부로서 정착하기 위한 활동을 전개하고 있다. 1995년 12월에는 4년여에 걸쳐 완공한 '팰리스 하우스텐보스' 안의 '벽화'가 공개되었다. 이 벽화는 네덜란드의 대표적 화가를 중심으로 세계의 유명화가 40명이 공동으로 제작한 것으로서, '반전과 평화'를 테마로 하고 있다. 전후 50주년을 맞이한 기념으로 원폭피해지인 나가사키의 하우스텐보스에서 평화에 대한 기원을 세계로 발신하게 된 것이다. 이 밖에도 아리타(有田)나 사쓰마(薩摩) 등 세계적인 도자기 생산지와 가까운 지역적 특성을 이용한 도자기 관련 전시회나 이벤트도 개최하고 있다. 하우스텐보스는 지방 도시에서 질 높은 문화를 제공함과 더불어 문화정보의 발신지로서의 역할을 맡고 있는 셈이다.

이상에서 살펴본 바와 같이 하우스텐보스는 관광객의 다양한 방문동기에 나타나고 있는 관광소비의 유형뿐만 아니라, 환경이나 에너지절약, 정보인프라, 이념, 지역산업 등 복합적 도시기능의 형태로 현대 일본 사회에서 널리 소비되고 있는 것이다.

(3) 테마파크관광의 소비적 특징

관광에는 즐거움을 위한 소비라는 특징이 있다. 관광이라는 맥락에서 제공되는 서비스에 대해 그에 상응하는 대금이 지불되는 경제적 행위이기 때문이다(橋本和也 1999: 15). 어떤 특정 지역이나 장소가, 상품이나 서비스가 비교되고 평가되고 구매되고 사용되는 소비의 중심으로 재구조화되고 있다는 주장(Urry 1995: 1)도 바로 이러한 관광의 소비적 측면을 강조한 것으로 볼 수 있다. 아름다운 경치와 이민족의 기이한 풍습, 역사적 문화유산, 리조트, 최근에 유행하는 생태환경 등도 관광시장에서는 매매대상인 서비스의 일종이다. 여기서 무엇을 어떻게 제시하는가 하는 연출이 중요한 부분으로 부각된다. 하우스텐보스나 도쿄디즈니랜드와 같은 테마파크는 현대 자본주의사회의 프로경영자들에 의해 독자적으로 구축된 관광문화의 거대한 시장이라고 할 수 있다. 이곳에서 생산되어 소비되는 관광문화가 후기자본주의사회의 독자적 문화영역으로서 어떻게 정체성을 획득해 가는가 주의 깊게 지켜볼 필요가 있다.

후기자본주의사회에서 생산보다 소비를 강조하는 논리가 소비자들에게 노동시간을 단축하고 많은 여가시간을 제공함으로써, 매우 유용한 상품을 쉽게 이용할 수 있게 했으며, 생산현장에서 끊임없이 개발되는 새로운 상품이 또한 새로운 시장을 창출하도록 강요하고 있다. 이러한 모순이 따지고 보면 새로운 유형의 소비를 끊임없이 촉발하는 요인이 되고 있다. 급격히 만들어진 테마파크 관광이 일본 사회에서 순식간에 널리 유통되는 것도 그러한 모순에서 비롯되며, 특히 모든 실체들이 디지털 매체에 의해 매력적인 기호나 이미지로서 대량 생산되는 정보화 시대의 흐름과 깊은 관련이 있다고 하겠다.

한편 지금까지 근검절약을 모델로 했던 일본인의 전통적 생활방식이 정보화와 대량소비를 특징으로 하는 후기산업사회의 여러 경향들을 받아들이면서 테마파크형 관광문화의 소비가 광범위하게 촉발되었다고 할 수 있다. 이는 벨라(Robert Bellah)가 미국 사회의 삶의 방식을 다음 두 가지 가치관의 변화로 설명하는 것과 같은 맥락이다. 즉 성서적이고 공화주의적 모델이었던 전통적인 가치관에서 기업을 만들어 상품을 생산하는 공리적 개인주의와 상품소비를 앞서 이끌어가는 표현적 개인주의로의 변화인데, 말하자면 이 새로운 형식이 기존의 경제체제를 해체하고 문화적 영역의 상대적 자율성을 강화하여 적극적 소비를 창출한다는 것이다(펠만 1994: 56~57에서 재인용).

마지막으로 일본인의 정신적 특징이라는 강한 집단귀속의식과 왕성한 호기심, 뛰어난 이문화 소화력, 도작 문화에 기인한 '고다와리(こだわり, 어떤 일을 끝까지 철저하게 추구하는 것) 정신'이 테마파크 문화의 기반이 되었다는 주장도(伊藤正視 1994: 17~24) 주목할 만하다. 특정의 테마와 컨셉을 치밀하고도 철저한 연출기법을 동원하여 일관되게 표현해야 하는 테마파크는 이러한 일본인의 의식구조에 아주 적합한 장치계라고 하겠다. 따라서 테마파크는 바로 이러한 일본인의 가치관이나 의식구조, 후기자본주의사회의 시대적 상황에 대한 적절한 대응의 결과라 할 것이다.

5. 테마파크관광의 생산과 소비

지금까지 세계에서 그 유례를 찾아볼 수 없는 도시형 테마파크 개발의 과정을 가능한 한 상세히 기술하고, 몇 가지 관점에서 분석해 봤다. 이들을 요약하면 다음과 같다.

첫째, 테마파크는 관광이라는 맥락에서 문화가 생산되고 소비되는 현장이라는 점이다. 여기서 말하는 문화는 대중적이며 어느 정도 공유하고 있는 상징이나 의미, 해석 그리고 신념으로서 사람들은 이것을 이용하여, 일상생활에서 일어나는 것을 이해하고 또 재현하게 된다. 이러한 광의의 문화를 새로이 생산하고 널리 유통시키는 일은 그리 쉬운 일이 아니다. 하우스텐보스는 지역에 밀착된 기존의 이미지를 포착하고 조정하는 방법을 통해 새로운 가치와 이념을 생산(창조)하는 데에 성공했다. 그들에게 있어서 문화는 특히 관광의 맥락에서 의도적으로 조작되고 거래되며, 정교하게 연출되어 대중적으로 소비되는 대상인 것이다. 이러한 방법을 통해 경영이익을 추구하고 시장에 접근하며, 궁극적으로는 하나의 독립된 경영체로서의 도시를 만들려고 하는 것이다. 디즈니월드가 모든 것을 '탈맥락화'(decontextualization)하여, 디즈니식 맥락으로의 재구성을 통해 새로운 이야기로 꾸며내어 사람들을 즐겁게 하는 것과 달리(펠만 1994: 32~35), 하우스텐보스는 사전에 주도면밀하게 준비된 일정한 맥락에 따라 시설과 이미지, 자연 등의 모든 구성요소들을 배치함으로써, 방문자들에게 깨끗하고 자연스러우며 쾌적하고 안전한 즐거움을 소비하게 한다. 다시 말해 테마파크는 순전히 그들의 편익에 따라 문화적인 장치들을 적당히 통제함으로써 얼마든지 새로운 문화들을 생산해 낼 수 있음을 보여 주고 있다.

둘째, 주제의 표현에 동원된 과학기술의 위상과 그것을 주도적으로 구사한 주체에 관련된 부분으로서, 하우스텐보스가 테마파크의 문명사적 과정에서 가장 진화된 단계를 보여 주고 있다고 할 수 있다. 하나의 도시가 만들어지기까지 적어도 수십 년에서 수백 년이 걸리는 것이 보통이다. 그러나 하우스텐보스는 불과 10년이라는 아주 짧은 기간에 탄생했다. 이것을 가능하게 한 원동력은 무엇일까? 가미치카라는 한 개인의 상상력과 나가사키의 이미지, 풍부한 자금력 등 여러 요인을 생각할 수 있다. 그러나 무엇보다 중요한 것은 현대 일본 사회가 축적한 과학기술의 수준이라고 생각한다. 이 과학기술이 테마파크에 대한 정보의 가치와 의미를 크게 변화시킨 것이다.

그렇다면 이 과학기술을 주도적으로 사용한 주체는 무엇일까? 말할 것도 없이 하우스텐보스 프로젝트에 주도적으로 참여한 '15인 위원회'를 비롯한 회사 관련자들일 것이다. 여기에 수많은 투자기업이나 정치가, 행정(지방자치단체), 매스미디어, 여행대리점까지 포함한 복합적인 편성체가 주도한 것이다. 테마파크는 성립단계부터 이들에 의해 의도적으로 조작되고, 정치적으로 거래되며, 관광이라는 맥락에서 정교하게 연출되는 제도로서 존재했다. 따라서 테마파크는 고도로 연출된 문화적 텍스트이며, 이 텍스트의 저자는 앞에서 말한 복합적인 편성체라고 할 수 있다. 이들에 의해 연출된 문화적 텍스트로서의 테마파크는 특정 분야의 전문가에 의한 논의만으로는 그 실체를 종합적으로 분석할 수 없다. 왜냐하면 다양한 문화나 기술을 집대성하는 테마파크 자체가 전문적인 것을 명확하게 구분하는 아카데미즘 세계의 발상을 거부하고 있기 때문이다. 이것은 현대 일본 사회의 도시적 유희공간을 규명하는 데에 다양한 접근방법이 가능하다는 것을 의미한다.

셋째, 하우스텐보스는 관광개발의 새로운 방향을 제시하고 있다고 할 수 있다. 1999년 7월 19일 세계인구가 60억을 넘어섰다. 지금까지 일부 한정된 사람들에게만 허용되었던 관광이 산업화에 따른 절대 다수의 부의 축적으로 새로운 엘리트 계층이 형성됨에 따라 폭발적으로 증가하게 되었다. 이에 대비하여 세계 각국의 정부나 지방자치단체들이 관광개발에 열을 올리고 있다. 이들은 이 글에서 다룬 하우스텐보스의 관광개발을 주목해야 할 것이다. 하우스텐보스는 종래와는 다른 관광개발의 새로운 방향을 제시하고 있기 때문이다. 즉 하우스텐보스가 지향하는 관광개발은 한마디로 아름답고 쾌적한 '마치즈쿠리'로서, 이곳을 생활근거지로 하는 주민에 의해 양질의 서비스가 제공되어야 한다는 것이다. 백제왕전설을 무라오코시나 마치즈쿠리의 소재로 삼아 일약 유명 관광지가 된 미야자키현의 난고손 사례도 같은 맥락에서 이해될 수 있다(V장 참조). 이러한 의미에서 일본에서 유행하는 관광개발은 곧 '마치즈쿠리의 총마무리'로 해석되며, 세계 각지에서 벌어지고 있는 무분별한 관광개발에 많은 시사점을 제공한다고 하겠다.

넷째, 하우스텐보스는 오늘날 일본인들의 새로운 삶의 양식, 특히 새로운 유형의 관광 형태인 테마파크관광을 창출하는 데에 중요한 역할을 하고 있다. 여기서 말하는 테마파크관광이란 그레이번(Nelson Graburn)이 분류한 문화관광과 자연관광의 속성들을 모두 포함하는 복합적 성격의 관광유형이라고 할 수 있다(야마시타 신지 1997: 171～172). 관광유형의 분화와 발전의 역사는 유럽의 근대정신사와 맞물려 있는 것처럼, 테마파크관광은 일본의 후기자본주의사회의 등장과 깊은 관련이 있다고 하겠다.

하우스텐보스는 일본에서 도쿄디즈니랜드 다음으로 많은 사람들이 찾고 있는 테마파크로서, 지역에 고유한 과거의 이미지를 이용하여 현실적 문제를 해결하고 미래의 이상을 지향하고 있다. 이러한 이상은 일본인의 풍부한 상상력과 최첨단 기술력에 의해 실천가능한 현실로 다가오고 있다. 역사적인 체험을 통해 이루어지는 수많은 성지와는 달리 세계 각 지역의 디즈니랜드처럼, 하우스텐보스도 주도면밀하게 계획되어 연출된 하나의 성지라고 할 수 있다.

6. 후기

이 글이 발표된 후 정확하게 2년 8개월이 지난 2003년 2월 27일 '초대형 테마파크 하우스텐보스의 파산'이라는 뉴스를 접했다. 1999년 상반기까지만 하더라도 순항을 계속하던 테마파크의 거함 '하우스텐보스호'가 자신의 힘만으로는 더 이상 항해를 할 수 없게 된 것이다. 전혀 예상하지 못했던 결과에 적잖은 충격을 받았다. '성숙사회' 일본인의 라이프스타일의 변화와 하우스텐보스형 관광의 정착이라는 필자의 결론이 여지없이 빗나갔기 때문이다.

최근 경영위기를 맞이한 일본의 테마파크는 하우스텐보스만이 아니다. 홋카이도의 '캐나디안월드', 히로시마의 '포트피아랜드', 가마쿠라의 '시네마월드', 후쿠오카의 '네이블랜드', 구마모토현의 '아시아파크', 가가와현의 '레오마월드', 미야자키현의 '시가이아'도 마찬가지이다.

여기서 그 원인과 배경에 대해 생각해 보지 않을 수 없게 되었다. 하우스텐보스가 경영위기를 맞이한 직접적 원인은 말할 것도 없이 입장객의 급격한 감소에서 비롯되었다고 해야 할 것이다. 하우스텐보스의 입장객은 1992년 3월 개장 당시 375만 명으로 시작하여 조금씩 증가 추세를 보이다가 1996년 425만 명을 정점으로 다시 조금씩 감소하기 시작했다. 그러나 1999~2002년 사이에는 300만 명 이하로 급격히 감소하기 시작하여, 현재는 260~270만 명 정도에 그치고 있다. 100만 명의 입장료만 65억 엔 정도이니까, 입장객 100만 명대의 감소가 경영에 미치는 영향이 어느 정도인지 쉽게 예상할 수 있을 것이다. 그렇다면 그 원인은 어디에서 찾을 수가 있을까?

우선 거품경제 붕괴 후 일본 경제가 장기간의 침체에서 벗어나지 못했다는 사실, 둘째 도쿄와 오사카와 같은 인구 밀집 지역의 배후도시를 가지지 못한 점, 셋째 1인 10색의 다양한 기호에 17세기 네덜란드풍의 경관과 자연을 소재로 한 이벤트로는 한계가 있었다는 점, 넷째 2,250억 엔이라는 지나친 초기투자에 발목이 잡혔을 것이라는 점, 다섯째 일본 국내는 물론 특히 아시아를 향해 발신한 하우스텐보스 발 정보가 1997년 아시아 전체를 급습한 경제위기에 묻혀 버렸다는 점, 여섯째 일본 전역에 우후죽순처럼 생겨난 수많은 테마파크와의 경합에서 독자적 색깔을 내기가 여의치 않았을 것이라는 점 등을 들 수 있다. 그러나 무엇보다 심각한 문제는 이러한 원인들이 당분간 개선될 가능성이 보이지 않는다는 데에 있다고 하겠다.

필자는 하우스텐보스가 목표로 하는 '1만 명 이상이 정주하는 관광도시'(입장료 무료)에 주목하고 싶다. 이것이 다른 테마파크가 흉내낼 수 없는 하우스텐보스만의 고유성이기 때문이다. 앞으로 어떤 방식으로 1만 명의 정주인구를 확보할지 지켜보고자 한다.

VIII. 그린 투어리즘과 도농교류

문옥표

1. 그린 투어리즘과 도농교류

환경보호 내지 자연보호라는 주제는 오늘날 모든 사회에서 가장 주요한 화두의 하나이다. 그리고 그와 더불어 농촌에 대한 관심도 증대하고 있다. 경우에 따라 '자연'은 인간을 배제한 개념, 다시 말해 인간의 통제 밖에 존재하는 '야생'의 개념으로 이해되기도 하지만, 보다 많은 경우 '도시/농촌'의 구분과 '문화/자연'의 개념적 범주는 혼용되어 시공간적으로 배열된다. 즉 자연은 곧 농촌이며, 성스러운 것, 시간 외적인 것 혹은 과거에 속하는 것으로, 그리고 권력의 중심인 도시에 대하여 주변적인 것으로 개념화된다(Vandergeest & DuPuis 1996:7). 이처럼 외적으로 부여되는 농촌에 관한 개념규정은 농촌생활의 현실이나 농촌주민들 자신의 인식과 반드시 일치하지 않을 수도 있다. 그럼에도 불구하고 농촌에 대한 정부의 정책(예를 들어 인구정책, 개발정책, 보호지구의 설정 등)이나 환경보호론자 내지 농촌운동가들의 활동이 대체로 이렇게 만들어지는 개념구분에 기초하고 있는 경우가 많은 까닭에 때로는 주민들의 직접적인 이해와 갈등을 일으키기도 한다.

이 장에서는 하나의 구체적인 사례를 통하여 흔히 '농(산)촌관광'(rural tourism) 혹은 '도농(都農) 교류관광'(urban-rural exchange tourism)과 동의어로 사용되고 있는 일본 내 그린 투어리즘의 생산 및 소비과정을 살펴봄으로써 현대 일본 사회에서 '농촌성'에 관한 인식 및 도시-농촌 관계의 성격이 어떻게 변화하고 있는가를 살펴보려는 것이다. 그것은 그린 투어리즘의 생산 및 소비의 과정은 현대 일본 사회의 농촌성에 관한 인식 및 도시-농촌 관계의 성격변화를 밀접하게 반영하고 있다고 생각되기 때문이다. 산업화 · 도시화의 과정에서 농촌 및 도농 관계의 현실은 끊임없이 변해 왔으며, 또한 현실을 떠나서 형성되는 농촌에 관한 담론도 조금씩 다른 형태를 띠고 발전해 왔다. 예를 들어 일본근대사 학자인 스티븐 블라스토스는 최근의 한 논문에서 일본 사회의 농본주의적 담론이 근대 이후의 산업자본주의화 과정에서 발생하는 제 문제들에 대응하여 민족적 정체성을 재정립하기 위해 정치적 · 이념적인 목적에서 등장한 '발명된 전통'(invented tradition)의 하나였다는 주장을 펴기도 하였다(Vlastos 1998).

비단 근대 초기뿐 아니라 농촌사회에 대한 이상화된 이미지는 19세기 말 일본 국학자들의 언설에서부터 1980년대 들어 시작된 탈현대적 고향만들기(ふるさとづくり)운동에 이르기까지 다양한 정치적 · 이념적 목적

에 의해 지속적으로 재생산되는 것으로 나타난다(문옥표 1991; Scheiner 1998: 67～68; Robertson 1991: chap. 1; Moon 1997a). 즉 계급적 갈등이나 대립이 없는 공동체적 사회, 상부상조의 사회, 나아가 일본 국민성의 기초가 되는 핵심적 가치와 관습을 보전하고 있는 이상향으로서의 농촌사회에 대한 이미지는 흔히 일본인의 고유한 문화적 정체성의 원천으로 제시된다. 그러나 역사학자들의 연구결과에 의하면 근대 초기 일본 농촌의 현실은 이미 계급분화가 상당히 진전되어 있었으며, 결과적으로 조화된 공동체이기보다는 많은 갈등의 소지를 안고 있던 사회였음이 지적되고 있다. 이는 다시 말해 농촌담론에서 제시되는 이미지는 농촌의 현실을 반영하고 있다기보다는 특정의 필요에 의해 끊임없이 재구성되는 것임을 의미한다.

이와 같은 현상은 그린 투어리즘의 생산과정에서도 여실히 드러나고 있다. 즉 도시와 농촌의 교류를 통하여 인구 과소로 피폐되고 있는 농촌을 되살리고자 하는 분명한 목적으로 추진되었던 그린 투어리즘의 개발과정은 숙박시설의 정비나 도로망의 확충 등을 포함하여 농촌 지역의 기간시설 부문을 크게 개선시킨 것뿐 아니라 농촌에 대한 인식 자체를 바꿈으로써 '농촌적인 것'을 소비의 대상으로, 관광의 대상으로 부각시킬 수 있는 담론과정을 포함하였다.

그리고 그러한 담론과정에서 농촌은 자연과 밀접하게 연결되어 있으며, 또한 '그린'이 암시하듯이 그것은 환경 친화적인 관광이라는 메시지를 전달하고 있다. 그러나 그린 투어리즘의 결과는 반드시 자연보호에 이어지는 것은 아니다. 실제로 자연을 관광 상품화하는 경우 장기적으로 오히려 자연파괴 · 환경파괴를 유발하게 되는 경우가 더 많았기 때문이다(Moon 1997a; 문옥표 1998a). 그리고 그런 의미에서 그린 투어리즘은 환경보호 · 자연보호라는 주제를 중심으로 발전해 온 에코 투어리즘과는

구분된다고 볼 수 있다.[1]

에코 투어리즘과의 또 한 가지 차이는 자연의 개념 자체에서 발견될 수 있다. 앞서도 언급한 바와 같이 일본의 그린 투어리즘 개발과정에서 강조되었던 것은 자연보호의 주제보다는 도시-농촌 간의 교류를 통한 지역활성화이며, 자연은 농촌이 도시에 제공할 수 있는 여러 가지 자원 중의 하나일 뿐이다. 그러나 에코 투어리즘에서와는 달리 그린 투어리즘에서의 자연은 '자연 그대로의 자연', 즉 칼란드의 말을 빌면 'nature in the raw'(Kalland 1995)가 아니라, '다스려진 자연, 순치(馴致)된 자연'(domesticated nature)의 의미로 사용되는 경우가 더 많은 것으로 보인다. 따라서 관광농원이나 농장에서 사육된 동물을 이용한 관광개발 등이 그린 투어리즘의 형태로 등장한다(脇田武光 · 石原照敏 編 1996: Moon 1997a).

또한 자연관광을 궁극적 목적으로 하는 에코 투어리즘과 달리 그린 투어리즘에서 중심적 주제는 농촌성이며, 여기에는 자연뿐 아니라 그 지역의 역사, 지리적 특성, 생활 문화가 모두 포함된다. 이 점에서 그린 투어리즘은 지역관광의 개념과 중복되는 부분이 많으며, 실제로 도시화된 지역사회가 아닌 농촌 지역사회를 중심으로 개발되는 관광 형태라는 점만을 제외한다면 적어도 일본에서는 우리가 여기서 논의의 대상으로 하고 있는 그린 투어리즘과 지역관광은 거의 동일한 의미로 사용될 수 있을 듯하다(문옥표 1998).

---

1. 에코 투어리즘도 처음부터 자연환경보전을 고려한 관광 형태는 아니었다. 20세기 초 서구인들의 아프리카 자연관광에서는 사슴의 머리와 뿔을 노획해 오는 사냥 사파리가 크게 유행하였으며, 1970년대까지 관광객들이 서식지를 파괴하고 동물들을 괴롭히고 원생지를 손상시키는 예가 허다하였다(Lindberg and Hawkins, [김성일 역] 1999: 17~18). 즉 생태관광에서도 관광객들이 자신들이 자연에 가할 수 있는 생태학적 손상과 원생지의 가치 그리고 지역주민들의 우려에 관심을 갖게 된 것은 비교적 최근의 일이라고 할 수 있다.

2. 일본 내 그린 투어리즘의 등장배경

산업화 · 도시화가 일찍 시작되고 장기적인 휴가 문화가 정착된 유럽의 경우 목축전원지로서 아름다운 경관이 보전되어 있는 농촌을 찾아 자연 속에서의 생활로 휴가를 보내는 패턴이 도시 중상류층을 중심으로 일찌감치 발달하였으나, 일본의 경우 농산촌이 관광의 대상으로 등장하게 된 것은 비교적 최근의 일이다. 후에 다시 살펴보겠으나, 일본의 그린 투어리즘은 급격한 산업화 · 도시화에 따른 인구의 과밀 · 과소 문제를 해결하고, 국토의 균형적 발전을 도모하고자 하는 정부의 지속적 노력을 그 주된 배경으로 하고 있다. 또한 그와 더불어 쇠퇴해 가는 지역공동체를 되살리고, 변화하는 사회환경 속에서 자신들의 존재의미를 재정립해 보고자 하는 농산촌주민들의 다양한 지역활성화 운동, 지역만들기 운동도 그린 투어리즘의 확산에 크게 기여하였다고 볼 수 있다(문옥표 1991; 김일철 1994; Moon 2002). 그런 점에서 우리는 일본의 그린 투어리즘 개발과정은 위로부터의 정책과 밑으로부터의 운동이 결합되어 있는 독특한 양상을 나타내고 있다고 말할 수 있겠다.

일본의 도시인구는 1945년 전체 인구의 28%를 차지하는 데 그쳤으나, 전후 부흥기와 경제고도성장기를 거치면서 1975년도에 75%에까지 달하였으며, 그후 오일쇼크의 영향으로 인구이동이 둔화됨에 따라 1995년도에는 78%를 나타내고 있다. 이와 같은 급격한 도시화의 속도는 산업국 중에서도 유례를 찾기 힘든 것으로, 인구집중은 대도시권의 경우 더욱 심하여 전체 국토면적의 10% 정도에 불과한 3대 도시권, 즉 도쿄(東京)권, 나고야(名古屋)권 및 오사카를 중심으로 하는 간사이권에 전체 인구의 반을 넘는 6,000만 명 이상이 거주하고 있다. 도시의 인구증가는 농산촌 지역의 인구감소와 반비례하여 나타나는 현상으로 전체 국토의 약 2/3에 해당하는 면적을 차지하고 있는 중산간(中山間) 지역의 인구는 전체의 약 12%에 불과하며(1990년도 기준), 이 중에서도 임야율이 80%가 넘는 산촌의 경우는 면적상으로는 36%에 달하나 인구는 3.4%에 불과한 것으로 나타나고 있다.[2] 대부분 과소 대책 지역으로 지정되어 있는 산촌의 인구는 1960년 934만 명에서 1995년 431만 명으로 반 이상 감소하였다.

일본 정부에서는 이처럼 급속히 진행되는 농산촌의 인구감소를 막고 지역을 활성화하기 위하여 농산촌 공업화 정책 및 구조개선을 통한 농업의 근대화와 지역산업 진흥책 등을 추진하여 왔으며, 1970년대 이후에는 농산촌 지역의 관광개발 및 도시-농촌 간의 교류확대를 과소 지역 활성화의 주요 전략 중 하나로 채택하였다. 특히 '도시-농촌 간의 교류확대' 정책은 농산촌이 가지고 있는 자연환경자원을 보전 · 개발하여 도시주민을 위한 레크리에이션의 공간으로 활용하고자 하는 뚜렷한 의도를 가지고 추진된 것이었으며, 1970년대 초부터 국토청, 농림수산성 등에 의해 도시-농촌 간의 교류확대를 목적으로 하는 교통체제의 정비 등 다양한 사업이 전개되었다.

초기의 교류 형태는 주로 관광농원, 민속 자료관, 야외캠프장, 스키장, 골프장 등의 스포츠 · 레저 시설을 건설하여 도시주민의 방문을 유도하고자 하는 것으로, 대체로 도시인들에게 농산촌의 자연에 접할 기회, 레

2. 최근 일본에서는 지역유형을 평지 농업 지역에 대하여, 임야율 50~80%로 경사지의 경지면적이 비교적 넓은 지역을 중간농업 지역으로, 그리고 임야율이 80% 이상이며 경지율이 10% 미만인 지역을 산간농업 지역으로 구분하고, 이 두 유형을 합하여 중산간 지역으로 분류하고 있다. 이는 기준은 조금 다르지만 종래의 농산촌 및 산촌의 구분과 거의 유사한 것이다.

크리에이션의 기회를 제공하는 것이었다. 그러나 1980년대에 들면서 교류사업의 내용은 한층 다양화하여 과수, 가축, 삼림 등을 도시인들에게 분양하여 관리해 주는 소위 '후루사토 오너 제도'나 '산지직송 택배사업', 도시인들을 지역의 축제나 여러 관광시설에 초청하는 '후루사토 회원 제도', '특별촌민 제도', 나아가 다양한 형태의 이벤트 활동 등이 등장하게 된다(Moon 1997a). 이러한 사업들은 대체로 지방자치 정부를 중심으로 중앙 정부 내 관련부처들의 지원에 의해 추진된 것이었으나, 주민들 스스로에 의한 지역활성화 운동이 점차로 확산되는 것과 더불어 지역의 특성을 살린 다양한 형태의 지역관광 개발의 움직임으로 이어졌다(문옥표 1998b).

최근 주목받기 시작한 그린 투어리즘의 경우도 1970년대 이래 지속적으로 추진되어 온 도시-농촌 교류를 통한 농산촌 진흥정책의 연결선상에서 이해될 수 있는 것이다. 그러나 보다 직접적으로 그것은 1980년대 말에서 1990년대 초에 이르는 몇 년간 일본 전국을 휩쓴 리조트형 농산촌 개발에 대한 대안 내지 수습방안으로 등장하고 있는 측면이 강하다. 1980년대 후반 소위 거품경제기에 들어가면서 일본에서는 1960년대, 1970년대에 부동산 투기를 통하여 농산촌 지역에 많은 토지자원을 소유하고 있던 대기업들에 의한 리조트 건설 붐이 일어났으며,[3] 이러한 붐은 1987년 리조트 개발법이 통과되는 것과 더불어 여러 가지 개발제한 규제가 완화되자 빠른 속도로 전국적으로 확산되었다. 그러나 곧 경제불황이 닥치면서 자연파괴, 환경 문제, 과잉투자, 수익성 확보의 문제 등 대규

3. 1980년대의 리조트 붐은 무역마찰에 따른 미국으로부터의 압력을 벗어나기 위하여 내수 주도의 경제성장으로 전환할 필요성이 제기되었으며, 그 안의 하나로 기업의 남아도는 자금을 리조트 개발에 활용하도록 정부에서 정책적으로 추진한 결과 나타난 현상이라고 주장된다(依光良三 · 栗栖裕子 1996: 16).

모 리조트 개발에 따르는 여러 문제에 부딪히게 되자 그에 대한 대안으로 그린 투어리즘이 광범위하게 논의되기 시작하였다.

그린 투어리즘의 등장은 또한 소비자층의 변화와도 관련된다. 즉 일본인들의 전통적 관광여행의 지배적 유형이 온천탕치와 사사참배를 중심으로 하는 대규모 단체여행의 형태였다면, 1970년대 중반부터 점차로 소그룹여행, 가족 단위의 여행, 레크리에이션 중심의 여행이 도시 중산층의 새로운 여가유형으로 등장하기 시작하였으며, 경제발전과 더불어 그러한 여행의 수요가 급격히 증가하게 된다(문옥표 1997). 도시로의 인구집중에 따른 도시생활환경의 악화 및 고향을 상실한 이농 2세대, 3세대들의 '고향 찾기' 움직임도 그러한 수요증가에 크게 기여하였다. 다양한 형태의 농산촌관광, 교류관광, 체험관광, 지역관광의 개발은 주로 그와 같은 새로운 수요의 등장을 배경으로 한 것이었다.

앞서 살핀 바와 같이 1980년대 말 , 1990년대 초 소위 거품경제기에는 그러한 수요의 지속적 증가와 고급화를 예측하여 도시적 호텔의 건설 등 비교적 고소득층의 도시주민을 대상으로 한 리조트 개발이 추진되었으나, 경제침체와 더불어 그와 같은 호화여가활동에 대한 수요는 급격히 감소하고 그보다는 오히려 가족 단위로 비교적 저렴한 가격으로 즐길 수 있는 여가활동이 추구되었다. 이러한 소비자층의 수요변화와 1990년대 초의 농산촌 개발정책의 변화는 밀접히 연관되어 있다. 즉 1993년 국토청, 임야청, 자치성의 세 부처는 공동으로 「총합휴양지역 연구회 최종보고」를 제출하고, 그 안에서 개발정책을 종래의 대규모 레저형 리조트에서 소규모의 퍼블릭 리조트, 패밀리 리조트, 농산촌형 전원리조트로 전환해야 할 필요성을 제기하였다. 그리고 그에 따라 농촌생활체험이나 도시-농촌 교류를 목적으로 하는 값싼 숙박시설의 정비 등 소위 오늘날 논의되고 있는 그린 투어리즘의 기본방향이 국토개발정책의 일환으로 설정되었다(依光良三 · 栗栖裕子 1996: 17～18).

이처럼 일본에서 최근 농산촌 개발의 기본개념으로 새로이 주목되기 시작한 그린 투어리즘은 정부정책의 변화를 밀접하게 반영하고 있다. 대규모 외부자본에 의해 건설되는 레저시설 중심의 리조트 개발에 대하여 새로이 등장한 녹색관광 혹은 그린 투어리즘은 자연 속에서 이루어지는 관광으로, 농촌주민이 서비스 제공의 주체가 되며, 도시주민과 농촌주민 간의 교류를 통하여, 농촌의 생활 문화자원을 보존하면서 지역활성화에 공헌할 수 있는 관광 형태라고 이해된다(山崎光博 외, [강신겸 · 김정연 옮김] 1997: 12～13). 그것은 또한 주민들의 생활을 중시하고 자연환경보전을 고려하는 지속가능한 농산촌 개발 형태라는 점도 강조되고 있다. 그러나 어떠한 형태를 취하든 농산촌의 관광지화 과정은 농촌 혹은 농촌성에 대한 근본적인 인식전환과 그에 따른 농촌의 재편성을 수반하게 된다. 아래에서는 '그린 투어리즘'의 생산과 소비과정을 통하여 현대 일본 사회에서 농촌의 개념이 어떻게 재구축되고 있으며, 그 의미는 무엇인가 하는 문제를 구체적인 한 사례를 중심으로 살펴보고자 한다.

3. 사례연구: '총합교류터미널, 가타시나'

1) 조사 지역의 특징과 관광발달사

이 글에서 살펴볼 사례는 일본 중부의 군마현 가타시나무라 하나사쿠(花咲)에 최근 개관한 도시-농촌 교류시설이다. 시설의 정식명칭은 총합

교류터미널, 꽃의 역, 가타시나—하나사쿠 온천(總合交流ターミナル, 花の驛, 片品—花咲の湯, 이하 '터미널')이다. 비록 이 시설 자체가 문을 열게 된 것은 1998년이지만 가타시나무라 자체는 비교적 오래된 관광산업의 역사를 가지고 있는 지역으로 이 시설 역시 그러한 발달사의 연장선상에 있다고 볼 수 있다.

가타시나무라는 총면적의 90% 이상이 임야인 소위 산간농촌 지역으로 일찍부터 관광산업의 개발이 시작된 곳이다(문옥표 1994; 문옥표 1998b). 촌 북동부에 위치한 여러 개의 산, 호수, 늪지대 등은 도쿠가와 집안의 사당이 있는 이웃 사이타마현(埼玉縣)의 닛코와 더불어 1930년대에 이미 닛코 국립공원으로 지정되었으며, 희귀식물 등 풍부한 천연자원으로 유명한 북부의 늪지대인 오제도 다이쇼시대부터 관광지로 알려지기 시작하였다(문옥표 1994, 1998a). 그러한 기존의 관광자원과 더불어 이 지역의 관광산업은 1960년대 초 최초의 스키장이 건설되면서 본격적으로 발달하였으며, 그후 1990년대에 이르기까지 촌 직영 및 민간자본과 합작 형태인 제3섹터 방식 등으로 운영되는 7개의 스키장이 더 건설되었다. 오늘날 인구 6,000명 정도의 이 촌은 스키, 테니스, 등산 등을 포함하는 스포츠관광, 오제·마루누마·스가누마의 늪 지역을 중심으로 하는 자연생태관광, 그 밖에 온천관광, 지역전통문화관광 등을 포함하여 연간 400만 명 가까운 관광객이 방문하는 일본 내에서 매우 성공적인 산촌 관광지의 하나이다.

가타시나무라 내 8개의 스키장 중 3개는 이 글의 사례인 '터미널'이 위치해 있으며 또한 1964년 촌 내 최초의 스키장이 문을 열었던 제3구, 즉 하나사쿠에 위치해 있다(Moon 1989; 문옥표 1994). 이미 30여 년 이상 스키 관광지로 발전해 온 인구 200명 정도의 하나사쿠에는 스키장 외에도 90여 개의 민숙(民宿, 민박집을 말함), 펜션 및 그에 딸린 100여 면에 달하는 테니스 코트가 있다. 또한 야간 게임이 가능한 야구장, 농구, 배구 등의 시합을 할 수 있는 체육관 등 스포츠 시설을 갖추고 있어 학생들의 여름철 합숙훈련에도 인기가 있는 지역이다. 즉 하나사쿠는 제2차 세계대전 이후 계속되는 산촌 경제의 쇠퇴로 무언가 살길을 찾지 않으면 안 되었던 산간벽지의 마을로 주민들이 적극적으로 나서 공유림을 임대하는 방법 등을 통해 스키장을 유치하여 관광지로 개발이 시작된 곳이다 (Moon 2002).[4]

그후 스키관광의 계절적 한계를 보완하기 위해서 산촌 지역의 아름다운 경관과 여름철 비교적 시원한 날씨를 이용하여 방학 중에 학생들이나 스포츠단의 합숙 등을 유치하는 농가 민박촌으로 성장하였다. 그러나 하나사쿠 내의 90여 개의 민숙, 펜션 등은 전체 지구를 구성하고 있는 6개 부락 중 스키장에 이르는 도로 연변에 위치한 노보토(登戸) · 가지야(鍛治屋) · 도치쿠보(栃久保), 3개의 부락에만 집중 · 발달하였으며, 1998년도 터미널이 건설된 야마자키(山崎)를 포함한 나머지 세 부락은 민박업을 시작한 농가가 거의 없는 농업 부락으로 남아 있던 지역이었다. 관광산업의 개발에 성공한 지역에 흔히 나타나는 이와 같은 지역사회 내 불평등의 심화는 지방정부가 해결해야 하는 중요한 과제의 하나였다. 가타시나무라가 새로운 대규모 교류 관광시설을 전형적인 농업부락으로 남아 있던 야마자키에 짓게 된 배경에도 그러한 문제에 대한 고려가 있었다.

야마자키가 시설의 부지로 선정된 또 하나의 이유는 이곳이 무성한 수풀과 계곡을 끼고 있어 경관이 유려할 뿐 아니라 촌 내에서도 전통적인 농촌 마을의 분위기를 가장 강하게 간직하고 있는 부락의 하나였기

---

4. 이 마을의 초창기 관광산업 개발의 배경 및 전개과정에 대하여는 문옥표(1994)에서 상세히 논의하였으므로 여기서는 생략하고자 한다.

때문이다(문옥표 1994: 제1장). 앞서도 언급한 바와 같이 그린 투어리즘이란 단지 자연을 대상으로 할 뿐 아니라 도시와 농촌 간의 교류를 목적으로 하는 관광 형태의 하나이다.

따라서 농촌적 분위기가 남아 있어 도시인들이 들어와 자신들의 일상적 삶의 장소인 도회와는 다른 따뜻한 인심과 상업주의에 물들지 않은 소박함을 느낄 수 있는 곳일수록 바람직한 것으로 여겨졌으며, 야마자키는 가타시나무라 내에서도 그러한 조건에 가장 잘 부합되는 지역으로 선정되었다.

2) 총합교류터미널, 꽃의 역, 가타시나

위에서 살핀 바와 같이 하나사쿠 지구는 일찍부터 오늘날의 그린 투어리즘의 한 형태라 할 수 있는 자연과 지역생활을 자원으로 하는 관광 형태가 존재해 왔던 지역이다. 그러나 가타시나무라 내 하나사쿠 지구에 1998년 10월 문을 연 터미널은 농촌관광의 가장 최근 형태, 즉 관 주도로 개발된 도농 교류시설의 대표적 사례라고 볼 수 있다.

가타시나의 경우 관광산업의 성공적 개발로 사실상 1970년대 이후부터 인구는 더 이상 감소하지 않고 오히려 약간 증가하는 추세를 보이고 있으나, 과소 지역의 평가가 댐 건설기로 일시적으로 인구가 크게 증가하였던 1950년대 기준이기 때문에 계속적으로 과소 대책지역으로 분류되어 다양한 지원을 받고 있으며, 새로운 교류시설의 건설도 그러한 배경에서 가능하였다. 촌 자체로서는 경기침체를 맞아 관광객이 줄고 있는 스키장의 수입감소를 보완하고, 또 관광개발에 따른 촌 내의 불균등 발전과 그에 따르는 갈등을 해소한다는 취지에서 적극적으로 추진하였다.

즉 촌 내에 여러 개의 스키장, 식당, 숙박시설 등이 위치하여 관광업의 직접적 혜택을 누리고 있는 부락들과 달리 터미널이 문을 연 하나시쿠 지구의 야마자키 부락의 경우 전통적 농업부락으로 관광산업의 혜택을 가장 적게 받고 있던 지역의 하나였기 때문이다.

그러나 가타시나무라가 다른 지방행정단위들과의 경쟁을 물리치고 교류 관광시설인 터미널을 유치할 수 있었던 데는 지방공무원의 한 사람인 K씨의 역할이 매우 중요하였다. 그는 본래 군마현 남부의 중심도시의 하나인 마에바시(前橋)에서 농과대학을 졸업하고 영림서에서 국가공무원으로 일하던 사람으로 몇 년간 가타시나무라 촌사무소에 파견나온 현(縣)직원이었다. 그러던 중 촌의 발전에 관한 야심 찬 계획을 갖고 있던 당시의 촌장에게 설득되어 전직하고 1990년대 초부터 촌의 지방공무원으로 일하게 된 사람이다. 그는 당시의 동기에 대해 "나무를 돌보는 (영림서의) 일보다 인간을 돌보는 일이 장기적으로 더 의미 있는 일이 아닐까 하는 생각을 하게 되었기 때문"이라고 말하였다. 그러나 한편으로는 메이지시대 이래 정부의 적극적인 사업의 하나로 추진되었던 전 국토의 조림 사업을 주관해 오던 영림서가 조림이 완료되고 일이 점점 줄어들게 됨에 따라 점차로 인력을 줄여가고 있었던 까닭에, 그 자체가 큰 전망을 가진 직장이 될 수 없었다는 사실도 K씨의 전직에 주요한 요인이었던 것으로 짐작된다.

그는 전직 이후 1994년부터 가타시나무라의 기획관리실장이라는 새로운 직책을 얻어 촌장을 도와 촌의 10개년 발전안을 기획하는 등 적극적으로 일하였다. K씨가 마을로 들어온 후 그를 설득하였던 촌장이 질병으로 갑자기 사망하고 새로운 촌장이 선출되었으나, 그는 그후에도 중앙부처에서의 자신의 경험과 연줄망 등을 이용하여 중앙정부 및 현으로부터 보조금을 끌어들이고 교류시설 건설을 완성시키는 데까지 핵심적 역할을 수행하였다. 조사 당시인 1998년에는 촌에서 파견되는 형식으로 직접 야마자키에 나와 터미널을 관리 · 운영하는 총책임자로 일하고 있었다. 이러한 배경으로 인해 K씨는 이 새로운 마을의 시설에 다른 누구보다 큰 애착을 가지고 흑자운영을 유지하기 위해 최선을 다하고 있었으나, 반면 그 자신이 외부인이라는 약점 때문에 주민들의 정서나 인간관계의 성격을 제대로 이해하지 못하여 적극적인 협조를 얻어내는 데 어려움을 겪고 있었다.

예를 들어 그는 주로 마을의 젊은 지도자들이나 관광업 종사자들과 협력하며 터미널 자체도 젊은 여성들을 중심으로 하는 서비스 제공 등 도시적 분위기로 운영하고자 했지만, 그와 같은 방침이 항상 주민들의 호응을 얻는 것은 아니었다. 그에 따르면 터미널과 같은 도농 교류시설을 찾아오는 사람들이라도 깨끗하고 양질의 도시적 서비스를 선호할 것이므로, 종래의 다른 농촌관광시설과 같은 중년 남성과 여성 중심의 가족적이고 비형식적인 운영방식은 지양되어야 한다고 생각하고 있다.

따라서 K씨는 터미널의 고용원들에게 제복을 입히고 손님들과의 필요 없는 대화를 금지시키는 등 직업교육을 철저히 시키고자 했으나, 마을주민들은 그러한 운영방식에 적응하지 못하고 낯설게 여기는 까닭에 K씨의 방침이 마을주민들과 시설을 심리적으로 유리시키고 적극적으로 협조하고자 하는 태도를 형성해 가는 데 오히려 방해가 되는 것으로 보였다.[5] 이 마을은 주민들의 내부 결속력이 강하고 상당히 배타적인 지역

5. 한번은 야마자키의 주민으로 터미널에 파트타임으로 고용되어 청소원으로 일하고 있는 한 마을 아주머니가 자신의 집에서 직접 만든 시골 음식을 터미널의 식당에서 내놓으면 관광객들이 좋아할 것이라 생각하여 가져왔으나, K씨는 조리사에 의해 위생적으로 만들어진 음식이 아니면 식당에서 제공해서는 안 된다는 이유로 도로 가져가도록 하였으며, 이 처사는 주민의 자발적인 호의를 무시한 행위로 여러 주민들로부터 비난을 샀다.

눈 쌓인 겨울의 총합교류터미널.

으로 과거에도 주민들의 적극적 참여와 의견을 무시하고 촌 내의 관광 시설을 운영하고자 했던 한 스키장 업주가 주민들의 조직적 저항에 부딪혀 결국은 포기하고 떠났던 사례가 있으므로(문옥표 1994의 제4장 참조), K씨가 지금과 같은 자신의 운영방침과 특히 나이 든 주민들간의 갈등을 어느 정도 조화시켜 나갈 수 있을지는 시설의 장기적인 유지를 위해 앞으로 해결해 나가야 할 과제의 하나로 남아 있다.

교류시설의 건설에 소요된 약 9억 엔에 달하는 비용 중 85% 이상이 중앙정부 및 현정부의 보조였으며, 나머지 15% 정도만이 촌의 예산으로 충당되었다. 중앙정부로부터의 지원은 주로 농업구조개선기금으로부터였으며, 그것은 농지의 재구조화 등 주로 농업근대화를 지원하였던 구조개선기금이 우루과이라운드 이후 반드시 농업에 한정되지 않더라도 촌락경제의 지속적 발전을 보장하는 모든 사업으로 확대 · 적용되기 시작

하였기 때문이다. 하나사쿠에 교류시설을 유치할 수 있었던 또 한 가지의 이점은 하나사쿠는 마을주민들의 자치적인 조직이 존재하고 있었다는 점이었다. 중앙정부나 현정부로부터의 지원은 소위 내발적(內發的) 발전을 유도한다는 취지에서 정책적으로 주민들에 의한 자발적인 지역활성화의 움직임이 나타나는 곳에 우선적으로 배정되는데, 하나사쿠의 경우 교류시설 유치 이전부터 이미 주민들을 중심으로 '우리들의 마을 만들기, 하나사쿠'(おらあの むらづくり, 花咲)라는 주민조직이 결성되어 '꽃길 만들기', '주민문화제' 등 다양한 활동을 전개하고 있었으므로 긍정적 평가를 받을 수 있었다.

외부에서 들어와 야마자키에서 민박업을 하고 있는 Y씨를 포함하여 20여 명 정도의 하나사쿠 지구 주민으로 구성된 이 조직은 지역사회 내에서도 매우 선진적으로 농촌성에 대한 새로운 인식을 주도해 나가고 있는 조직이다. 조직의 지도자격인 Y씨 자신이 도시에서의 생활을 버리고 농촌생활이 좋아 가족 전부를 데리고 이주해 온 사람으로, 그는 조사 당시 도시에 비해 농촌에서의 삶이 가지는 가치와 의미에 대하여 면담자에게 열정적으로 설파하였으며, 지방신문에 「하나사쿠로부터의 통신」이라는 칼럼을 정기적으로 연재하는 등 자신의 철학을 지역주민뿐 아니라 하나사쿠를 찾게 될 잠재적인 관광객인 도시사람들에게 계몽하는 데도 매우 적극적인 사람이었다. 이 조직의 회원들 역시 계속적으로 농업에만 종사해 온 농민들이기보다는 민박업을 하는 '젊은 주인들'[6]이나 마을 내에서 건축업 등으로 성공한 기업가들로, 이들 중에는 외부에 나가

6. 60~70여 개에 달하는 하나사쿠의 농가민박의 대다수는 부모가 농업을 계속하고 집을 잇게 될 아들 혹은 딸 부부가 민박업을 하고 있는 3세대 가족이다. 이러한 가족의 경우 민박업 · 관광업과 관련되는 모든 결정은 그에 직접 종사하고 있는 젊은 세대에 위임되어 있으며, 그들을 흔히 '젊은 주인들'이라고 부른다.

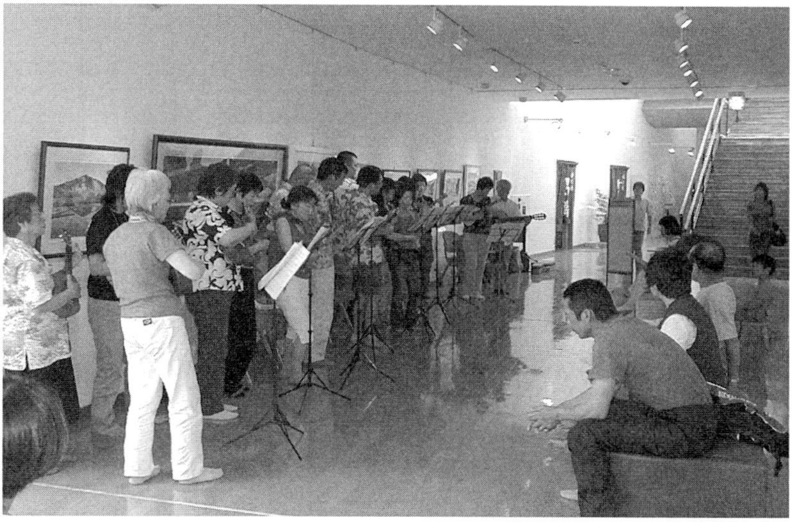

터미널 안에서 전통악기인 샤미센(三味線)을 배우고 있는 관광객들.

살다 돌아온 경험을 가지고 있거나 아니면 살지는 않았더라도 여행 기회를 가질 수 있었던 사람들이 대부분이었다. 이들은 하나사쿠에 도시-농촌 교류시설인 터미널을 유치하는 데 지방자치정부를 도와 다양한 역할을 했을 뿐 아니라, 교류 시설이 건설된 후에 그것을 거점으로 개최되는 여러 가지 활동에도 중심적 역할을 하고 있다.

현재 교류시설이 위치해 있는 토지는 주민들로부터 유료 임대의 형식을 취하였으며, 시설의 운영을 위하여 촌정부와 농협 및 현지주민들의 출자에 의한 제3섹터 형식의 공사가 결성되었다. 즉 총 1,000만엔 출자로 주식회사가 만들어졌는데, 그중 850만 엔은 촌에서, 75만 엔은 농협에서 그리고 나머지 75만 엔은 하나사쿠 거주 주민들이 한 가구당 3,000엔씩 출자하는 형식으로 분담하였다. 주민들의 출자는 참여의식을 높이기 위하여 장려된 것이기는 하지만, 극히 소액인 까닭에 주민참가형 시설이라는 형식은 갖추었다 하더라도 실제로 시설의 운영에 이들 주민 주주들은 거의 영향력을 발휘할 수 없는 형편이다. 반면 이러한 형식은 만일 시설 운영에 적자가 발생할 경우 책임을 공유한다는 의미가 내포되어 있다. 실제로 하나사쿠의 경우 지구 내에 제3섹터 형식으로 운영되던 식당에 적자가 발생하였을 때 손실금액을 분담하였던 경험이 있다.

4. 무엇이 교류되는가—그린 투어리즘의 소비

터미널은 온천과 식당, 연수실, 학습실, 선물가게, 대형 주차장 및 그를 둘러싼 잘 가꾸어진 화단으로 구성되어 있다. 그중에서도 꽃 가꾸기는 이 시설의 기본주제의 하나가 꽃인 까닭에(시설이 위치한 하나사쿠라는 지명은 '꽃이 핀다'는 의미이다) 특히 강조되는 분야의 하나이며 교류시설 주변의 꽃 가꾸기 외에 마을에서는 이전부터 마을 경관의 향상과 관광객의 산책로로서 '꽃길 만들기' 등의 꽃을 주제로 한 교류를 추진하여 왔다.

'교류터미널'이라는 명칭에서 알 수 있듯이 이 시설의 계획 당시 천명된 기본 목적은 사람과 자연, 사람과 사람 간의 교류를 촉진시키기 위한 것이었다. 그러나 이 시설이 마을 내에 가장 전망이 좋은 산중턱을 가로질러 건설되어 마을 주민들은 터미널이 건설되기 전에는 마을을 걸어 다닐 때마다 항상 볼 수 있었던 아름다운 산 계곡의 경관을 잃어버린 대신 현대식 건물과 자동차로 가득 찬 주차장만을 보게 되었다는 사실과 자연적인 들풀, 들꽃 대신 과거 몇 년 사이 인공적으로 가꾼 화단이 마을 길목을 장식하게 되었다는 사실들을 생각해 볼 때, 이러한 시설의 건설이나 그를 통한 다양한 교류사업의 진흥은 본래 의도한 사람과 자연과의 교류를 증진시키기보다는 오히려 방해한다고 보아야 할 듯하다. 그러나 이와 같은 역설적 현상은 자연관광을 추진하는 많은 지역에서 관찰될 수 있는 것으로 비단 이 경우에만 해당되는 것은 아니다(Moon 1997a).

반면 이 시설의 유치 이후 관광객은 현저하게 증가된 만큼 터미널이 도시와 농촌주민 간의 만남과 교류를 증진하는 면이 있다는 점은 분명한 듯하다. 그렇다면 이곳을 방문하는 (도시) 관광객들과 지역 주민들 간에는 과연 무엇이 교류되는가? 가타시나무라 관광과에서 발간하는 『그린 투어리즘, 가타시나』라는 책자는 다음의 열 가지 내용을 열거하고 있다.

수려한 계곡의 자연에 직접 연결되는 교류시설의 노천온천.

① 가타시나의 풍요로운 자연환경과 경관을 만날 수 있습니다.
② 지역 고유의 역사적 유산과 문화적 특성을 느낄 수 있습니다.
③ 가타시나의 자연의 품 안에서 모든 긴장을 해소하고, 편안한 휴식을 취함으로써 당신의 건강을 회복할 수 있습니다.
④ 가족 및 친지들과 따뜻한 느낌을 주고받아 관계를 더욱 돈독하게 만들 수 있습니다.
⑤ 가타시나의 전통적 풍습과 행사, 축제 등에 참가하여 체험함으로써 지역주민들과 만날 수 있습니다.
⑥ 지역의 특산물, 음식 등을 맛보고 즐길 수 있습니다.
⑦ 자녀들을 마을에서 개최되는 '어린이 여름학교'에 참가시킴으로써 자연을 관찰하고 심신을 훈련하는 기회를 줄 수 있습니다.
⑧ 농업을 체험하고 수확을 즐길 수 있는 기회가 있습니다.
⑨ 가타시나는 천박한 상업주의에 물든 다른 관광지와는 다른 곳으로 여러분은 이곳에서 특별한 종류의 휴가를 즐길 수 있습니다.
⑩ 또한 당신은 가타시나의 자연환경 안에서 낚시, 산채 뜯기, 산책, 등산 등을 즐길 수 있습니다.

이러한 항목들 아래 실제 제공되는 그린 투어리즘의 프로그램으로는 다음의 항목들이 포함된다.

① 자연체험: 나물채집, 버섯 따기, 녹음 및 단풍 즐기기 등
② 농업체험: 벼 베기, 채소 거두기, 사과 따기 등
③ 문화체험: 오제 서미트,[7] 백일장 참여 등

---

7. 오제는 가타시나무라 북부에 위치한 늪지대 중심의 생태관광지로, '오제서미트'란 자연과 생태보존에 관한 강연, 학습 등을 하는 프로그램이다(문옥표 1998a 및 이 책의 IV장 참조).

④ 건강 및 복지체험: 안전식품, 약초, 약주 등
⑤ 스포츠 체험: 스키, 테니스, 게이트 볼, 야구, 축구, 골프 등
⑥ 레크리에이션: 그라운드 골프, 포크댄스 등
⑦ 온천: 하나사쿠 온천을 포함한 촌 내 8개 온천 안내
⑧ 향토음식: 소바(메밀국수) 만들기 체험, 산채요리, 버섯요리, 사슴고기요리, 곰고기요리 등
⑨ 등산 안내
⑩ 오제 나뭇길(IV장 참조) 및 하나사쿠에 새로 만들어진 꽃길 등 하이킹 코스 안내
⑪ 촌 내 호수와 늪지대 안내
⑫ 마을축제 안내: 돈도야키(정월대보름 모닥불 놀이), 본오도리(盆踊り), 사루오이마쓰리(猿追祭), 기온마쓰리(祇園祭), 주니사마마쓰리(十二樣祭山神祭) 등[8]
⑬ 향토예능 안내: 민요, 다이코(큰북치기) 등
⑭ 새 관찰
⑮ 역사유적 방문
⑯ 야외활동: 낚시, 캠핑, 벌목, 물놀이 등
⑰ 목공 체험
⑱ 짚 공예 체험
⑲ 꽃구경
⑳ 패러 글라이딩
㉑ 연날리기
㉒ 민담, 불교전설 등
㉓ 혼인중매 안내: 신랑감, 신부감 고르기
㉔ 부동산 안내: 여름 별장지, 로그하우스 등

---

8. 하나사쿠의 연중행사 및 마을 제사 등에 관해서는 문옥표(1994) 참조.

㉕ 자연학교
㉖ 빈집 대여 안내

즉 도시로부터의 관광객들은 이 마을을 방문하여 쉬고, 체험하고, 배우고, 원기를 회복하여 도시생활로 돌아가도록 초청되는 것이다. 그리고 그 과정에서 그들이 추구하는(혹은 추구한다고 생각되는) 노스탤지어는 충분히 충족된다. 그러나 한편 우리는 위의 사례를 통하여 자연, 관습, 생활양식, 역사, 문화, 산업, 경관 등을 포함하여 농촌에 있는 모든 것이 관광객 및 도시인들을 위하여 대상화되고 상품화되는 것을 살필 수 있다. 뿐만 아니라 농촌 근대화의 과정에서 주민들의 실제 생활에서는 이미 사라져 없어져 버린 과거의 것들까지 도시관광객들의 즐거움과 노스탤지어를 위하여 복원되어 재현되는 현상이 나타난다. 반면 이 교류의 틀 안에서 농촌주민들에게 기대되는 것은 숙박시설과 음식의 제공, "무공해" 식품(실제로 무공해 식품인지는 검증되지 않는다)을 제공하는 역할, 그리고 현지주민으로서의 경험과 지식을 바탕으로 관광안내원, 자연교사, 스키교사, 농업 · 벌목 · 산채 뜯기 등 체험활동의 지도원 역할 등이다(Moon 2002).

물론 총합교류터미널이나 그와 유사한 성격의 농산촌 관광개발이 지역사회에 미치는 영향을 항상 부정적으로만 평가하기는 어렵다. 그것은 무엇보다 지역경제 진흥의 효과가 무시될 수 없기 때문이다. 터미널의 사례만 보더라도 이 시설은 인구 200여 명 정도의 하나사쿠 주민들에게 파트타임을 포함하여 20여 개 이상의 일자리를 제공하였을 뿐 아니라 개관 이래 계속적인 흑자운영을 기록하고 있다.

1998년 10월 개관한 이래 처음 6개월간 총 7만 6,228명이 이용한 것으로 기록되고 있으며 이는 1일 평균 400여 명에 가까운 숫자이다(터미널

터미널 옆의 산 계곡에 장식되어 있는 고이노보리의 장관.

의 기록을 보면 개관 초 주말의 경우 1일 1,000명 이상의 입장객을 기록한 날이 많다). 이 중 11.4%(1만 1,064명)만이 가타시나무라 주민이며 나머지는 외부로부터의 관광객이다. 이들은 입장료로 500엔(촌민의 경우는 350엔)을 내며,[9] 그 외에 식당이용, 선물판매, 농산물 판매, 체험실, 연수실 이용 등은 별도이다. 또한 이들 중 2/3 정도는 숙박객으로 촌 내의 숙박시설을 이용하게 되는 까닭에 경기침체로 손님이 줄어 불황에 시달리고 있던 하나사쿠 안의 90여 개 민박과 펜션은 터미널 개관 이후 손님이 늘어나고 있다. 터미널의 이러한 기대하지 않았던 성공은 초기에 의구심을 나타내고 비협조적이던 주민들의 태도를 어느 정도 긍정적으로 변화시키는 데 기여하였다.

뿐만 아니라 농촌관광의 개발을 위한 정부의 집중적 투자는 농촌 지역의 도로, 통신망, 수도, 전기 등 하부시설의 확충에 크게 기여하였으며 그 외에도 경관의 정비, 자료관, 박물관의 개관 등을 통하여 도시관광객

---

9. 조사가 행해졌던 1998년 10월 당시의 환율은 100엔당 1,100원 정도였으므로 일반 입장료는 5,500원, 지역주민 입장료는 3,850원 정도가 되는 셈이다.

도시적 분위기에 피아노가 있는 터미널 내 양식당.

들뿐 아니라 지역주민의 생활의 질을 향상시키는 데도 크게 기여하였다. 터미널과 같은 새로운 교류시설의 경우를 보더라도 이곳에서 개최되는 민속무용강좌나 체조교실, 연극교실, 백일장, 걷기 대회 등에는 관광객뿐 아니라 마을주민들도 참가하며, 그러한 기회는 단조로운 농촌생활에 큰 변화로 인식되고 있다. 주민들은 또한 교류시설에 포함되어 있는 두 개의 식당 운영에 참가할 뿐 아니라 이용객이기도 하다. 두 식당은 각각 일본식과 양식을 전문으로 하는데, 양식당에서는 비프스테이크, 피자, 햄버거, 스파게티, 와인 등 양질의 음식을 위생적이고 현대적인 분위기에서 즐길 수 있다. 이 시설이 만들어지기 전에는 마을로부터 1시간 가량 차를 타고 나가야 그런 수준의 식당을 방문할 수 있었던 마을주민들에게는 그러한 식당에서 외식의 기회를 갖는 것도 새로운 체험의 하나이며, 생활의 질적 향상으로 간주된다.

또한 비록 앞서 살펴본 K씨 나름의 운영방침에 의해 '터미널' 이용객, 특히 온천만 이용하고 돌아가는 관광객들과 마을주민들 간의 직접적인 교류는 많지 않다 하더라도, 관광객과 주민은 터미널 시설을 중심으로 개최되는 여러 가지 행사 즉 걷기 대회, 등산, 문화강좌 등의 참가를 통해 교류하는 것이 가능하다. 예를 들어 터미널 운영의 자문기구이기도 한 '우리들의 마을 만들기, 하나사쿠'의 회원인 Y씨는 자신이 운영하는 숙박시설의 회원[10]들을 중심으로 마을생활체험이나 걷기행사 등을 정기적으로 개최하고 있는데, 그러한 걷기행사는 항상 터미널에서 출발하며 외부에서 오는 참가자들 이외에 마을주민들도 함께 참가한다.

5. 농촌성의 재구성

이상에서 살펴본 바와 같이 그린 투어리즘 나아가 농촌관광의 등장은 '농촌적인 것'이 도시인들을 위한 레크리에이션의 대상으로 여겨지는 관념상의 변화를 그 배경으로 하고 있다. 1970년대 이래 도시인구의 증가와 경제적 향상에 따라 레저와 레크리에이션 활동에 대한 수요가 크게 증가하였으며, 가족여행이나 소규모 그룹의 체험 · 학습 여행, 고유한 경험의 추구, 노스탤지어 지향 여행 등이 확장 일로에 있던 도시중산층의 새로운 여가유형으로 자리잡게 되었다. 또한 인구과밀, 대기오염, 수질오염, 물과 녹지대의 부족 등 팽창하는 도시의 주거환경이 지속적으로 악화됨에 따라 그러한 수요는 더욱 커졌다고 볼 수 있다.

---

10. 그가 운영하는 '이에노사토'라는 숙박시설은 회원이 되어야만 이용할 수 있기 때문에 그의 고객들은 거의 모두가 매해 거듭하여 찾아오는 리피터, 즉 반복적인 고객들이거나 혹은 그러한 단골의 소개를 받고 새로의 회원이 되는 가족들이다.

이와 같은 환경의 변화는 농촌 지역에 대한 인식전환의 계기가 되었다. 즉 과밀화되고 비인간화된 생활환경으로 고통 받는 도시주민들에게 농촌은 이제 농산물, 목재, 누에고치 및 끊이지 않는 노동력의 공급처로서만이 아니라 오염되지 않은 물과 공기, 풍요로운 녹음, 건강과 휴식, 정신적 재활 등의 원천으로서 새롭게 인식되기 시작하였기 때문이다. 그리고 그에서 한 걸음 더 나아가 농촌은 근대문명에 물들지 않은 서구화 · 근대화의 과정에서 잃어버린 모든 것이 보전되어 있는 곳으로서 도시인들의 노스탤지어를 충족시키고, 정체성의 원천을 제공하는 곳으로 기능할 것이 요구되기도 한다(문옥표 1991; Moon 2002).

우리가 이 글에서 살펴본 그린 투어리즘을 포함하여 1970년대 이래 추진되어 온 도시와 농촌의 교류를 목적으로 하는 농산촌 관광개발의 과정은 농촌에 대한 이러한 새로운 담론의 형성과 적용에 기초하고 있다고 볼 수 있다. 다시 말해 그것은 농촌에 대한 도시인들의 인식전환 및 변화하는 수요에 부응하여 농촌을 재편성해 가는 과정이었다고 해석될 수 있으며, 농촌은 이제 생산의 장소이기보다는 소비의 장소로, 놀이와 휴식의 장소로 새로이 만들어지고 있다. 그리고 이러한 관광객을 위한 새로운 농촌 만들기의 과정은 광범위한 농촌경관의 변화와 지역특성, 정체성의 발명 내지 재구축을 포함하며, 실생활에서 이미 사용이 중지된 초가집이나 이로리(일본의 전통식 화덕)의 복원이나 향토음식, 특산물의 재발명, 도로와 경관의 정비 등이 관광객 유치를 목적으로 추진되고 있다. 그 결과 오늘날 일본의 농산촌에서 흔히 접할 수 있는 것은 흙에서 땀 흘려 일하는 농민과 곡식과 채소가 익어 가는 논밭이나 잘 가꾸어진 산림이기보다는 스키장, 골프장, 온천, 민박시설, 펜션, 테니스 코트, 테마파크, 관광농원 등이나 혹은 위에서 살펴본 하나사쿠의 꽃길과 같은 '순치된 자연'인 경우가 더 많아졌다고 해도 과언이 아니다.

그린 투어리즘의 개발과정은 또한 농촌이 도시에 새로운 형태로 포섭되어 가는 과정을 의미하는 것으로 해석될 수 있다. 즉 관광을 통한 도시-농촌 간의 교류증진이란, 결국 농촌성의 주된 소비자인 도시인들의 기호변화에 맞추어 농촌과 농촌주민들의 삶 전체를 바꾸어 가는 노력에 의존하며, 이와 같은 도시와 농촌의 관계에서 문화적 헤게모니가 여전히 도시에 존재한다는 엄연한 사실이 부정되기는 어렵기 때문이다. 그러나 반면 농촌주민들 자신의 입장에서 볼 때 이와 같은 변화를 반드시 그들의 의지와는 아무런 관계없이 외부로부터 강요된, 즉 도시인들에 의한 일방적인 변화라고만 해석해 버리기 어려운 측면이 분명히 존재하는 것 또한 사실이다.

그러한 측면은 우선 앞서도 언급한 바와 같이 농촌주민들 스스로가 1970년대 말, 1980년대 초 이래 전국적으로 확산되어 온 무라오코시운동을 통하여 이러한 농촌에 관한 새로운 담론의 형성에 적극적으로 참여해 왔다는 사실에서 발견될 수 있다(문옥표 1991). 무라오코시운동은 산업화된 현대 일본 사회에서 농림업 생산자로서, 식량공급자로서의 종래의 위치가 더욱 축소되고 위협받는 농산촌의 주민들이 그들의 존재의미를 새로이 구축해 가는 과정이기도 하였다. 실상 가타시나와 같은 벽지 산촌의 경우 관광개발이 없었다면 인구감소로 인하여 촌 전체가 이미 사라져 버렸을 수도 있다는 점을 고려해 볼 때, 그것은 농산촌 주민들에게 필사적인 생존전략의 하나였다고도 볼 수 있다.

이러한 사회적 · 경제적 활성화의 효과 이외에도 그린 투어리즘의 전개과정, 나아가 농촌성을 자원으로 하는 농산촌의 관광지화 과정이 농촌주민들의 긍정적 자기인식의 계발에 일정한 기여를 하였다는 점 또한 간과되어서는 안 될 것이다. 즉 농촌성의 상품화 과정은 자신들의 존재를 도시화되고 산업화된 현대 일본 사회에서 도시로 진출하여 성공하지 못하고 농촌에 남아 있을 수밖에 없었던 낙후되고 실패한 사람들로 인식하고, 또한 자신들이 가지고 있는 생활습관, 인간관계의 전통, 물질생활의 수준 등을 저발전의 상징, 비합리성의 상징으로서만 인식해 왔던 종래의 근대론적 사고방식에서 탈피하여 새로운 눈으로 바라보는 것을 가능하게 하였다. 즉 그들은 이제 현대인들이 추구하는 보다 상위의 가치, 다시 말해 경쟁과 투쟁보다는 상호부조하는 공동체적 인간관계, 오염되지 않은 자연, 넓은 공간과 인간적인 생활환경 등을 지니고 있다는 점에서 스스로의 존재를 자랑스럽게 여길 수 있도록 하는 데 기여하였기 때문이다.

앞에서 살펴본 '우리들의 마을 만들기, 하나사쿠' 회원들의 경우 그와 같이 주민들 스스로 인식전환의 선두에 서 있던 사람들이라고 할 수 있다. 그들은 이전처럼 국가나 도시 사람들과 같은 외부자들에 의해 일방적으로 규정되는 농촌, 농촌성, 농촌주민에 대한 정의를 그대로 받아들이기를 거부하고 스스로 주체적으로 자신들의 존재의미를 정의하고 외부에 들릴 수 있는 독자적인 목소리를 내고자 하는 사람들이라 볼 수 있다. 마을 전체로 볼 때 아직은 이들이 소수에 불과하지만 운동을 통하여 이와 같은 인식은 점차로 확산되어 갈 것으로 기대되며, 그렇게 될 경우 그린 투어리즘을 통한 도시와 농촌 간의 교류는 보다 상호적인 양상으로 발전되리라고 예상된다. 다만 관광산업이 발달할수록 농촌 지역에도 자본주의적 생산관계가 확산되고 상업화가 진전될 것은 분명한 까닭에 주민들은 그에 따르는 필연적인 마을 생활의 변질로부터 자신들의 고유한 생활양식과 미덕, 문화적 특성, 자연환경 등을 보전해 나갈 수 있는 방안을 동시에 모색해야 할 것이다.

IX. 문화관광: 새로운 전개와 합의

권숙인

1. 관광양식의 변화와 문화관광

1) 변화하는 관광양식

관광도 사회문화적 현상의 하나로 그 양식이나 형태가 지속적으로 변한다. 그러한 변화는 관광하는 측과 관광객을 받아들이는 측의 욕구, 관광을 둘러싼 환경의 변화와 밀접한 관계 속에 일어난다. 관광양식의 변화를 가져오는 주요 요인으로 지적되어 온 것에는 교통 및 수송양식, 지역 및 국가에 대한 접근가능성, 경제상태 등의 외적 요인뿐 아니라 계급

경쟁, 위세의 위계구조, 생활양식의 변화 등이 포함된다(Graburn 1983b). 따라서 특정 맥락에서 관광양식과 형태를 둘러싸고 어떤 변화가 일어나고 있는지, 그러한 변화가 전체 사회의 변화와 어떠한 관련성을 갖는지는 관광현상 자체뿐만 아니라 그것이 실천되는 사회에 대해서도 중요한 함의를 가진다. 이런 의미에서 관광양식은 관광을 둘러싼 보다 큰 사회에서 일어나는 변화를 반영해 주는 하나의 의미 있는 지표라고 말할 수 있다.

예를 들어 일본의 경우, 국내관광 연 인원 수는 1961년 3,700만 명이던 것이 1970년 오사카 만국박람회를 계기로 1억 명을 돌파했고, 1994년에는 약 2억 200만 명에 달할 정도로 획기적으로 증가해 왔다(北川文美 1996). 이처럼 급속한 대중화 속에 국내관광의 주요 목적은 여전히 온천이나 휴양, 자연감상, 음식, 쇼핑 등이 중요한 자리를 차지하고 있다. 그러나 과거에 비해 국내 여행에서 젊은 여성층의 비중이 굉장히 증가했으며 가족동반도 늘었다. 최근에는 관광자원의 보호라는 시각에서 자연환경과 역사적인 마을이나 거리를 보전하려는 움직임이 활발히 전개되고 있다. 또한 빼어난 자연환경의 창조, 지역활성화와 결합된 관광 형태가 모색되는 것은 최근의 주요 추세의 하나로 지적된다(北川文美 1996: 45).

이 장에서는 우선 현대 일본 사회에서 발견되는 문화관광을 둘러싼 변화와 그 의미를 고찰한다. 특히 관광의 생산과 소비라는 측면에 초점을 맞추어 문화관광 양식의 변화를 일본인 관광소비자들의 욕구가 특정 방향으로 전환하고 있음을 반영하는 것으로 해석하고자 한다. 나아가 관광의 대중화 과정에서 노정된 여러 부작용에 대한 하나의 대안으로서 문화관광이 갖는 가능성과 한계를 고찰한다.

그동안 관광과 관련해 대두되어 온 대표적인 문제는 '손님관광객'(guest)과 '지역주민'(host) 사이의 불균형 관계, 환경파괴, 지역주민의 소외, 전통과 문화의 지나친 상업화 등으로 정리할 수 있다. 이런 상황에서 새로운 관광방식, 대안적 관광 등을 모색하는 움직임이 전 세계적으로 다양하게 시도되고 있고, 그 대표적인 형태로 생태관광(eco-tourism), 녹색관광(green tourism)과 더불어 문화관광(cultural tourism)이 제시되고 있다(前田 勇 1996).

2) 문화관광의 개념 및 새로운 전개

관광현상에 대한 인류학적 접근을 처음으로 시도한 학자 중 하나인 넬슨 그레이번은 문화관광을 아주 광범위하게 개념화하였다. 그는 관광유형을 문화관광과 자연관광으로 대별하고, 문화관광을 다시 역사관광과 인종관광으로 구분하였다(Graburn 1989). 즉 생태관광과 환경관광처럼 자연을 대상으로 하는 형태 외에, 기본적으로 인간의 문화적 산물을 대상으로 한 관광을 전부 문화관광으로 분류한 셈이다. 그레이번의 제안 이후에도 다양한 방식의 관광유형 분류가 시도되었다. 문화관광의 경우 학자들간에 그 개념정의에 대해 동의가 이루어지지 않은 상태에서, 역사적 유산이나 민족적 · 지역적 행사 혹은 전통예술과 미술품 등을 찾고 감상하는 것으로 이해되어 왔다. 예를 들어 유럽의 성당, 이집트의 피라미드, 고대의 궁궐 등을 돌아보는 것이 문화관광의 가장 일반적인 형태라고 할 수 있다.

1985년 WTO의 연구논문에서는 문화관광에 대해 정의를 하면서, "문화관광이란 협의로는 탐구여행, 예술문화여행, 축제 및 기타 문화행사 참여, 유적지 및 기념비 방문, 민속예술 연구여행, 성지순례 등 본질적으로 문화적 동기에 의한 인간들의 이동이고, 광의로는 개인의 문화수준을 향상시키고 새로운 지식이나 경험, 만남을 증가시키는 등 인간의 다양한 욕구를 충족시킨다는 의미에서 인간의 모든 행동을 포함하는 것이다" (원융희 1999: 101~102)라고 하였다. 결국 문화관광은 어떤 하나의 단순한 유형이라기보다는 인간의 정신과 물질세계 전반을 포함하는 총체적 개념이라고 할 수 있고, 이는 문화가 기본적으로 인간이 환경에 적응하기 위해 발달시킨 가치체계나 생활양식 등 매우 광범위한 영역을 포괄하는 개념이라는 점과 연결된다. 그러나 현실적으로 모든 인간적 산물(문화)이 관광대상으로서 동등한 가치를 누려 온 것은 아니다. 지난 수십 년 사이 관광이 대중화되면서 문화관광은 흔히 유적지와 기념물을 찾아가는 것이나 혹은 과거의 유물과 예술, 전통공예 등이 보전되어 있는 지역을 관광하는 것으로 이해되어 왔다.

이러한 점은 일본에서도 마찬가지다. 일본에서 대표적인 문화관광의 목적지는 나라나 교토 등 오래된 역사적 유물이 많이 남아 있는 고도이거나, 유명 사찰과 신사가 있는 곳, 전통예술이 있는 지역이었으며 이들 지역에서의 관광 형태도 유명 유적지나 유물을 돌아보고 감상하는 것 중심이었다. 특히 수학여행, 회사여행, 위안여행 등으로 대표되는 각종 단체관광은 이런 유적지 중심의 '돌아보기 관광'의 대표적 형태이자 일본인들의 전형적인 관광양식이기도 하였다. 즉 지금까지 이해되어 온 문화관광에서는 주로 가시적인 것들이 강조되는 반면, 문화를 구성하는 또 다른 중요한 요소인 가치체계나 일반적인 생활양식 등은 상대적으로 경시되어 왔다고 할 수 있다.

다른 한편 일본인의 관광을 연구 · 관찰하는 많은 사람들은 최근 문화관광에서 의미 있는 변화가 전개되고 있다고 지적한다. 예를 들어 각 지역의 생활 문화, 특히 그전까지는 아무런 관심을 받지 못하고 지역주민들에게는 너무나 상식화되어 있던 일이나 행사 등이 새롭게 부각되며 관광대상으로 등장하고 있다. 혹은 지역 특산물의 경우에도 그 제조품을 선물가게에 토산품으로 전시 · 판매하는 것에서 그치지 않고, 제조과정을 공개 · 시연하거나 이 과정에 관광객이 참여하기도 하면서 제조자와 관광객 사이의 (인간적인) 교류와 만남이 강조되고 있다. 이러한 경향은 국내관광에만 국한되지 않고 해외여행에서도 현저하게 드러나, "미술관 순례, 역사 여행은 물론 홈스테이나 어학연수, 프리마켓의 견학이나 시장에서의 물건구입 등 광의의 문화적 관광은 확실히 확대되고 있다"(內田州昭 1996: 134)고 지적된다.

유적지가 있어서 관광지로 각광받아 온 도시의 경우, 종래의 주요 관심사는 유적지의 보호와 홍보, 관광객을 직접 상대하는 관광업종 정비 등에 주로 국한되었다고 할 수 있다. 그러던 것이 관광객들의 관심이 바뀜에 따라 유적지가 위치한 지역의 전반적인 환경을 중시하고 경관을 고려하며, 생활에 역점을 둔 '도시(시가지) 만들기'를 강조하는 것으로 변화하고 있다. 관광하는 측의 입장에서는 종래 좁은 의미의 유적 · 명소에 국한된 관심에서 그것들이 위치한 맥락에 대한 관심, 즉 보다 총체적인 문화에 대한 관심이 커졌다고 할 수 있으며, 관광객을 받아들이는 지역에서는 관광이 단순한 산업이 아니라 지역성 자체, 혹은 지역 정체성과 밀접한 관계를 맺게 되었다고도 할 수 있다.

문화관광에서 일어나고 있는 이러한 최근의 변화는 "유적 중심에서 생활 문화로", "점에서 선으로", 혹은 "구경에서 체험으로"라는 일련의 표현과 구호로 정리할 수 있다. 또 다른 각도에서 보면, 유물과 유적 중심의 문화관광에서는 무대의 "후면부"에 머물러 있던 것들이 "전면부"(MacCannell 1976)에 등장하게 되었다고도 할 수 있다. 다음에서는 일본에서 잘 알려져 있는 한 관광지를 사례로 문화관광의 최근 추이가 어떻게 반영되고 있는지 살펴보기로 한다.

2. 아이즈 지역의 사례

1) 아이즈 관광의 변화

후쿠시마현 아이즈 지방은 일본 국내에서 잘 알려진 관광지이다. 관광지로서의 아이즈 지방의 명성은 무엇보다도 과거의 역사와 문화 덕택이다. 즉 에도시대를 통해 아이즈번이 전국 유수의 번이었던 점과, 특히 메이지유신 미명에 경험한 보신전쟁이라는 역사적 사건 덕택에 지난 수십 년간 관광은 아이즈 지역의 가장 중요한 산업으로 등장할 수 있었다. 메이지유신 당시 아이즈번은 도쿠가와막부 편에 서서, 주로 일본 서남지역의 번들이 중심이 된 신정부군과 대치했다. 신정부군은 기존의 막부를 폐하고 천황을 다시 옹립하는 '왕정복고'를 기치로 내세웠으며, 양쪽의 대결은 신정부군의 승리로 막을 내렸다. 수개월간 지속된 보신전쟁에서 아이즈는 참패하고 수많은 비극이 발생했다. 130여 년 이상 세월이 지난 지금 보신전쟁으로 인한 아이즈의 비극은 이곳의 가장 대표적 상징이 되었으며, '사무라이 정신'의 정수를 보여 준 것으로 간주되는 보신전쟁 관련 유적지는 아이즈 관광에서 가장 매력적이고 극적인 자원이 되었다.

특히 에도시대에 줄곧 성하도시(城下町)였던 아이즈와카마쓰시는 아이즈 관광에서 가장 중요한 곳이다. 아이즈에는 칠기제조업이나 양조, 농업 등 전통적으로 중요했던 지방산업이 있지만 이들 산업은 지난 수십 년간 정체해 오거나 경기후퇴를 경험해 왔다. 이에 비해 관광업은 적어도 1990년대 들어 불황이 시작되기 전까지는 지속적인 성장을 보여 왔으며 현재 이 도시의 가장 중요한 산업의 하나이다. 오랜 기간 아이즈번의 성하도시였던 점과 보신전쟁과 같은 극적인 역사 때문에 이곳에는 관광자원화할 수 있는 유산이 풍부하며, 이로 인해 아이즈는 일본 내 문화관광의 주요 거점이 되었다. 아이즈와카마쓰에는 사실 훌륭한 자연환경과 유명한 온천 등 다른 관광자원도 있지만, 이곳을 '관광도시'라 부르는 것은 역시 와카마쓰의 독특한 역사와 전통이 있기 때문이다.

1980년대에 장기간 계속된 경제호황과 레저 붐 속에 와카마쓰를 찾는 관광객이 꾸준히 증가하여 1990년대 초에는 그 수가 약 380만 명에 달할 정도로 관광산업이 피크에 달하였다. 그러나 1990년 거품경기 붕괴에 이은 불황의 여파는 곧바로 나타나, 1992년을 정점으로 1993년 이후 와카마쓰를 찾는 관광객 수는 계속 감소하고 있다. 와카마쓰 시청의 상공관광과가 매년 발행하는 『관광객 수와 그 실태조사』에 나타난 자료를 분석해 보면 1990년대 초 거품경기 붕괴를 전후한 10여 년 사이의 관광객 수의 추이는 〈표 1〉과 같이 집계된다.

〈표 1〉 와카마쓰시의 관광객 수의 추이

연도	관광객 수(단위: 천 명)
1985	3,181
1986	3,390
1987	3,875
1988	3,605
1989	3,687
1990	3,507
1991	3,727
1992	3,816
1993	3,691
1994	3,690
1995	3,415
1996	3,272

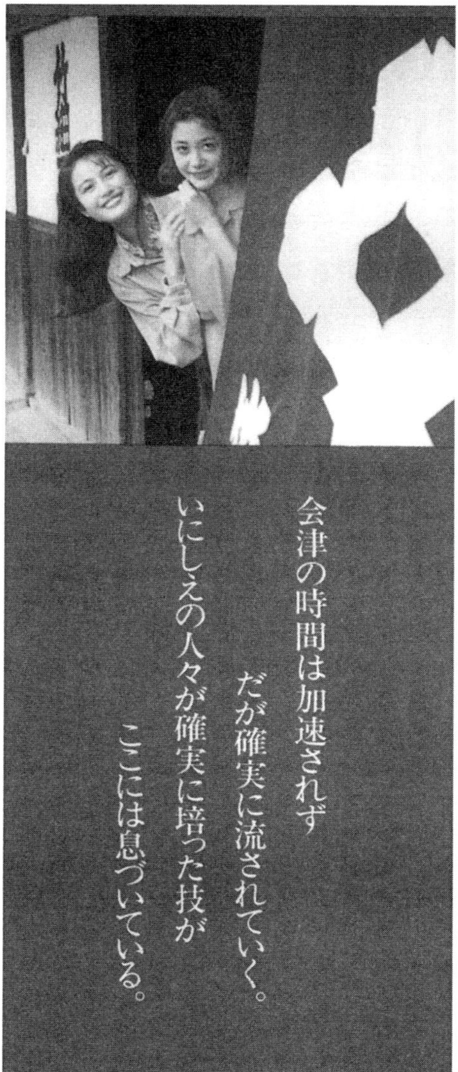

젊은 여성들이 와카마쓰 시내 구석구석을 한가롭게 찾아보는 여행을 컨셉으로 한 관광안내 팸플릿. "아이즈의 시간은 가속도가 붙지 않는다. 그러나 확실하게 흘러간다. 유서 깊은 가게의 사람들이 견고하게 키워 온 기예가 여기에서는 숨쉬고 있다."

거품경기 붕괴 이후에는 관광객 수가 감소했을 뿐만 아니라 관광유형 자체가 뚜렷한 변화를 보이고 있다. 그동안 아이즈 관광의 대표적인 형태는 전세버스로 단체관광을 오거나, 개인 혹은 소그룹의 관광객이 와카마쓰에 도착한 후 '아이즈 버스 주식회사'가 운행하는 정기 관광버스로 관광지를 돌아보는 것이었다. 이 관광경로는 대개 2~4시간짜리가 있는데, 여기에는 보신전쟁과 아이즈 역사 관련 유적지가 압도적으로 많다. 이들 유적지 덕분에 인구 10만 남짓한 와카마쓰는 연평균 300만 명을 훨씬 웃도는 유명 관광지로서의 혜택을 누려 왔다. 그러던 것이 1990년대 이후 대형버스를 타고 주요 관광지점을 짧은 시간 안에 둘러보는 스타일에서, 가족이 한가롭게 시간을 갖는 여행과 소그룹으로 취미와 관심사를 찾아보는 방식으로 관광행태가 뚜렷이 바뀌고 있는 것으로 나타난다. 실제 와카마쓰시 상공관광과 정책담당자나 관련업계의 통계자료를 보면, 최근 몇 년 사이 와카마쓰를 찾는 관광객의 유형 중 가장 큰 폭으로 감소한 것은 대형버스 단체관광객으로 나타난다. 아울러 관광객들이 '보고 · 먹고 · 노는' 것을 중시하던 것에서, '듣고 · 알고 · 배우고 · 땀을 흘린다' 라는 새로운 요소를 점점 더 추구하는 것으로 분석되고 있다 (會津若松觀光協會 1997).

따라서 불황의 여파가 본격화된 1990년대 중반 이후, 시 행정 차원에서도 관광의 새로운 수요를 창출하기 위해 여러 시도를 하고 있다. 대표적인 사업 중 하나는 '폐점포 대책 사업'으로, 와카마쓰시는 이 프로젝트를 1995년 시작하여 현재까지 중점적으로 시행하고 있다. 이 정책의 주안점은 불황으로 어려움을 겪는 시내 상점가를 활성화하는 방안을 마련하는 것으로, '시가지 내부관광'을 통해 과거에는 외곽의 관광명소만 보고 돌아가던 관광객들을 시내 안으로 끌어들여 상점가의 부흥을 꾀하자는 것이다. 시가지 내부관광을 위해서 옛 정취가 많이 남아 있는 지역이면서도 최근 관광객 감소로 불황에 시달리고 있는 곳을 성하도시의 면모를 보일 수 있는 방식으로 재정비하고, 관광객과 주민이 만나 교류할 수 있는 공간을 만드는 사업을 추진하는 것이다. 예를 들어 칠기제조공방 등을 관광객들이 들어와 관람과 체험을 할 수 있는 식으로 개조할 경우 개조비용의 일부를 지원한다든지, 전통경관을 간직한 상점가에 위치한 폐점포에 입주할 가게에 대해 임대료를 보조해 주고, 복고풍으로 점포를 개조하는 비용을 부분적으로 지원하는 사업 등을 추진하고 있다. 나아가 특정 거리 전체를 연차적으로 정비하는 계획을 추진중에 있다.

연구자와의 인터뷰에서 와카마쓰시 상공관광과 직원은, 시가 이렇게 '시가지 내부관광'과 '만남과 교류관광'을 중심으로 관광정책을 추진하게 된 것은 관광객들의 관광행태 변화와 최근의 관광부진 때문이라고 답변하였다. 시가지 내부관광 경향이 두드러진 것은 대략 1993년부터로, 와카마쓰시 상공관광과가 발행한 관광지도 중 "시가지 내부 산책지도: 시내가 정말 흥미진진하다"에 있는 문구는 다음과 같이 권유하고 있다.

> 시내 이곳저곳에 성하도시의 면모와 흔적을 볼 수 있습니다. 옛 모습을 그대로 간직한 점포들을 둘러보는 것, 생각지도 않았던 사적을 만나는 것, 현지 주민들과 교류를 즐겨 보는 것. 시가지를 걸으면 여러 가지 드라마를 만나게 될 것입니다. 자, 한 손에 지도를 쥐고 걸어 봅시다!

물론 행정당국만이 새로운 추이에 대한 대책을 세우고 있는 것은 아니다. 와카마쓰 시내 곳곳에 있는 여러 주민단체도 불황을 타개하기 위한 자구책으로 '점보다는 선', '지역의 개성과 문화', '만남과 교류의 관

광'을 기본 개념과 슬로건으로 삼아 경관을 복원 · 보존하고, 개성 있는 거리로 만들어 그 지역의 활성화를 시도하고 있다. 예를 들어 최근 수년 사이 가장 두드러진 활동을 펼치고 있는 곳으로는 '바쿠로마치 경관보존회', '노구치 히데요 청춘거리' 사업, '나누카마치 경관협의회'(七日町通り町並み協議会)의 활동 등을 거론할 수 있는데, 이곳들은 모두 주민들이 주체가 되어 자신들이 살고 있는 지역의 경관을 정비하고 이벤트들을 기획하여 지역활성화와 관광객 유치를 꾀하고 있다. 이 중 나누카마치의 사례에 초점을 맞추어 민간 수준에서 일어나고 있는 새로운 문화관광 거점 만들기 방향을 가늠해 보기로 한다.[1]

2) 새로운 관광거점 만들기: 아이즈 나누카마치

나누카마치는 와카마쓰시 나누카마치 역에서 시내 중심지인 오마치(大町)에 이르는 약 800m 정도의 가로를 중심으로 한 지역이다. 이곳은 에도시대에는 와카마쓰와 북쪽의 도시를 연결하는 주요 가도로, 많은 상

1. VI장에 상세히 소개되어 있듯이 사실 아이즈와카마쓰에는 이미 오래전부터 지역 고유의 전통과 생활 문화를 관광자원화하여 문화관광의 목적지로 상당히 성공을 거둔 사례가 있는 셈이다. '아이즈복고회'가 1970년대와 1980년대의 대량관광시대에 꾸준한 성공을 거둔 데에는 이 장에서 강조하는 '지역의 생활 문화', '손님과 주인의 인간적 교류' 등을 중시한 전략이 커다란 역할을 하였으며, 그런 전략은 최근 문화관광의 핵심과 일치하고 있다. 그러나 이들이 성공하는 데에는 아주 탁월한 특정 지도자가 있었고, 이들의 활동은 시대의 대세를 반영하였다기보다는 오히려 시대의 흐름을 앞선 시도였다. 반면 이 장에서 살펴보는 사례들은 문화관광을 둘러싼 최근의 시대적 흐름을 반영하는 움직임이며, 그런 면에서 보다 일반적인 변화를 보여 주는 사례라 할 수 있을 것이다.

점들이 늘어선 활기 넘치는 거리였다. 메이지 · 다이쇼 · 쇼와시대를 거치면서도 아이즈에서 가장 번화한 거리였다고 하며, 메이지시대나 다이쇼시대에 지어진 건물들이 여전히 다수 남아 있어 상대적으로 옛 정취가 많이 느껴지는 곳이다. 그러나 1960년대와 1970년대에 걸친 근대화 과정 중에 와카마쓰 시내의 중심 상권이 다른 곳으로 바뀜에 따라 활력을 많이 상실하였다. 결과적으로 얼마 전까지만 해도 별로 특별한 주목을 받을 일 없는 그저 조용한 지역으로 남아 있었다. 그러다가 최근 주민들을 중심으로 지역활성화를 위한 여러 활동을 전개하기 시작하였고, 그 추이와 결과에 대해 와카마쓰시 내외에서 주목을 받고 있다. 특히 최근의 관광 형태 변화를 배경으로 해서 새로운 관광 지역으로 등장한 곳이라고 시 행정관계자나 주민들이 자주 거론하는 곳이다.

나누카마치의 지역활성화 활동의 주체는 1994년 결성된 '나누카마치 경관협의회'라는 단체로, 이 지역 주민 31명이 회원으로 활동하고 있다.

실질적으로 활동을 주도하고 있는 지도자는 시부카와돈야라는 전통식 여관을 경영하고 있는 시부카와 도모오(澁川惠男)이다. 그가 여관업을 시작한 것은 1970년대 말이다. 그의 집안은 메이지 초기에 창업한 해산물 도매상 '시부카와 상점'을 대대로 경영해 온 유서 깊은 상가(商家)이다. 이 상점의 최전성기 때는 같은 택지 안에 시부카와가(家) 여섯 가족, 가게 종업원들, 식모 등을 합쳐 50여 명이 함께 생활하고 있었다고 한다. 1970년대 말, 당시 집안에서 운영해 오던 가게가 다른 곳으로 상점을 옮겨 가고 다이쇼시대에 세워진 상가건물은 폐점상태로 방치되어 있었다.

시부카와는 이 전통상가의 건물 세 채(도로변의 점포건물, 주거건물, 상품보관용 창고건물)를 그대로 활용하여 향토요리 전문점과 숙박시설로 개조하였다. 이후 이 전통여관과 식당은 독특한 개성과 분위기를 지닌 곳으로 알려지면서 관광객들로부터 호평을 받아 왔다.

연구자와의 인터뷰에서 시부카와는 경관협의회 활동을 시작한 배경을 다음과 같이 이야기하였다.

현재 와카마쓰 시내의 상점가는 전부 망해 가고 있는데, 이는 일본의 다른 지방도시의 중심상가들도 마찬가지이다. 시내 상가가 피폐화되고 있는 원인은 크게 두 가지로, 하나는 경기불황 때문이고 또 하나는 최근 시 외곽에 급속도로 진출한 대형 유통점들 때문이다. 특히 시의 외곽에

시부카와돈야 본관의 외관과 내부, 별관의 모습.

거대 주차시설을 갖춘 대형점포의 진출이 두드러지면서 시내 중심상가는 손님이 점점 끊기고 폐점포가 속출하고 있다. 이런 상황에 대해 관료들은 대책을 제시하는 것이 불가능하고, 따라서 우리 자신이 무언가 하지 않으면 안 되겠다고 생각하게 된 것이 기본 출발점이었다.

와카마쓰를 찾는 관광객은 대개 연 300만을 웃도는 숫자인데, 지금까지는 시내 외곽의 유적지만 돌아보고 시내 안으로는 거의 들어오지 않았다. 이는 시가지 내부에 매력이 없기 때문이다. 여기서 우리는 아이즈에 오는 사람들은 무엇을 찾아오는 것일까라는 근본적인 질문을 시작했다. 그 결과, 외부로부터 오는 관광객들은 대부분 와카마쓰에 대해 '오랜 역사와 문화가 있는 곳'이라는 이미지를 갖고 들어오는 것으로 나타났다. 와카마쓰는 오랜 역사를 지닌 성하도시지만 보신전쟁을 통해 에도시대 것은 전부 파괴되어 버렸고, 대신 메이지 · 다이쇼 · 쇼와 초기의 것들은 많이 남아 있는 상태이다.

덧붙여 현대 관광의 흐름은 '생활 문화 중심'으로 바뀌고 있다. 여기에서 중요한 키워드 두 가지가 '개성'과 '현지 사람들과의 교류'이며, 우리가 목표하는 것은 바로 나누카마치를 그런 것이 실현될 수 있는 장소로 만드는 것이다.

나누카마치 경관협의회는 새로운 지역활성화의 주제를 '아이즈 낭만풍 거리 만들기'로 이름붙이고 활동을 추진하고 있는데, 이들이 강조하는 핵심적인 방침을 좀 더 구체적으로 살펴보면 다음과 같다(會津若松七日町通りまちなみ協議會 1997b).

첫째, '아이즈의 역사를 활용한 시가지 만들기'로 이는 경관정비와 관련된 기본 지침이다. 역사의 흐름을 느낄 수 있는 건물과 경관을 활용하고, '아이즈인 고유의' 접대의 마음씨와 말씨를 소중히 하며, 아이즈 지역 특산물과 기술을 활용하는 것이 강조된다. 이를 위한 구체적 방법으로는

나누카마치 중 경관이 정비된 거리의 일부. 왼쪽으로부터 두 건물은 새로 정비한 곳이고, 세 번째 건물은 다이쇼, 네 번째 건물은 쇼와 2년(1927)에 건립된 것이다.

메이지 · 다이쇼 · 쇼와 · 헤이세이시대의 흐름을 반영하는 다양한 건축물들을 활용하여 아이즈다운 분위기가 느껴지는 경관을 적극적으로 만들어 가는 것이다.

둘째, '걷기에 즐거운 시가지 만들기'로서 보도를 정비하는 기본 지침이다. 이것과 관련해서는 가벼운 마음으로 느긋하게 걸을 수 있도록 하고, 밝고 안심하고 걸을 수 있는 환경, 녹음과 여유를 줄 수 있는 공간을 정비하는 것에 중점이 주어져 있다.

현재 나누카마치의 보도는 폭이 좁고, 걷기 힘들고, 도로와 보도의 포장소재가 주위 경관에 잘 어울리지 않는 것으로 진단되고 있다. 이런 문제점을 해소하는 방향으로 보도를 정비하고, 전선을 지하에 묻고, 신축 · 개축건물을 중심으로 보도에 면하는 부분에 작은 화단이나 '스트리

개조 전

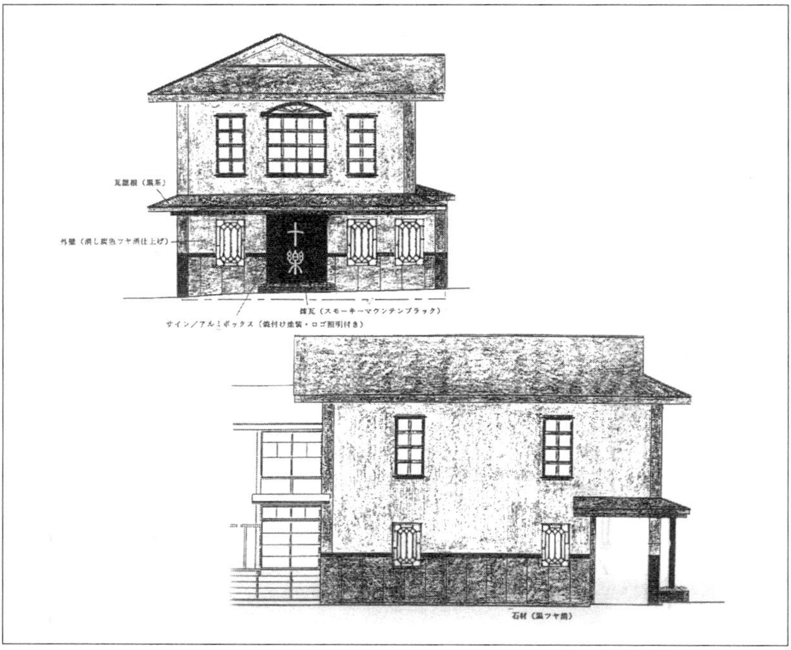

나누카마치 경관협의회가 제안하는 폐점포 개조 · 연출 방법과 그 가이드에 따라 개조되어 개업한 가게들.

트 퍼니처'를 설치하여 보행자들이 느긋하게 머물 수 있도록 하는 계획이 포함되어 있다.

셋째, '관광객이 오고 싶은 시가지 만들기'로서 주로 점포정비와 관련된 지침이다. 아이즈다운 개성을 지닌 가게를 늘리고, 방문한 사람들에게 향수와 푸근한 느낌을 줄 수 있도록 하고, 여행의 즐거움을 다양하게 느낄 수 있도록 노력하는 것으로 되어 있다. 우선 폐점포 대책으로, 시의 보조를 받고 부동산소개소의 협조 하에 시가지 전체의 기본 방침에 맞는 가게를 적극적으로 유치하는 활동을 하고 있다. 이에 덧붙여 기존에 있는 아이즈 고유의 명품과 명물을 취급하는 가게뿐만 아니라 시가지 전체가 명품 만들기를 시도하고, 나아가 직인들의 제조기술을 방문자들에게 보여 주고 관광객들이 체험할 수 있는 방향으로 구조물을 개조하는 계획이 제시되어 있다. 그리고 건축물을 개축할 경우에는 외관을 어떻게 분위기 있게 개조 · 연출할 수 있는가에 대한 구체적인 예가 제시되어 있다.

넷째, '활기 있고 살기 좋은 시가지 만들기'로서 주로 환경정비와 관계된다. 아이들이 장래에 살고 싶은 시가지로 만들고, 매일 무언가 새로운 만남과 발견이 있도록 하고, 일터와 주거가 일체화되어 있는 생활의 냄새가 날 수 있게 하는 것으로 되어 있다. 위에 언급된 방향으로 시가지가 정비되지 않으면 주민들이 살기 좋은 곳이 될 수 없을 것이라는 점이 강조되어 있다.

이런 방침 하에 나누카마치 경관협의회는 시 당국과 시의회에 적극적으로 지원요청을 하였으며, 시에서도 마침 시내에 속출하는 폐점포에 대한 대책이 시급하던 터라 나누카마치의 지원요청에 대해 보조를 하게 되었다. 1998년 말 현재 점포의 경관정비시 한 건물당 70만 엔을 지원하고 있는데 이는 대략 전체 경비의 1/3에 해당한다. 아울러 나누카마치에 새로 입주하는 가게들에 대해 처음 2년간 임대료의 50%를 지원해 주고 있다. 1998년의 경우 세 점포가 이런 보조를 받고 외부에서 들어와 개점하고 있었다.

시부카와를 비롯해 핵심 지도자들은 일본 국내 여러 곳의 사례를 시찰하러 다니고, 경관정비 작업과 아울러 나누카마치의 역사에 관련된 자료집 발간, 관광지도 만들기, 이벤트 기획 등도 추진하고 있다. 특히 이들은 나누카마치의 영광스러운 과거를 강조하지만 나누카마치의 활성화는 단순히 역사적 유산인 건물들을 보존하는 데 그치는 것이 아니라고 주장한다. 경관보전과 정비과정을 통해 이곳을 유서 있고 개성 넘치는 거리로 복원하고, 관광객과 주민 사이의 교류, 커뮤니케이션, 상호협력을 증진하고자 한다. 따라서 단순히 경관 만들기뿐만 아니라 여행자를 따뜻하게 접대하는 '환대의 마음'이 중요하다고 덧붙인다. 나누카마치의 움직임은 현재 시 행정당국의 관심과 지원을 받고 있으며 지역의 일반인들도 그 추이를 주목하고 있다. 아직 준비중인 단계라 관광객이 크게 많지는 않지만 그 방향이 현재 관광의 추이를 잘 반영하는 대표적인 사례로 간주되고 있으며, 향후 계획들이 달성되어 감에 따라 와카마쓰의 새로운 관광거점이 될 것이라 기대하고 있다. 와카마쓰 시내에는 나누카마치 이외에도 바쿠로마치의 옛날 경관과 분위기 살리기 운동, 오마치의 노구치 히데요를 이용한 관광개발 등이 적극적으로 추진되고 있다. 이들은 모두 기본적으로 종래 유적 중심의 대량관광 시대에는 별 볼일 없는 배후지 노릇을 했던 곳이 스스로 관광목적지로 등장하려는 시도라는 평가를 받고 있다.

물론 지역의 '생활 문화', 관광객과 현지주민의 '교류', 나아가 관광객의 '체험'을 강조하는 최근 문화관광의 추이는 아이즈 지역뿐만 아니라 일본의 다른 유명 관광지에서도 확인할 수 있었다. 예를 들어 고대 일본

문화의 중심지이자 일본의 대표적인 문화관광지인 나라의 경우는 기존의 유적지가 갖는 관광흡인력이 계속 떨어지고 있음을 인식하고 있었다. 이에 시 행정당국은 전통적인 경관이 남아 있는 나라마치(奈良町) 지역을 중심으로 '전통적인 생활 문화'를 체험할 수 있도록 정비 · 개발을 추진하고 있다.

마찬가지로 이세신궁으로 유명한 관광도시 이세시의 경우도 이세신궁 자체가 갖는 흡인력이 점차 감소하는 데 대한 대책을 마련하고 있었다. 이 경우 역시 지역 문화, 체험, 만남 등이 키워드로 활용되고 있었다 (상세한 것은 권숙인 2000 참조).

3. 문화관광 변화의 배경과 함의

종래 문화관광의 명소는 유명하고 거대한 문화유적과 역사적 유물이 위치한 곳이 관광의 거점이었다고 하겠다. 반면 이 연구에서 주목하고자 하는 것은 전통적인 관광명소관에서는 다소 거리가 있는 곳으로, 최근 새로 관광대상으로 주목받거나 종래에 관광목적지로서 별 관심을 끌지 못하던 곳들이 새롭게 관광지로서 도약을 시도하는 경우이다.

관광명소에 관한 전통적인 시각에 비추어 보면 별 것 없는 곳으로부터 관광을 말 그대로 생산해 내고자 하는 움직임이라 할 수 있다. 그러나 이 경우, 즉 예전엔 그저 평범하고 일상적인 생활의 일부가 관광의 대상으로 특별히 주목을 받게 되는 데는 당사자들의 기획능력과 그것이 전체 사회와 시대의 요구와 맞아떨어진 배경이 있기 때문이며, 이 점은 관광을 하나의 포괄적인 문화적 현상으로 고찰할 수 있는 중요한 이유이기도 하다.

이광희는 향후 유망한 관광상품을 전망하는 글에서 현재 관광수요의 동향을 다음과 같이 정리하고 있다. 우선 전반적으로 문화와 자연환경이 보다 많은 사람들의 관심을 끌 것이다. 문화와 관련해서는 "인위적 요소가 가미되지 않은 현장, 순수 이벤트와 라이프스타일을 직접 관찰하거나 참여해 볼 수 있는" 관광상품에 대한 수요가 증가하고 있다. 아울러 가급적이면 단체관광방식의 접근을 피하고, 보다 특화된 체험을 통해 개성적인 감수성을 추구해 간다고 진단하고 있다. 그는 이러한 추이의 배경으로 소비자들의 생활의식이 과거의 '양적 소유 중시와 단순 소비' 패턴에서 '존재확인과 자기개발 지향'으로 바뀌고, 이에 따라 보다 특색 있고 풍요로운 여가활동을 중시하는 방향으로 전환되어 가기 때문으로 보고 있다(이광희, "21세기의 유망 관광상품 전망", 관협 1996. 6, 원융희 1999: 46에서 재인용). 위에서 살펴본 일본의 사례들도 기본적으로는 이런 전반적인 변화를 반영한다고 할 수 있다.

1) 문화관광 변화의 원인

그렇다면 문화관광에서 발견되는 이러한 변화의 원인과 배경은 무엇일까? 첫째, 일본 문화관광에서 나타나는 최근의 추이는 우선 관광 자체의 역학으로 설명할 수 있다. 현재 일본의 관광은 단계상 본격적인 대중화 시대를 지나 성숙기에 접어들었다고 할 수 있다. 즉 일본의 관광은 지난 십수 년 사이 양적인 면에서는 큰 변화가 없는 반면, 질적인 변화가 착실히 진행되어 관광목적, 숙박시설, 관광지 형태 등에 있어서는 현저하게 다양화되어 왔다(溝尾良隆 1994). 일본에서 국내관광의 대중화 과정은 사원여행을 중심으로 하는 환락적 여행과 일상노동으로부터의 휴식과 기분전환을 추구하는 여행과 밀접한 관련 속에 이루어졌다(內田州昭 1996). 이런 형태의 관광이 한 시대 동안 계속되었으나 근년에 들어 관광여행의 목적이 급속히 다양화되고, 또한 체재형 관광이 주목받게 됨에 따라 문화관광은 보다 중요한 의의를 갖기 시작하였다. 관광의 성숙화에 따른 관광목적의 변화는 점진적이긴 하지만 사람들의 관심을 '물건'에서 '사람'으로 옮겨 가게 하였으며, 이런 변화에 의해 종래 유적 · 유물 중심의 문화관광으로부터 질적인 변화를 불가피하게 만든 것으로 볼 수 있다.

대중화에 따른 관광양식의 다양화와 관련해 일본에서 중요한 전환을 가져온 것 중 하나가 '디스커버 재팬' 캠페인일 것이다. '디스커버 재팬'은 1970년 10월부터 일본 국철이 대대적으로 전개한 캠페인으로, 새로운 개념에 근거한 관광양식의 창출을 적극적으로 시도한 대표적인 사례였다.

이 캠페인은 그해 3월부터 9월까지 반년간 성황리에 개최되었던 '오사카 만국박람회' 이후에 감소가 예상되는 국내관광을 계속해서 유지하고자 하는 목적으로 시작된 것이었다. 특히 주목표 대상을 대도시의 젊은 여성들에게 맞추고 단체관광으로부터 탈피하여 개인의 창의와 궁리에 의해 풍부한 경험이 가능한 여행을 만들어 내고자 하였다. 이 캠페인은 만남, 교류, 자기 발견, 지역 문화 등의 주제를 강조하면서 일본 국내 문화관광의 새로운 유형을 만들어 낸 것으로 평가받고 있다. 이런 맥락에서 보면 생활 문화를 중심으로 한 문화관광 양식은 꽤 오래전부터 실천되어 온 것으로, 단순히 경제불황에 따른 일시적 대응이라기보다는 관광이 성숙화함에 따라 필연적으로 나타나는 보다 장기적인 변화로 파악할 수 있다.

그러나 오래전부터 실천되었던 이런 관광양식이 하나의 일반적인 추세로 등장한 데에는 일본 사회의 전반적인 변화가 중요한 배경이 되었다. 이런 상황에서 전형적인 유적 중심의 문화관광지로 잘 알려져 있던 아이즈 같은 곳이 관광지로서 갖는 흡인력은 감소할 수밖에 없다.

둘째, 관광 외적인 환경변화로서, 우선 지적할 수 있는 것은 일본 사회가 본격적인 후기산업사회로 접어들게 된 점이다. '성장'과 '생산'을 가장 중요한 목표로 삼아 매진하였던 근대화 과정을 거쳐, '소비'와 '스타일'이 강조되는 탈근대사회로 접어들면서 점점 많은 사람들이 몰개성적인 단체관광에서 탈피하여 자기만의 독특한 체험을 할 수 있는 형태의 관광을 선호하게 되었다. 덧붙여 사회 전반적인 분위기도 소위 '물질적 풍요'보다 '마음의 풍요'를 강조하게 되고, 인간적인 교류에 중점을 두는 쪽으로 바뀌어 왔다. 총리부의 여론조사에 의하면, "금후 생활의 역점을 어디에 둘 것인가"라는 질문에 대해 1980년대 전반에 이미 '여가생활'이 '주생활'을 넘어섰고, '마음의 풍요로움'이라고 답하는 사람이 '물질적 풍요로움'이라는 답을 넘어 그 차이가 벌어지고 있다고 한다. 그리고 '마음의 풍요로움'을 가져올 수 있는 중요한 방법으로 사람과 사람 사이의 '교류'가 키워드로 이야기된다(內田州昭 1996).

일본 사회의 탈근대화와 관광이 연결되는 또 다른 측면으로 근대화 이후에 등장하는 향수와 복고지향성을 지적할 수 있다. 근대화 이후 대중적 욕구가 과거의 삶의 방식과 지나간 시절에 대한 향수와 밀접히 연결되면서 이제까지 관심대상 밖이었던 지역의 생활 문화나 전통들이 새롭게 주목을 받게 되었다.

즉 관광객들은 현지의 문화를 체험하고 현지주민과 교류를 하는 것에서 관광의 진정한 의미를 찾고자 하며, 이를 통해 근대화 과정에서 상실한 것들에 대한 향수를 충족시킨다고 할 수 있다. 일본 대도시에는 근대화에 따른 여러 문제와 부작용이 축적되고 사람들은 점차 '시골'과 과거의 생활방식에 향수를 느끼게 되어 그런 대상을 찾아 나서게 되었다고 할 수 있다(문옥표 1991; Ivy 1995).

셋째, 보다 최근의 환경변화로 일본 경제의 거품붕괴와 장기에 걸친 경기불황을 들 수 있다. 경제호황기와 달리 많은 사람들이 관광비용을 절약하는 데 신경을 쓰고, 대규모 관광버스에 단체관광을 하는 형식보다는 소규모 그룹이나 가족, 혹은 혼자 하는 배낭여행 등에 관심을 갖게 되었다. 실제로 경제 불황 이후 관광 형태와 관련해 가장 큰 폭으로 감소한 것은 회사관광, 사원여행 등으로 대표되는 대형 단체관광인 것으로 나타난다.

넷째, 현대 일본 사회에서 지역사회 및 지역전통이 차지하는 위상 변화를 지적할 수 있다. 일본 사회의 중앙집권화와 획일화가 진전되면서 대부분의 지역사회는 과소와 인구고령화, 후계자 부족 등으로 심각한 어려움을 겪고 있다. 다른 한편 그동안 지역사회가 생활양식으로 실천해 왔던 여러 전통들이 한편으로는 소멸의 위기에 처하면서도 동시에 일본인 전체의 '민족적 전통'으로 자리매김되면서 각지의 전통을 복원시키거나 다시 보려는 움직임이 진행되어 왔다.

지역적 전통에 대한 이런 '외부'의 관심 증가로, 각 지역 차원에서 지역활성화와 '도시 만들기'를 추진하는 데 지역의 전통과 개성을 활용해 관광개발을 하는 것이 매우 효과적인 전략이 되고 있다. 따라서 아이즈 지역 같은 곳은 유적 중심의 전통적인 문화관광지로서의 매력은 상대적으로 감소하고 있으나, 현대 일본 사회의 주변부로서 아이즈가 지니고 있는 다양한 지역적 전통과 관습이 또 다른 형태의 문화관광을 위한 자원으로 복원 · 활용될 가능성이 크다고 하겠다.

2) 문화관광에서 소비되는 것

(1) '총체적' 문화, 생활 문화

최근 문화관광의 변화는 결국 관광을 통해 소비되는 것이 '진품'으로부터 지역 문화 혹은 생활 문화 쪽으로 바뀌어 가는 것을 의미한다. 유적이나 국보, 명승에 대해 흥미가 사라진 것은 아니지만, 그러한 것들이 있는 지역의 사람들과 생활방식에까지 흥미가 확대되고 있다는 것이다. 종래에는 관광대상이 되지 못하였던 농산촌, 혹은 어촌에도 자가용 관광객이 찾아올 수 있게 되었다는 것이다. 도심지의 백화점에서 개최해 온 관광물산전 등의 경우에도 근년에는 단순히 상품을 전시판매하는 것에서 나아가 실연코너를 개설하여 인기를 모으고 있으며, 공방에 갇혀 제품을 만들면서 평생을 보내 온 장인들이 개방형 공방을 열어 관광객들에게 제조과정을 보여 주거나 체험할 수 있게 하면서 전통산업이 겪고 있는 불황 타파를 위해 애쓰는 것도 같은 맥락에서 이해할 수 있다. 또한 해당 지역주민들이 이미 전승을 포기하려 했던 축제나 향토예능도 외부의 주목을 받게 되면서, 축제 개최일을 본래의 날짜가 아니라 비슷한 시기의 주말로 바꾸고 외래 관광객들도 적극적으로 유치하여 관광행사화하는 예가 적지 않다.

혹은 생활 문화와 지역 문화에 대한 관광적 시선의 변화로 인해 전에는 그야말로 '아무것도 없는 곳'이었던 지역이 '귀중한 문화유산을 간직한 곳', '일본의 고향' 등으로 등장하기도 한다(권숙인 1996a, 1996b). 반면 아이즈와카마쓰시나 이세신궁 주변처럼 역사적 유적지만으로 관광산업을 성공적으로 운영해 온 곳에서는 문화유적의 존재 그 자체가 갖는 흡인력이 급격히 떨어져 간다는 인식 하에 성하도시로서의 서정과 전통문화를 느끼고 체험할 수 있는 경로를 개발한다든지 과거의 순례 문화를 재발명하여 전시하게 된 것이다. 즉 문화관광에서 말하는 문화의 의미가 고정된 문화유산으로부터 보다 총체적인 의미의 문화로 옮겨 가는 것으로 볼 수 있다. 이제는 단지 수동적으로 전시된 물건이나 유적보다는 현지 사람들의 옛 삶의 방식 자체나 그 일부로서의 문화가 점점 더 강조된다. 따라서 점으로 존재하는 문화유산에 대한 강조로부터 문화의 선이 될 수 있는 거리경관이 강조되고, 그 안에서 만남과 교류를 가능케 하는 여러 장치들이 고안되고 있다.

(2) 모형 문화 혹은 분위기와 풍정으로서의 문화

총체적 문화와 생활 문화에 대한 관심에도 불구하고 문화관광을 통해 생산되고 소비되는 문화가 반드시 현대생활에 일상 문화로서 실천적 의미를 갖는 것은 아니다. 이 점에 대해서는 관광객들이나 현지주민들도 잘 알고 있다. 오히려 최근의 문화관광에서 소비되는 생활 문화나 총체적 문화는 현실 문화라기보다는 분위기나 스타일로서의 의미를 갖는 경우가 많다. 이런 의미에서 각 지역 고유의 문화를 강조하는 최근 문화관광의 추이는 '에스닉 투어리즘'(ethnic tourism)과 여러 유사성을 가지고 있다. 어찌 보면 고도로 획일화되어 가는 현대 일본 사회 속에서 지방과 지역은 그 자체로서 에스닉한 존재성을 부여받고 있다고도 할 수 있다.

문화관광의 한 종류로서 에스닉 투어리즘은 근대화에서 탈근대 사회로 이행하면서 등장한 관광 형태로서, '근대화에 중독되어 있지 않은 원주민'의 생활이나 이국적 정서를 추구하는 동기에 근거해 이루어진다(安村克己 1996). 특히 에스닉 투어리즘 분야에서도 관광의 부정적 여파를 최소화하며 민족 문화를 전시하는 방법으로 채용되고 있는 방식이 '모형 문화'(model culture) 방식이다. 이는 관광이 지역사회에 가져오는 스트레스를 회피하는 방법으로, 지역주민의 생활 자체를 관광객들에게 노출

이세신궁이 관광거점인 이세시에 '새롭게 오래되게 만들어진' 관광구역인 '오카게요코초'(おかげ横丁). 최근 이곳도 과거의 생활문화를 체험할 수 있는 다양한 이벤트를 개발하고 있다.

시키는 대신 그 민족의 문화를 대표할 수 있는 '모형 문화'를 설치하여 관광객을 수용하는 방법을 말한다. 대표적인 예가 1963년 하와이에 세워진 '폴리네시아 문화센터'(Polynesian Cultural Center)로서 이곳은 모형 문화 방식을 채택하여 성공한 대표적인 관광지로 여겨지고 있다(상세한 내용은 Stanton 1989). 와카마쓰시 나누카마치 주변의 경관복원과 지역 문화의 활용에서 강조되는 것도 '현재' 살아 있는 지역 문화라기보다는 과거에 존재했던(혹은 존재했다고 가정되는) 생활양식을 재구성하는 것이다. 그런 의미에서 아이즈의 지역 문화에 대한 일종의 '모형 문화화' 작업이라고 볼 수 있을 것이다. 이세시 관광진흥과 한 직원의 표현대로, 현재 많은 곳에서 시도되고 있는 전통과 역사를 활용한 관광개발은 과거의 것을 그대로 전승한 것이라기보다 '새롭게 오래되게 만들어진'(あたらしくふるく造られた) 것이라는 측면이 크다.

이처럼 모형 문화 방식의 관광개발은 그 과정에서 불가피하게 '선택적 재구성'을 할 수밖에 없고, 그로 인한 '진위성' 문제가 제기된다(Mac Cannell 1976). 즉 지역의 전통 혹은 문화로 제시되는 것들이 어떤 시대, 누가 실천하던 문화를 나타내는 것인가 하는 질문이 중요해진다. 그러나 물론 대부분의 관광객들은 심각하고 진지한 연구자가 아니다. 엄밀한 의미의 진위성을 따지기보다는 모형 문화화를 통해 만들어진 전반적인 분위기나 풍정에 잠시 젖어 보고, 정형화된 이벤트에 잠깐 참석해 보는 선에서 만족하는 경우가 적지 않을 것이다. 여기에는 마치 '폴리네시안 문화센터'를 찾는 관광객들이 폴리네시아 여러 사회의 토착민들조차 거의 보지 못했던 과거의 생활양식을 오후 한나절에 걸쳐 경험하고 돌아가는 것(Stanton 1989)과 같은 역학이 작용한다. 결과적으로 현재 문화관광에서 강조되는 것은 '현지 문화'에 대한 체험과 교류이지만, 현지 문화와 체험의 진위성에는 다양한 정도의 차이와 위계가 존재할 수밖에 없다.

3) '대안'으로서의 문화관광

많은 경우 관광은 문화에 대한 설명의 장을 제공하고, 그러한 설명에 의해 문화는 문화로서 테두리를 부여받는다. 그런 의미에서 관광은 현대 사회에 있어 문화 창조와 정체성 창조의 가능성을 갖고 있으며, 또한 그런 계기를 동반하는 중요한 장면으로 존재하기도 한다(大橋健一 1996: 117). 위에서 살펴본 아이즈 지역의 사례는 이전에는 관광지와 거리가 멀거나 관광대상지 자체는 아니었던 곳들이다. 그러던 것이 주로 현지 주민들이 주체가 되어 새로운 관광수요를 만들어 내려고 노력하거나 그런 시도에서 어느 정도 주목을 받고 있는 곳들이라고 하겠다. 물론 이런 시도가 가능했던 것은 문화관광을 둘러싼 최근의 변화들이 이제까지 관광의 직접적인 관심지가 아니었던 곳들을 다시 볼 수 있게 만들었기 때문이지만, 결과적으로 관광개발을 통해 현지의 지역활성화를 자극하고 지역주민들이 자신의 지역과 역사를 되돌아볼 수 있는 계기를 제공한 측면도 크다. 그런 면에서 비록 관광개발의 계기가 외부의 변화에 의해 촉발된 경우라도 체험과 교류를 중심으로 전개되는 문화관광은 지역사회에 긍정적인 결과를 가져올 가능성이 크다고 하겠다.

그동안 관광이 가져올 수 있는 긍정적인 효과로 교류와 상호이해가 지적되어 왔지만 이것은 많은 경우 관광시스템이 갖는 불균형 문제 때문에 실현 불가능했다. 이러한 관광의 불균형 문제를 해결하려는 시도로 1990년대 들어 '대안적 관광'이나 '지속가능한 관광'이 대중관광(mass tourism)을 비판하며 제기되어 왔다(安村克己 1996). 다시 말해 현재 문화관광에서 일어나고 있는 변화는 일단은 관광을 통해 맺어지는 관광객과 지역주민의 문제, 특히 양자의 역할과 권력 등에서 패러다임의 전환 가능성을 내포하는 것으로 해석할 수 있을 것이다.

그러나 이 대안적 관광이 대안으로서 실제적인 효과를 거두기 위해서는 여러 가지 과제가 해결되어야 할 것이다. 무엇보다 문화관광이 대안으로 기능하기 위해서는 전래의 관광방식에 대한 중요한 비판들, 즉 관광객과 현지주민의 불균형적인 권력관계, 해당 지역 문화의 왜곡과 파괴, 관광과정에서 지역주민의 소외 등의 문제가 해결되어야 할 것이다. 그런 점에서 '위로부터'의 개혁이 아니라 지역주민들에 의한 '밑으로부터'의 문제제기와 실천이 무엇보다 중요하며, 현지주민의 적극적인 참여 하에 해당 지역에 고유한 문화와 전통을 관광자원으로 활용하는 창의적 방안을 모색해야 할 것이다. 관광객을 맞이하는 지역주민들은 자신이 지니고 있는 자랑스러운 전통과 문화를 관광객들에게 제시하기 위해 우선 자신의 문화적 전통을 직시해 보고, 스스로 지역의 전통과 역사에 대해 충분한 지식과 긍지를 가질 필요가 있을 것이다. 향후 전개될 관광에서 자원이나 환경과 조화된 지속가능한 관광의 중요성이 점점 커질 것은 분명하며, 이런 맥락에서 문화관광이 가지고 있는 대안으로서의 가능성을 적극적으로 키워 갈 필요가 있을 것이다.

가구라 神樂

신을 모시는 축제나 제사 때 신을 즐겁게 하기 위해 곁들이는 노래나 춤. 본래는 사당을 차리고 신이나 혼, 정령을 불러 그 앞에서 부정을 물리치거나 혼을 달래기 위한 놀이(예능)가 중심이었다.

가마쿠라시대 鎌倉時代

1185년 미나모토노 요리토모(源頼朝)가 가마쿠라에 막부를 설치하고 나서 1333년 호조 다카토키(北条高時)의 멸망까지 약 150여 년간.

가부키 歌舞伎

전통예능극 중의 하나. 노(能), 교겐(狂言), 닌교조루리(人形淨瑠璃)와 함께 대표적인 고전연극. 모든 배역이 남성으로 제한되어 있어, 여성 역도 여장을 한 남성이 연기하는 것으로 유명하다. 가부키의 레퍼토리를 '번'(番)이라고 하는데, 우리에게 익숙한 '18번'은 여기서 나온 말로써 다양한 레퍼토리를 의미한다.

간논 觀音

관음경에 의하면, 관음은 33가지 모습으로 변하여 중생을 구제하는 자비로운 부처님으로 알려져 있는데, 이러한 성격이 서민들의 현세이익적 기대와 맞물려 널리 숭배의 대상이 되었다. 특히 헤이안시대 말기에는 구마노 신앙의 유행과 함께 긴키 지역에 산재해 있는 관음신앙의 유명사찰을 돌아보는 '사이고쿠산주산반'(西國三十三番)이라는 순례여행이 시작되기도 했다.

고야산 高野山

와카야마현 이토군 고야초(和歌山縣伊都郡高野町)에 있는 산. 불교의 한 종파인 진언종의 총본산인 곤고부지(金剛峰寺)가 있는 관계로 오래전부터 참배의 명소로 알려져 왔다. 특히 오사카와 교토에서 이곳까지 이르는 참배길을 특히 '고야가이도'(高野街道)라고 했다.

고이노보리鯉幟

종이나 천으로 만든 잉어모양의 깃발. 남자아이의 첫 셋쿠(節句, 5월 5일 단오)에 친척이나 이웃에서 아이의 무사성장을 기원하는 의미로 가져온다. 아이의 집에서는 이것을 모아 밖에 화려하게 장식함으로써 집안의 위세를 과시하기도 한다.

곤겐權現

부처가 인간의 모습으로 이 세상에 나타났다는 의미. 불교전래 후 여러 토착 신들을 부처의 흔적이나 부분적 모습으로 설명하는 풍조가 유행하면서 이들을 '곤겐'이라고 부르게 되었다. 전국의 크고 작은 산악신은 대부분이 수행자들에 의해 만들어진 것으로, 대부분 '곤겐'이라 일컬어진다.

곤피라金毘羅, 金比羅

가가와현 나카타도군 고토히라초(香川縣 仲多度郡 琴平町)에 있는 곤피라구(金毘羅宮)의 제신. 일반적으로 항해의 안전을 지켜주는 신으로 알려져 있으며, 어민들 사이에서는 풍어를 기원하는 신이기도 하다.

구마노熊野

와카야마현 남동부와 미에현(三重縣) 남부의 지역. 구마노는 발음이 같은 隈野에 해당되어 일종의 신비스러움이 있다는 설과 함께, 헤이안시대 중기 이후 구마노에 있는 세 개의 신사(구마노산잔, 熊野三山)가 신앙의 대상이 되었다. 구마노를 찾는 수많은 참배객들을 가리켜 '개미들의 구마노참배'라고까지 했다.

긴키近畿 지방

혼슈(本州) 중앙부에 위치한 교토, 오사카, 나라의 2부(府) 1현과 그 주변을 포함하는 지역이름. 긴키의 키(畿)는 수도를 의미하는 말로, 긴키는 결국 수도에 가까운 지역이라는 의미이다. 같은 의미로 기나이(畿內)라는 말이 있으나 현재는 거의 사용되지 않는다.

나라시대奈良時代

수도가 헤이조쿄(平城京), 즉 현재의 나라에 있었던 시기로, 서기 710~ 794년 사이에 7명의 천황이 재위한 70여 년간.

나리타산成田山

오사카부 중동부에 있는 해발 60m 정도의 작은 산. 1934년 나라후도(奈良不動)의 별원(別院)이 설치된 후, 정월이나 세쓰분 등에 화재나 교통사고 등 재난방지를 기원하는 참배객들로 유명해졌다.

닛코日光

도치기현(栃木縣) 닛코시. 닛코에는 도쿠가와 이에야스를 모신 도쇼구(東照宮)가 있으며, 에도시대에는 에도에서 이곳까지 5개 간선도로의 하나인 닛코도추(日光道中)가 건설되어 에도와의 소통을 원활하게 했다. 도쇼구와 후타라산(二荒山)신사, 닛코 화산군(火山群)을 포함한 지역은 닛코국립공원으로 지정되어 있다.

다이묘大名

특정 지역을 다스리던 영주. 헤이안시대 후기에서 가마쿠라시대 거대한 묘덴(名田)을 관할하고 있던 재촌 영주를 포함하여, 자신의 관할지를 사유화한 무로마치시대의 슈고다이묘(守護大名), 전국시대의 대혼란기에 광범위한 지배영역을 가졌던 센고쿠다이묘(戰國大名), 1만 석(쌀 한 석은 대개 한 사람이 1년간 먹을 수 있는 양으로 10말) 이상의 영지를 지배했던 에도시대의 다이묘 등이 있다.

다이쇼시대大正時代

1912~1926년까지 다이쇼천황이 재위한 기간. 특히 이 시기에는 헌정옹호운동을 비롯하여 보통선거 획득 운동, 민본주의 등 일련의 자유민주주의 사상이 고양되어 종래의 여러 제도나 사상에 대한 대대적인 개혁이 시도되었다. 이를 가리켜 '다이쇼데모크라시'라고 한다.

단가檀家

장례식을 포함하는 모든 제사를 특정한 절에 맡기고 그에 상응하는 경제적 지원을 행하는 집. 일본에서는 중세 말기에서 근세 초기에 걸쳐 불교가 대중화되는데, 이때 서민들 사이에서는 특정한 절의 단가가 되는 풍습이 널리 퍼졌다. 특히 17세기 중엽에 기독교금지를 위해 막부나 지방의 번들이 모든 세대를 절의 단가로 강제 편입시킨 후부터 일반화되었다.

데와산잔出羽三山

야마가타현(山形縣) 중심부에 있는 가쓰산(月山), 유도노산(湯殿山), 하구로산(羽黑山)의 3개 산을 가리킨다. 예로부터 영험을 얻기 위한 수행도장으로 유명. 중세 이후 간토(關東), 신에쓰(信越, 나가노현에서 니가타현 이서 지역) 지역 사람들의 수행도장으로 크게 번성. 이를 '데와산잔신앙'이라고 한다.

덴진天神

10세기 헤이안시대의 대문호인 스가와라노 미치자네(菅原道眞)가 제신. 일반적으로 '학문의 신'으로 알려져 있다. 덴진을 모시는 대표적인 신사에는 교토의 기타노텐만구(北野天滿宮)가 있다. 스가와라는 903년 억울한 죽음을 당하는데, 이후 그를 죽게 한 자들이 벼락을 맞거나 원인 모를 죽임을 당하자, 당시 조정에서는 그의 원혼을 달래기 위해 '가라이텐진'(火雷天神)의 칭호를 내렸다. 이후 두려움의 대상에서 문학 · 학문의 신으로 바뀌어 오늘에 이른다.

메이지시대明治時代

1868년 메이지유신 세력들에 의해 막부가 타도되고, 메이지천황이 왕정복고를 선언한 후부터 다이쇼천황이 즉위한 1912년까지 약 40년간. 일본은 메이지 유신을 통해 근대국가를 완성하고 아시아 제국을 식민지화하는 제국주의 길을 걷게 된다.

묘진明神

곤겐과 함께 예로부터 널리 숭배의 대상이 되어 온 신. 각 지방의 유명한 신을 '묘진(名神)'이라고 했는데, 나중에 '효험이 뚜렷한 신'이라는 의미로

明神으로 표기하게 되었다.

무라오코시村起し

1970년대 후반에 일어난 지역활성화 운동으로, 그 대표적 사례로는 오이타현(大分縣)의 일촌일품운동(一村一品運動, 한 마을에서 특산품 하나씩 만들기), 구마모토현(熊本縣)의 일본최고운동(日本一運動, 일본에서 제일가는 것 만들기), 미야자키현(宮崎縣)의 일정일관운동(一町一觀運動, 지자체별로 한 가지 볼거리 만들기) 등이 있다. 1960~1970년대의 고도경제성장에 의한 도시화로 농산촌의 전통적 지역사회가 급격히 해체되면서 행정이 지역진흥에 의한 커뮤니티재생운동을 주도한 것이다. 이후 1980년대에 들어 주민에 의한 지역계획에 바탕을 둔 마치즈쿠리운동(町づくり運動)으로 방향전환을 하게 된다.

무로마치시대室町時代

무로마치는 교토의 작은 거리 이름의 하나. 아시카가 다카우지(足利尊氏)가 교토를 장악하고 막부를 개설한 1392년부터 15대 쇼군인 아시카가 요시아키(足利義昭)가 오다 노부나가(織田信長)에게 교토에서 쫓겨난 1573년까지 약 180년간. 특히 이 기간의 후반부를 전국시대라고 한다. 단 1336년부터 1392년까지의 남북조시대를 무로마치 전기에 포함하는 설도 있다.

산킨코타이參勤交代

에도시대에 지방의 번주들에게 부과한 강제의무의 하나로, 격년제로 영지 규모에 걸맞은 수의 가신들과 함께 에도에 거주하면서 장군의 통제 하에 들어가는 제도. 말하자면 이들은 지방 번주들의 의기투합과 반란을 방지하기 위한 인질이었던 셈이다.

세키쇼關所

주요 간선도로나 지역의 경계지점에 설치된 검문소. 율령시대에는 치안을 유지하기 위해, 중세에는 통행세를 징수하기 위해 설치한 장소였고, 에도시대에는 다시 치안유지를 위한 장소로 설치되었다. 특히 에도시대의 에도 근교 세키쇼에서는 지방영주들의 반란을 경계하기 위해 에도로 들어오는 철포와 에도에서 나가는 부녀자들(영주의 가족들)을 엄하게 조사했다고 한다.

이를 두고 '이리뎃포니 데온나'(入り鉄砲に出女)라고 했다.

시 · 정 · 촌市町村

일본의 기초지방자치단체로 이들이 모여 도 · 도 · 부 · 현(都道府縣)의 광역지방자치단체를 이룬다. 2004년 3월에는 전국적으로 3,100여 개의 시 · 정 · 촌이 1,000여 개로 통폐합되는 대대적인 구조조정이 있었다.

신사神社

여러 성격의 신을 모시는 사당. 일본에는 전국적으로 약 10만 개가 넘는 신사가 있다고 한다. 이들 중에는 '○○진구(神宮)', '○○구(宮)', '○○타이샤(大社)'로 일컬어지는 신사가 있다. 진구는 황실과 관련된 신을, 구는 유명인사를 모시는 신사이며, 타이샤는 신사의 최고 격을 부여받은 신사이다. 예를 들면 천황가의 조상신을 모셔 놓은 이세진구(伊勢神宮)와 메이지천황을 모셔 놓은 메이지진구(明治神宮), 도쿠가와 이에야스를 모셔 놓은 도쇼구(東照宮)가 있으며, 마지막으로 타이샤에는 이즈모타이샤(出雲大社)가 있다. 이들 외 대다수의 신사는 우지가미형(氏神型) 신사와 간조형(勸請型) 신사, 이 둘이 혼합된 형태로 나눌 수 있는데, 우지가미형은 지역의 공동체적 신사로 이를 모시는 사람들도 지역사람들에 한정되나, 간조형은 현세이익적 측면에서 영험하다고 소문난 유명신사의 분령을 맞이하여 모신 신사로, 지역의 경계를 넘어 대중적으로 참배의 대상이 된다.

아스카飛鳥

나라현(奈良縣) 나라분지 남부의 다카이치군 아스카무라(高市郡明日香村)를 중심으로 한 일본의 고대문화유적지. 일부는 '역사적 풍토 특별 보존지구'로 지정되어 있다.

아타고愛宕

교토 북서쪽에 있는 아타고산에 모셔져 있는 아타고곤겐을 가리키며, 제신은 '히노카미'(火の神, 불의 신)로 알려져 있다. 지역적으로는 간토(關東)지방과 도호쿠(東北) 지방에 많이 분포한다.

이나리稲荷

여우를 사자(使者)로 모시는 신. 원래 농경신이었는데 근세 이후 사업성취를 기원하는 상업신에서 풍어를 기원하는 어업신으로, 다시 가정의 수호신으로 성격이 확대됨으로써 현재 가장 많은 신사가 이 이나리신을 모시고 있다. 이나리신의 총본산은 교토의 후시미타이샤(伏見大社)이다.

에도시대江戸時代

도쿠가와 이에야스가 1600년 도요토미 히데요시와의 세키가하라(關が原) 전투에서 승리하고, 지금의 도쿄인 에도에 막부를 설치한 1603년부터 메이지유신에 의해 막부가 타도된 1868년까지 약 260여 년간.

젠코지善光寺

나가노현(長野縣) 나가노시에 있는 천태종과 정토종의 관리 하에 있는 대사원. 예로부터 사람이 죽으면 그 영혼이 시나노노쿠니(信濃の國, 나가노의 옛 이름)에 있는 젠코지를 참배하고 간다는 전승이 널리 퍼져 있어 종파를 초월한 대중적 참배의 대상이 되어 왔다.

지바산업地場産業

특정지역의 풍토나 역사 등에 근거한 산업으로 좁게는 지역특산물산업으로, 넓게는 지역에 기반을 둔 향토산업, 고장산업, 산지산업 등으로 해석할 수 있다.

태평양전쟁太平洋戰爭

제2차 세계대전 중 태평양을 무대로 일본이 미국 · 영국 · 네덜란드 등의 연합군과 벌인 전쟁. 1941년 일본에 의한 하와이의 진주만 기습공격에서 1945년 원폭투하에 의한 무조건 항복까지를 이른다.

하이카이俳諧

15세기말 렌가(連歌, 5 · 7 · 5의 장구와 7 · 7의 단구를 두 사람 이상이 번갈아 읊어 36수나 100수에 끝내는 일본 전통시의 한 형태) 중 정통이 아닌 것을 하이카이의 렌가, 즉 하이카이라고 했다. 이것이 1890년대에 들어 5 · 7 · 5의 17자로 된 새로운 정형시로 바뀐 것이 오늘날 널리 알려진 하이쿠(俳句)이다.

하치만八幡

처음으로 성립된 무사정권인 가마쿠라막부가 가마쿠라의 쓰루오카하치만구(鶴岡八幡宮)를 무사의 수호신사로 삼은 후, 하치만신이 전국 각지의 신사에 권청(勸請)되어 널리 퍼지게 되었다. 총본산은 규슈 오이타현 우사시(宇佐市)에 있는 우사하치만구이다.

헤이안시대平安時代

헤이안은 교토의 옛 이름인 헤이안쿄(平安京)의 다른 이름. 794년 간무(桓武) 천황의 헤이안 천도에서 1185년 가마쿠라 막부의 성립까지. 보통 전기의 율령제재흥기, 중기의 섭정기, 후기의 원정기(院政期)로 나뉜다. 헤이안은 1868년 메이지정부의 도쿄 천도까지 1,000년 이상 수도였다.

〈용어해설에 도움이 된 참고문헌〉

『일본의 역사』, 민두기 편저, 지식산업사, 1978.

『일본을 강하게 만든 문화코드 16』, 나무와숲, 2000.

『広辞苑』, 今村出編, 岩波書店, 1986.

『日本民俗事典』, 弘文堂, 1989.

『日本人名事典』 改定新版, 三省堂, 1995.

『日本地名事典』 第3版, 三省堂, 1995.

| 참고문헌 |

간노 마사히로

1996 "수도이전," 『지구가족』(한글판), 동경지구가족출판사.

권숙인

1996a 『현대 일본 사회와 지방의 아이덴티티』, 서울대학교출판부.

1996b "현대 일본 사회와 전통(성)의 공간," 『한국문화인류학』 29(1).

1997 "근세일본에서 대중관광의 발달과 종교: '이세마이리'(伊勢まいり: 이세신궁참배)를 중심으로," 『지역연구』 6(1), 서울대학교 국제지역원.

1998 "역사와 전통을 중심으로 한 관광의 생산 — '아이즈복고회'(會津復古會)의 사례를 중심으로," 『국제 · 지역연구』 7(4).

2000 "이세신궁 참배의 성(聖)과 속(俗)," 『한국문화인류학』 33(1).

김양주

1997 "일본관광명소와 자원의 변천—변화하는 사회적 욕구와 만들어지는 '명소'," 『지역연구』 6(1), 서울대학교국제지역원.

김일철

1994 『일본농촌과 지역활성화운동』, 서울: 나남.

김일철 · 이문웅

1994 "일본농촌에서의 지역활성화 운동의 사례연구," 『지역연구』, 서울대학교지역종합연구소.

문옥표

1991 "후기산업사회에서의 농촌의 위상: 1980년대 일본 농촌부흥운동의 의미," 『농촌사회』, 창간호, 한국농촌사회학회.

1994 『일본의 농촌사회: 관광산업과 문화변동』, 서울대학교출판부.

1995 "지방자치와 지역문화의 활성화," 『정신문화연구』 18권, 한국정신문

화연구원.
1997 "일본관광의 사회조직: 단체여행의 역사와 문화,"『지역연구』 6(1), 서울대학교국제지역원.
1998a "개발과 보전의 사이: 일본 오제의 관광개발과 자연보호운동,"『국제 · 지역연구』 7(4), 서울대학교국제지역원.
1998b "일본농촌의 관광개발과 지역활성화,"『농촌사회』 8, 한국농촌사회학회.
2006 "일본인 관광객과 한국문화,"『우리 안의 외국문화: 관광과 음식을 통해 본 문화소비』(문옥표 외), 서울: 소화.

야마시타 신지 편(황달기 역)
1997『관광인류학의 이해』, 일신사.

원융희
1999『관광과 문화』, 학문사.

이종철 · 정승모 · 김상기
1992 "日本 宮崎 南鄕村의 '師走祭り' 調査硏究,"『한국문화인류학』 24.

전경수(편역)
1987『관광과 문화: 관광인류학의 이론과 실제』, 까치.

전경수 · 정병호 · 한경구 · 김양주
1998『숲과 물과 문화의 마을, 유스하라 ― 일본 지방자치의 인류학』, 서울대학교출판부.

펠만, S. M.(박석희 편역)
1994『디즈니와 놀이혁명』, 일신사.

하우스텐보스
1996『보도자료, HUIS TEN BOSH』, 하우스텐보스사.

황달기
1997a "관광대상으로서의 도시와 도시사람들의 관광욕구 ― 근세 일본의 에도(江戶)를 중심으로,"『지역연구』 6(1), 서울대학교국제지역원.
1997b "민속사회," 한국일본학회,『일본민속의 이해』, 시사일본어사.
1999a "일본 지방자치단체의 관광개발에 관한 사례연구," 대한관광경영학회,『관광 연구』 13.

1999b “가칭 우록리 한일 우호촌(일본촌) 조성의 기본방향,” 영남일보사, 『한일관계의 새 지평 — 우록리 김충선』.

加藤秀貴

1995 “江戶 名所 玉子,” 小木新造 編『江戶東京學への招待[1]』, 日本放送出版協會(NHK BOOKS 750).

加藤秀俊

1976 “第七章: 旅行,”『日本人の生活』, 講座: 比較文化, 4, 東京: 硏究社.

嘉田由紀子

1992 “ホタルの風景論: ホタルを通してみた水環境認識,” 古川彰・大西行雄 編,『環境イメージ論: 人間環境の重層的風景』, 東京: 弘文堂.

岡島成行 編

1994『自治體・地域の環境戰略 3: 自然との共生をめざして』, 東京: ぎょせい.

岡田喜秋

1975『旅について』, 東京: 講談社 現代新書 389.

高田公理

1988 “遊戱化社會の觀光資源,”『月刊觀光』263.

1991 “都市とその模型 —文明の自己表現裝置,” 谷口財團 主催 第9回 國際 Symposium(文明學部門),『近世世界における日本文明: 觀光の比較文明學』. 日本國立民族博物館.

1998 “都市の盛り場,”『都市のフォークロア』, ドメス出版.

橋本和也

1999『觀光人類學の戰略: 文化の賣り方・賣られ方』, 東京: 世界思想社.

溝尾良隆

1994『觀光を讀む: 地域振興への提言』, 東京: 古今書院.

龜地 廣

1984『むらおこしるルネサンス』, 東京: ぎょせい.

國土廳地方振興局過疎対策監修室

1995『平成6年度過疎対策の現況』, 丸井工文社.

今野信雄

1986『江戸の旅』, 岩波新書 349.

南鄕村

1994『小さな村の大きな挑戰』, 日本宮崎縣 鉱脈社.

1995『第3次南鄕村長期綜合計劃書』, 日本宮崎縣 南鄕村.

1996『南鄕村史』, 日本宮崎縣 南鄕村.

1997『村世要覽』, 日本宮崎縣 南鄕村.

1998『韓國交流一覽: 總括』, 日本宮崎縣 南鄕村.

南鄕村・南鄕村教育委員會

1996『百濟王族傳說の謎を解く』, 日本宮崎縣 南鄕村.

南鄕村觀光企劃課

1997『西の正倉院建築事業報告書』, 日本宮崎縣 南鄕村.

1988『廣報なんごう— 新年號』, 日本宮崎縣 南鄕村.

南鄕村觀光協會

1996『西の正倉院・百濟の里, 南鄕村』, 日本宮崎縣 南鄕村.

南和男・落合淸彦

1985 "都市の世相と遊樂," 日本民俗學大系 11,『都市と田舍』, 小學館.

內田州昭

1996 "文化觀光再考— '觀光的魅力' に關する試論," 前田 勇 編,『現代觀光學の展開』.

能登路雅子

1990『ディズニーランドという聖地』, 岩波書店.

大橋健一

1996 "模型文化・觀光文化・民族文化: 現代社會における觀光と文化の動態," 前田 勇編,『現代觀光學の展開』.

大山敷太郎

1967『近世交通經濟史論』, 柏書房.

大塚民俗學會 編

1972『日本民俗學 事典』, 東京: 弘文堂.

島內景二
1989『日本人の旅: 古典文學に見る原型』, 日本放送出版協會(NHK BOOKS 569).
毎日新聞社 前橋支局 編
1990『開山 100年・世界の寶・後世に: 尾瀨, その風の中に』, 前橋: 毎日新聞社.
尾瀨の自然を守る會 編
1997『尾瀨を守る: 自然保護運動25年の步み』, 前橋: 上毛新聞社.
米山俊直
1986『都市と祭りの人類學』, 河出書房新社.
白幡洋三郎
1990 "旅行業— もう一つの成長神話," 『中央公論』, 1990년 1월호.
1996『旅行ノススメ: 昭和が生んだ庶民の新文化』, 中央新書 1305, 東京: 中央公論社.
北川文美
1996 "觀光データをみてみよう," 山下晋司 編, 『觀光人類學』.
比留間尙
1980『江戶の開帳』, 吉川弘文館.
浜口恵俊
1977『講座比較文化・日本人の社會』, 研究社.
浜田彥藏(山口修・中川努 譯)
1964『アメリカ彥藏』, 東京: 平凡社.
山崎光博・小山善彥・大島山順
1993『グリ-ン・ツーリズム』, 東京: 家の光協會(강신겸・김정연 옮김, 1997, 『녹색관광』, 서울: 일신사).
山本光正
1985 "旅日記にみる近世の旅について," 『交通史硏究』 第13號.
1987 "諸國人にとっての江戶 —社寺參詣者を中心として," 『國立歷史民俗博物館硏究報告』 12.
1987 "諸國人にとっての江戶," 『近世都市江戶町方の硏究』, 國立歷史民俗博物館.
山村經濟研究所 編
1994『山村が壞れるその前に: あぶない日本の水と綠』, 東京: 日本經濟評論社.
山下晉司
1992“劇場國家から旅行者の樂園へ,” 日本民族學會,『國立民族學博物館研究報告』17(1).
1996『觀光人類學』, 東京: 新曜社(황달기 옮김, 1998,『관광인류학의 이해』, 서울: 일신사).
西山松之助
1975『江戶町人の研究』第4卷, 吉川弘文館.
西川幸治
1994『都市の思想(上)』, 日本放送出版協會(NHK BOOKS 696).
石森秀三
1989“旅から旅行へ,” 守屋 毅 編,『日本人と遊び』, 現代日本文化における傳統と變容 6, 東京: ドメス出版.
1991a“海外觀光旅行,” 小山修三 編,『日本人にとっての外國』, 現代日本文化における傳統と變用 7, 東京: ドメス出版.
1991b“觀光と宗教: 比較文明學の視點から,” 谷口財團 主催 第9回 國際 Symposium(文明學部門),『近世世界における日本文明: 觀光の比較文明學』. 日本國立民族博物館.
1996『觀光の20世紀』, 東京: ドメス出版.
石井良介
1967『吉原江戶の遊廓の實態』, 中央公論社.
星野英記
1986“步きと巡りの宗教性—西國巡禮と四國遍路,” 山折哲雄 編 大系『佛教と日本人』6,『遊行と漂泊』, 東京: 春秋社.
所 功
1993『伊勢神宮』, 講談社學術文庫.

小木新造
1995『江戸東京學への招待[1]』, 日本放送出版協會(NHK BOOKS 750).
松崎憲三
1991『現代社會と民俗』, 名著出版.
松村和則 編
1997『山村の開發と環境保全: レジャー・スポーツ化する中山間地域の課題』, 東京: 南窓社.
水江漣子
1974“初期江戸の案內記,” 西山松之助 編,『江戸町人の硏究』第3巻, 吉川弘文館.
1985“近世初期の江戸名物,” 西山松之助先生古稀記念會 編,『江戸の民衆と社會』.
柿崎京一
1998“‘合掌造り’, 集落保全運動の軌跡,” 岐阜縣 白川村 教育委員會 編,『白川村史』(改訂版).
神近義邦
1996“地方における觀光開發の課題と今後の展望,”『ながさき經濟』, 1996년 12월호.
神崎宣武
1990『觀光民俗學への旅』, 河出書房新社.
1991a“旅行業の比較文明學,” 谷口財團 主催 第9回 國際 Symposium(文明學部門)『近代世界における日本文明: 觀光の比較文明學』, 國立民族學博物館.
1991b『物見遊山と日本人』, 講談社現代新書.
新城常三
1971『庶民と旅の歷史』, 日本放送出版協會.
安村克己
1996“觀光の不均衡問題とエスニック・ツーリズム運營の‘格率’,” 前田 勇 編,『現代觀光學の展開』.

櫻井德太郎

1962『講集團成立過程の研究』, 東京: 吉川弘文館.

櫻井邦夫

1985 "近世における東北地方からの旅,"『駒澤史學』34.

五來重

1989『遊行と巡禮』, 東京: 角川選書.

園田英弘

1994『'みやこ'という宇宙—都會, 郊外, 田舍』, 日本放送出版協會.

柳田國男

1990(1925) "青年と學問,"『柳田國男全集』27, ちくま文庫 1030, 東京: 筑築書房.

依光良三 · 栗栖裕子

1996『グリンー · ツーリズムの 可能性』, 東京: 日本經濟評論社.

伊藤正視

1994『テーマパークの秘密』, 日本經濟新聞社.

伊勢市立伊勢古市參宮街道資料館

"古市參宮街道".

日本觀光公社(Japan Tourist Bureau, JTB)

1998『'98 るるぶ尾瀨』, るるぶ情報版 關東 20.

日本總理府 國土交通省 編

2002『平成13年版 觀光白書』, 財務省印刷局.

前田 勇 編

1996.『現代觀光學の展開』, 東京: 學文社(이선희 옮김, 1997,『현대관광학의 전개』, 대왕사).

田村克己

1999『文化の生産』, 東京: ドメス出版.

井上 繁

1989『地域づくり診斷』, 東京: 同友館.

鳥越皓之

1989『環境問題の社會理論: 生活環境主義の立場から』, 東京: 御茶の水書房.

朝日新聞 前橋支局 編

1975『はるかな尾瀬』.

足羽洋保 編

1994『新・觀光學 槪論』, 東京: ミネルヴァ書房.

週刊SPA編輯部

1997『週刊SPA』, 46巻35號(1997.9), 扶桑社.

中川浩一

1985『觀光の文化史』, 東京: 筑摩書房.

中村幸彦(校注)

1975『東海道中膝栗毛』, 小學館.

地方自治政策研究會編

1989『全國ふるさと創生一億円データブック』, 第一法規.

清河八郎.

1969 小山送勝一郎 譯,『西遊草』平凡社.

村落社會研究會 編

1991『轉換期農村の主體形成: 農村社會編成の論理と展開 III』, 村落社會研究 27, 農山漁村文化協會發行.

村山元英

1984 "觀光變容の社會狀況と現代都市,"『都市問題』75(4), 東京施政調査會.

太田好信

1993 "文化の客体化—觀光を通じた文化のアイデンティティの創造," 日本民族學會,『民族學研究』57(4).

土田芳美

1993『百濟傳說—神門物語』, 日本宮崎縣 南鄕村.

波戶場秀幸

1984『尾瀨の足あと: 尾瀨歷史年表』, 前橋: 煥乎堂.

平野與三郎

1985『山人の賊 II: 尾瀨に生きた最後の獵師』, 東京: 白日社.

豊田武・兒玉幸多 編

1970 体系日本史叢書 24,『交通史』, 山川出版社.

脇田武光・石原照敏 編
1996『觀光開發 地域振興 解說 事例』, 東京: 古今書院.
會津若松觀光協會
1992『1991年 觀光客數とその實態調査』.
1993『1992年 觀光客數とその實態調査』.
1994『1993年 觀光客數とその實態調査』.
1995『1994年 觀光客數とその實態調査』.
1996『1995年 觀光客數とその實態調査』.
1997『1996年 觀光客數とその實態調査』.
會津若松市商工觀光部
1997『商工業振興施策のあらまし』.
會津若松七日町通りまちなみ協議會
1997a『七日町のいまむかし』.
1997b『會津浪漫調の街づくり』.
横山俊天
1992『視覺の19世紀 — 人間 技術 文明』, 思文閣出版.
後藤 允
1984『尾瀨山小屋三代の記』, 東京: 岩波新書.
喜多村信節
1929『嬉遊笑覽』, 下卷, 日本隨筆大成刊行會.
エリッ・クホブズボウム/テレンス・レエンジャー編(前川啓治 他 譯)
1992『創られた伝統』, 紀伊國屋書店.
ケンペル(Kaempfer), E.(齊藤 信 譯)
1977(1779)『江戶參府旅行日記』(東洋文庫 303), 平凡社.
シンワバンク(Shinwa Bank)社
1996 "觀光振興による地域づくり," 『R & I』 42.
1997 "調査 — 開業5周年を迎えたハウステンボス," 『R & I』 57.
ジーボルト, P. F. von.(齊藤信 譯)
1967『江戶參府紀行』, 東京: 平凡社.

ハウステンボス社 弘報課
1997a『開業5周年關聯資料』.
1997b『HUIS TEN BOSH 1992～1997』.
1998『HUIS TEN BOSH』.
1998a『未來環境都市・ハウステンボスの挑戰』.
1998b『ハウステンボスの海外戰略—アジア觀光客誘致活動, 1992～1998』.
バレン・スミス(三村浩史監譯)
1991『觀光リゾート開發の人類學—ホスト&ゲスト論でみる地域文化の對應』, 勁草書房.
フェイス出版編輯部
1997 "テーマパークを越えた街づくりの思想,"『經濟界』599.
ヨーゼフ・クライナー
1996『ケンペルのみた日本』, 日本放送出版協會.
Cohen, Eric
1988 "Authenticity and Commoditization in Tourism," *Annals of Tourism Research,* 16.
DuPuis, E. Melanie & Peter Vandergeest(eds.)
1996 *Creating the Countryside: The Poilitics of Rural and Environmental Discourse*, Philadelphia: Temple University Press.
Graburn, Nelson
1983a "The Anthropology of Tourism," *Annals of Tourism Research,* 10(1).
1983b *To Pray, Pay and Play: the Cultural Structure of Japanese Domestic Tourism*, Aix-en-Province: Centre des Hautes Etudes Tourisques.
1989 "Tourism: The Sacred Journey," in Valene Smith ed. *Hosts and Guests: The Anthropology of Tourism*(2nd ed). Philadelphia: Univ. of Pennsylvania Press.
1995 "The Past in the Present in Japan: Nostalgia and Neo-traditionalism in Contemporary Japanese Domestic Tourism," In Richard Butler and Douglas Pearce eds. *Change in Tourism: People, Places, Processes*. London: Routledge.

Hendry, Joy

2000 *The Orient Strikes Back: A Global View of Cultural Display*. Oxford and New York: Berg.

Hinrichs, C. Clare

1996 "Consuming Images: Making and Marketing Vermont as Distinctive Rural Place," In DuPuis, E. Melanie & Peter Vandergeest(eds.) *Creating the Countryside: The Poilitics of Rural and Environmental Discourse*, Philadelphia: Temple University Press.

Hobsbawm, Eric and Terence Ranger(eds.)

1983 *The Invention of Tradition*, Cambridge: Cambridge Univ. Press.

Ishimori, Shuzo

1989 "Popularization and Commercialization of Tourism in Early Modern Japan," in Umesao Tadao, Mark Fruin, and Nobuyuki Hata, eds., *Japanese Civilization in the Modern World IV: Comparative Studies of Economic Institutions*, *Senri Ethnological Studies*, 25.

Ivy, Marilyn

1988 "Tradition and Difference in the Japanese Mass Media," *Public Culture,* 1(1).

1995 *Discourses of the Vanishing: Modernity, Phantasm, Japan*, Chicago: Univ. of Chicago Press.

Jameson, Fredrick

1991 *Postmodernism, or the Cultural Logic of Late Capitalism*, Durham: Duke Univ. Press.

Kajiwara, Kageaki

1997 "Inward-bound, Outward bound: Japanese Tourism Reconsidered," In S. Yamashita, Kadir Din & J. S. Eades eds. *Tourism and Cultural Development in Asia and Oceania*, Bangi: Penerbit Universiti, Kebang-saan, Malaysia.

Kalland, Arne

1995 "Culture in Japanese Nature," in O. Brunn and A. Kalland(eds), *Asian Perceptions of Nature: a Critical Approach*. London: Curzon Press.

Kelly, William

1986 "Rationalization and Nostalgia: Cultural Dynamics of New Middle Class Japan," *American Ethnologist,* 13(4).

1990 "Japanese No-Noh: The Crosstalk of Public Culture in a Rural Festivity," *Public Culture,* 2(2).

Lindberg, Kreg and Donald E. Hawkins eds.

1993 *Ecotourism: A Guide for Planners and Managers*(김성일 옮김, 1999, 『생태관광: 계획과 관리의 지침』, 서울: 일신사).

MacCannell, Dean

1989(1976) *The Tourist: A New Theory of the Leisure Class*, New York: Schocken Books.

Martinez, D. P.

1990 "Tourism and the ama: the search for real Japan," In Eyal Ben-ari, B. Moeran & J. Balentine eds. *Unwrapping Japan: Society and Culture in Anthropological Perspective*, Manchester: Manchester University Press.

Moeran, Brian

1983 "The Language of Japanese Tourism," *Annals of Tourism Research* [Special Issue: The Anthropology of Tourism], 10 (1).

Moon, Okpyo

1989 *From Paddy Field to Ski Slope: Revitalization of Tradition in Japanese Village Life*, Manchester: Manchester University Press.

1997a "Marketing Nature in Rural Japan," In Pamela J. Asquith and Arne Kalland eds. *Japanese Images of Nature: Cultural Perspective*, London: Curzon Press.

1997b "Tourism and Cultural Development: Japanese and Korean Contexts," In Shinji Yamashita, Kadir Din & Jermy S. Eades eds. *Tourism and Cultural Development in Asia and Oceania*, Bangi: Penerbit Universiti, Kebangsaan, Malaysia.

2002 "The Countryside Reinverted for Urban Tourists: Rural Transformation in the Japanese Muraokoshi Movement," In Joy Hendry and Massimo Raveri

eds. *Japan at Play: The Ludic and Logic of Power*, London: Routledge.
Nash, Dennison
1981 "Tourism as an Anthropological Subject," *Current Anthropology*, 22.
Robertson, Jeniffer
1991 *Natives and Newcomers: Making and Remaking a Japanese City*, Berkeley and Los Angeles: University of California Press.
1997 "Internationalization and Nostalgia: A Critical Interpretation," in Stephen Vlastos ed. *Mirror for Modernity: Invented Traditions in Modern Japan*, Berkeley, CA: University of California Press.
Scheiner, Irwin
1998 "The Japanese Village: Imagined, Real and Contested," In Stephen Vlastos ed. *Mirror of Modernity: Invented Traditions of Modernity*. Berkeley, Los Angeles and London: University of California Press.
Smith, Valene ed.
1989 *Hosts and Guests: The Anthropology of Tourism*(2nd ed), Philadelphia: Univ. of Pennsylvania Press.
Stanton, Max E.
1989 "The Polynesian Cultural Center: A Multi-Ethnic Model of Seven Pacific Cultures," In Valene Smith ed. *Hosts and Guests: The Anthropology of Tourism* (2nd ed). Philadelphia: Univ. of Pennsylvania. Press.
Statler, Oliver
1961 *Japanese Inn: A Reconstruction of the Past*, New York: Random House.
Tokuhisa, Tamao
1980 "Tourism within, from and to Japan," *International Social Science Journal*, 32.
Turner, V. and E. Turner
1978 *Image and Pilgrimage in Christian Culture: Anthropological Pers-pectives*, Columbia University Press.
Urry, John
1995 *Consuming Places*, London: Routledge.

Vandergeest, Peter and E. Melanie Dupuis

1996 "Introduction," DuPuis, E. Melanie & Peter Vandergeest eds. *Creating the Countryside: The Politics of Rural and Environmental Discourse*, Philadelphia: Temple University Press.

Vaporis, Constantine, N

1991 "The Early Modern Origins of Japanese Tourism," a paper presented at the symposium on "Japanese Civilization in the Modern World: Comparative Perspectives in Tourism," 1991. 3. 18～3. 25. National Ethnological Museum, Osaka, Japan.

1994 *Breaking Barriers: Travel and State in Early Modern Japan,* Cambridge: Council on East Asian Studies, Harvard University Press.

Vlastos, Stephen

1998 "Agrarianism Without Tradition: The Radical Critique of Prewar Japanese Modernity," In Stephen Vlastos ed. *Mirror of Modernity: Invented Traditions of Modernity*, Berkeley, Los Angeles and London: University of California Press.

Yoshida, Teigo

1981 "The stranger as god: the place of the outsider in Japanese folk religion," *Ethnology*, 20(2).

http://www.nihon-kankou.or.jp/

http://www.yahoo.co.jp/entertainment/amusement_parks/

| 출처일람 |

I장 "근세 일본에서 대중관광의 발달과 종교: '이세마이리(伊勢まいり : 이세신궁참배)'를 중심으로," 『지역연구』 6권 1호(1997년 봄호). 서울대학교 지역종합연구소.

II장 "일본관광의 사회조직: 단체여행의 역사와 문화," 『지역연구』 6권 1호(1997년 봄호). 서울대학교 지역종합연구소.

III장 "관광대상으로서의 도시와 도시사람들의 관광욕구—근세 일본의 에도(江戶)를 중심으로," 『지역연구』 6권 1호(1997년 봄호). 서울대학교 지역종합연구소.

IV장 "개발과 보전의 사이: 일본 오제의 관광개발과 자연보호운동," 『국제·지역연구』 7권 4호(1998년 겨울호). 43~69. 서울대학교 국제역원.

V장 "일본 지방자치단체의 관광개발에 관한 사례연구 —난고손(南鄕村)의 '백제마을조성사업'을 중심으로," 『관광연구』 13집, 대한관광경영학회, 1999년 6월.

VI장 "역사와 전통을 자원으로 한 관광의 생산: 〈아이즈복고회〉의 사례를 중심으로," 『국제·지역연구』 제7권 4호(1998년 겨울호). 서울대학교 국제지역원.

VII장 "'테마파크관광'의 생산과 소비 —일본 나가사키현 하우스텐보스를 중심으로," 『관광연구』 15-1, 대한관광경영학회, 2000년 8월.

VIII장 "그린투어리즘의 생산과 소비: 일본 군마현 편품촌의 '총합교류터미널' 사례를 중심으로," 『농촌사회』 제10집. 205~232. 한국농촌사회학회.

IX장 "'유적'에서 '생활문화'로: 현대일본사회에서 문화관광의 새로운 전개," 『비교문화연구』 9집 1호. 2003년 6월.

| 찾아보기 |

[ㄴ]

[ㅈ]

한자

문옥표

서울대학교 인류학과를 졸업하고 동 대학원에서 인류학 석사학위 취득. 영국 옥스퍼드대학교에서 사회인류학 박사학위 취득. 현재 한국학중앙연구원 인류학과 교수로 재직 중. 저서로는 『일본의 농촌사회 : 관광산업과 문화변동』, 『한국인의 소비와 여가생활』(편저), 『신여성 : 한국과 일본의 근대여성상』(편저), 『동아시아 문화전통과 한국사회』(편저), 『조선양반의 생활세계』(공저), 『우리 안의 외국 문화—관광과 음식을 통해 본 문화소비』(공저) 등이 있음.

황달기

안동교육대학, 계명대학교 졸업. 히토쓰바시대학 대학원에서 석사학위 및 박사학위(사회학) 취득. 현재 계명대학교 국제학대학 일본학과 교수로 재직 중. 『일본의 사회와 교환—일본인의 선물, 교제, 인간관계』, 『일본을 강하게 만든 문화코드 16』(공저), 『일본의 이해』(공저), 『천황과 일본문화』(공저), 『작은 정부와 일본시민사회의 발흥』(공저), 『관광인류학의 이해』(공저) 등의 저서와 『관광인류학의 이해』 등의 역서가 있음.

권숙인

서울대학교 인류학과를 졸업하고 미국 스탠퍼드대학교에서 인류학 박사학위 취득. 현재 숙명여자대학교 인문학부 교수로 재직 중. 『현대일본사회와 지방의 아이덴티티』, 『한일사회조직의 비교』(공저), 『일본의 이해』(공저), 『종족과 민족』(공저) 등의 저서와 『문화의 진리』, 『일본, 허울뿐인 풍요』 등의 역서가 있음.